JURISDIÇÃO CONSTITUCIONAL DO PROCESSO LEGISLATIVO

LEGITIMIDADE, REINTERPRETAÇÃO E REMODELAGEM DO SISTEMA NO BRASIL

BRUNO CLÁUDIO PENNA AMORIM PEREIRA

JURISDIÇÃO CONSTITUCIONAL DO PROCESSO LEGISLATIVO

LEGITIMIDADE, REINTERPRETAÇÃO E REMODELAGEM DO SISTEMA NO BRASIL

Belo Horizonte

2012

© 2012 Editora Fórum Ltda.

É proibida a reprodução total ou parcial desta obra, por qualquer meio eletrônico, inclusive por processos xerográficos, sem autorização expressa do Editor.

Conselho Editorial

Adilson Abreu Dallari
Alécia Paolucci Nogueira Bicalho
Alexandre Coutinho Pagliarini
André Ramos Tavares
Carlos Ayres Britto
Carlos Mário da Silva Velloso
Carlos Pinto Coelho Motta (in memoriam)
Cármen Lúcia Antunes Rocha
Cesar Augusto Guimarães Pereira
Clovis Beznos
Cristiana Fortini
Dinorá Adelaide Musetti Grotti
Diogo de Figueiredo Moreira Neto
Egon Bockmann Moreira
Emerson Gabardo
Fabrício Motta
Fernando Rossi
Flávio Henrique Unes Pereira

Floriano de Azevedo Marques Neto
Gustavo Justino de Oliveira
Inês Virgínia Prado Soares
Jorge Ulisses Jacoby Fernandes
José Nilo de Castro (in memoriam)
Juarez Freitas
Lúcia Valle Figueiredo (in memoriam)
Luciano Ferraz
Lúcio Delfino
Marcia Carla Pereira Ribeiro
Márcio Cammarosano
Maria Sylvia Zanella Di Pietro
Ney José de Freitas
Oswaldo Othon de Pontes Saraiva Filho
Paulo Modesto
Romeu Felipe Bacellar Filho
Sérgio Guerra

Luís Cláudio Rodrigues Ferreira
Presidente e Editor

Coordenação editorial: Olga M. A. Sousa
Revisão: Cristhiane Maurício
Bibliotecária: Izabel Antonina A. Miranda – CRB 2904 – 6ª Região
Indexação: Leila Aparecida Anastácio – CRB 2513 – 6ª Região
Capa, projeto gráfico: Walter Santos
Diagramação: Karine Rocha

Av. Afonso Pena, 2770 – 15º/16º andares – Funcionários – CEP 30130-007
Belo Horizonte – Minas Gerais – Tel.: (31) 2121.4900 / 2121.4949
www.editoraforum.com.br – editoraforum@editoraforum.com.br

P436j   Pereira, Bruno Cláudio Penna Amorim

Jurisdição constitucional do processo legislativo: legitimidade, reinterpretação e remodelagem do sistema no Brasil / Bruno Cláudio Penna Amorim Pereira; prefácio de José Alfredo de Oliveira Baracho Júnior. Belo Horizonte: Fórum, 2012.

200 p.
ISBN 978-85-7700-561-1

1. Direito constitucional. 2. Direito público. 3. Direito processual. 4. Jurisdição constitucional. 5. Processo legislativo. I. Baracho Júnior, José Alfredo de Oliveira. II. Título.

CDD: 342
CDU: 342

Informação bibliográfica deste livro, conforme a NBR 6023:2002 da Associação Brasileira de Normas Técnicas (ABNT):

PEREIRA, Bruno Cláudio Penna Amorim. *Jurisdição constitucional do processo legislativo*: legitimidade, reinterpretação e remodelagem do sistema no Brasil. Belo Horizonte: Fórum, 2012. 200 p. ISBN 978-85-7700-561-1.

Dedico esta obra à minha mulher e às minhas filhas, Daniela, Manuela e Rafaela, presenças femininas tão inspiradoras e encantadoras em minha vida.

Agradeço a todos aqueles que, de alguma forma, contribuíram com a elaboração deste trabalho, especialmente à comunidade jurídico-acadêmica, professores amigos e inúmeros alunos, com os quais tive a oportunidade de discussão dos temas que serão aqui abordados.

SUMÁRIO

PREFÁCIO
José Alfredo de Oliveira Baracho Júnior 11

TÍTULO I
O QUE É UMA CONSTITUIÇÃO? 13
1   Constituição: elemento vital do Estado e da sociedade 13
2   As plúrimas dimensões clássicas do conceito de Constituição 19
2.1   Dimensão jurídica: a norma fundamental hipotética
       (Hans Kelsen) 19
2.2   Dimensão social: a Constituição como expressão dos
       "fatores reais e efetivos de poder" (Ferdinand Lassalle) 21
2.3   Dimensão política: o decisionismo de Carl Schmitt 26
3   Teorias contemporâneas da Constituição 31
3.1   A Constituição como expressão da *normalidad-normatividad*
       (Hermann Heller) 31
3.2   A força normativa da Constituição (Konrad Hesse) 37
3.3   A Constituição como produto da integração sociopolítica
       (Rudolf Smend) 42
3.4   A teoria da Constituição como ciência da cultura
       (Peter Häberle) 45

TÍTULO II
QUEM É O GUARDIÃO DA CONSTITUIÇÃO? 51
1   A defesa da Constituição (debate entre Hans Kelsen e
       Carl Schmitt) 51
2   O controle político de constitucionalidade das leis 63
2.1   Introdução e contextualização 63
2.2   A defesa política da Constituição 65
2.3   Evolução histórica do controle político de constitucionalidade
       das leis no Direito Comparado 67
2.3.1 França 67
2.3.2 Inglaterra 75
2.3.3 Países socialistas 77
2.4   O controle político de constitucionalidade das leis no
       ordenamento constitucional brasileiro 82
3   A jurisdição constitucional 85
3.1   Evolução histórica 85
3.2   Discursos sobre sua legitimidade 90

3.3	A jurisdição constitucional e o controle jurisdicional de constitucionalidade das leis	102
3.3.1	Conceito e correlação	102
3.3.2	Os sistemas de controle de constitucionalidade das leis	106
3.4	Jurisdição constitucional do processo legislativo	107
3.4.1	O controle jurisdicional preventivo de constitucionalidades das leis no Direito Comparado	108
3.4.1.1	Conselho Constitucional francês	108
3.4.1.2	Tribunal Constitucional austríaco	125
3.4.1.3	Tribunal Constitucional português	127
3.4.1.4	Tribunal Constitucional Federal alemão	134
3.4.1.5	Tribunal Constitucional espanhol	135

TITULO III
COMO SE DEVE PROCEDER A GUARDA DA CONSTITUIÇÃO? 137

1	A consolidação da jurisdição constitucional do processo legislativo	137
1.1	O Tribunal Constitucional e a jurisdição constitucional do processo legislativo	137
1.2	A jurisdição constitucional do processo legislativo e o princípio da separação dos poderes	140
1.3	A legitimidade da jurisdição constitucional do processo legislativo	143
1.4	A reconstrução da jurisdição constitucional do processo legislativo, no contexto do paradigma do Estado Democrático de Direito	154
2	Jurisdição constitucional do processo legislativo no Brasil	156
2.1	Os atos *interna corporis*	156
2.2	A interpretação do Supremo Tribunal Federal acerca da jurisdição constitucional do processo legislativo	159
2.3	Crítica à interpretação do Supremo Tribunal Federal	161
3	A proposição de novo modelo de jurisdição constitucional do processo legislativo no Brasil	164
3.1	A necessidade de criação de um Tribunal Constitucional	164
3.2	A configuração do Tribunal Constitucional brasileiro	168
3.3	A reestruturação da jurisdição constitucional do processo legislativo	172

CONCLUSÕES 185

REFERÊNCIAS 191

ÍNDICE DE ASSUNTO 195

ÍNDICE ONOMÁSTICO 199

PREFÁCIO

Bruno Cláudio Penna Amorim Pereira apresenta neste momento à comunidade jurídica os resultados de suas reflexões sobre o processo legislativo no Estado Democrático de Direito que a Constituição de 5 de outubro de 1988 declara em seu artigo 1º.

Trata-se de trabalho desenvolvido para a obtenção do título de Mestre em Direito, que o candidato logrou com brilhantismo.

Suas preocupações críticas começaram quando Bruno ainda era estudante na graduação da Faculdade Mineira de Direito da PUC Minas. Comprometido com as atividades acadêmicas na Faculdade Mineira de Direito, Bruno direcionou a monografia que redigiu e defendeu ao final do curso de graduação o tema *processo legislativo*. Foi naquele momento que tive a grata oportunidade de conhecer sua pesquisa e constatar a seriedade com que ele desenvolve os seus trabalhos. A continuidade no desenvolvimento de sua habilidade para a investigação crítica sobre o Direito ocorreu com o ingresso no Programa de Pós-graduação em Direito da PUC Minas, onde obteve o título de Mestre em Direito com a dissertação que serviu como base para o desenvolvimento do presente livro.

O processo legislativo é um tema árduo. Implica reflexões profundas sobre o princípio da separação de poderes, sobre a natureza do processo, sobre o princípio da convergência e a conexão entre a vontade da maioria expressa no Poder Legislativo e a vontade da nação manifestada através do Chefe de Estado.

A partir da década de 60 do século passado, a doutrina e a jurisprudência pátrias desenvolveram conceitos que confinavam o processo legislativo no âmbito *internae corporis*, perspectiva esta que reforçou o caráter eminentemente político do processo de elaboração das leis, retirando a disciplina que poderia advir com as normas processuais que condicionam as fases e atos que precedem a edição de uma lei. Como resultado do fortalecimento da dimensão política do processo legislativo, tivemos a subjugação das minorias na discussão e votação das leis, pois apenas a observância de normas processuais poderia garantir uma oposição efetiva no âmbito legislativo.

Algumas decisões do Supremo Tribunal Federal, como aquelas que implicaram no abandono da Súmula nº 5, refletiram esta tendência em enfraquecer as dimensões normativas do processo legislativo e a hipertrofia de sua dimensão política.

O advento da Constituição de 1988 e a proposta de um novo esforço democratizante recolocaram o tema na pauta de reflexão dos constitucionalistas, em especial pela necessidade de preservar a atuação das minorias legislativas como elemento essencial da alternância ínsita à democracia.

Diferentes visões passaram a compor o cenário teórico acerca do processo legislativo, alternando-se em posições extremas, conducentes a uma juridicização intensa do processo legislativo, que estaria subordinado a toda sorte de intervenções decorrentes do Poder Judiciário, bem como as perspectivas que permanecem a defender a natureza eminentemente política do processo legislativo e a pertinência de um minimalismo normativo nessa seara.

O Supremo Tribunal Federal promoveu ajustes em sua jurisprudência, passando a reconhecer como legítima a intervenção do Poder Judiciário no processo legislativo, desde que visando à tutela de direitos subjetivos de integrantes do Poder Legislativo, posição que mereceu severas críticas por parte daqueles que defendem uma ampla juridicização do processo legislativo.

A pesquisa de Bruno Cláudio Penna Amorim Pereira aceitou o desafio de refletir sobre esta complexa teia de construções teóricas e práticas. E alcançou um resultado extremamente interessante. Bruno apresenta um equilíbrio reflexivo pouco comum a jovens que, como ele, buscam a pesquisa jurídica. E este equilíbrio permite a ele oferecer pistas para soluções sustentáveis sobre os problemas do processo legislativo no Brasil, abrindo espaço para o debate e a criação doutrinária.

É, em suma, um trabalho oportuno e que merece ser lido e discutido.

José Alfredo de Oliveira Baracho Júnior
Mestre e Doutor em Direito pela UFMG. *Master of Law* pela Harvard Law School. Professor do Programa de Pós-Graduação (mestrado e doutorado) em Direito da PUC Minas. Advogado, autor de diversos livros e artigos jurídicos.

TÍTULO I

O QUE É UMA CONSTITUIÇÃO?[1]

1 Constituição: elemento vital do Estado e da sociedade

O estudo da jurisdição constitucional — tema notadamente amplo e complexo e, principalmente, um dos mais instigantes da Teoria da Constituição — exige, como ponto de partida, pré-compreensões acerca de seu objeto de ação — a Constituição —, cuja eficácia e força normativa[2] dependem de múltiplos fatores e condições e, principalmente, da existência de um sistema de controle de constitucionalidade das leis célere e efetivo, o qual constitui o instrumento jurídico contemporâneo de tutela constitucional.

Conceituar a Constituição consiste em uma das tarefas mais complexas da Teoria da Constituição,[3] visto que seu conceito não é unívoco.

---

[1] Referida pergunta constitui o nome de uma conferência pronunciada por Ferdinand Lassalle diante de um agrupamento de cidadãos de Berlim, em abril de 1862, a qual intitulou uma de suas obras mais clássicas. A concepção de Constituição elaborada por Ferdinand Lassalle, muito embora não tenha adquirido aceitação social quando de sua apresentação, constitui o principal paradigma do conceito sociopolítico de Constituição, cuja essência consiste, segundo o autor, no somatório dos "fatores reais de poder" existentes em uma determinada sociedade. Cf.: LASSALE, Ferdinand. *O que é uma Constituição?*. Tradução de Hiltomar Martins Oliveira. Belo Horizonte: Líder, 2002. p. 48.

[2] Conferir densa obra de Konrad Hesse, para quem a força normativa da Constituição é adquirida na medida em que consegue realizar sua pretensão de eficácia, qual seja, a conformação à realidade política e social. Cf.: HESSE, Konrad. *A força normativa da constituição*. Tradução de Gilmar Ferreira Mendes. Porto Alegre: Sergio Antonio Fabris, 1991. p. 15-16.

[3] O conceito de Constituição, o poder constituinte, a reforma da Constituição e o controle de constitucionalidade das leis são alguns dos temas clássicos considerados por vários autores como conteúdos intrínsecos à Teoria da Constituição. Contudo, o conteúdo de referida disciplina não é estático, devendo evoluir juntamente com os valores e necessidades

Diante disso, faz-se necessário delimitar o alcance conceitual que a ela será despendido. Isto porque, recorrendo às lições de Schmitt, "la palabra *constitución* reconoce una diversidad de sentidos", devendo-se, pois, "limitar la palabra *constitución* a Constitución *del Estado*, es decir, de la unidad política de un pueblo".[4]

Nesse diapasão, ao dizer que a Constituição consiste em uma ordenação, a qual é indispensável a toda associação permanente para sua formação, para o desenvolvimento de sua vontade e limitação da situação de seus membros dentro dela e na relação com ela, Jellinek conclui, categoricamente, que "todo Estado, pues, necesariamente ha menester de una Constitución".[5]

A Constituição, pois, é o elemento vital não só do Estado, mas também da sociedade, cujo objetivo é constituir e construir a solidez estatal e a organização social. Canotilho demonstra o caráter dualista do "referente da Constituição", seja a sociedade, a qual possui uma Constituição ("a constituição é a constituição da sociedade"), concebida como "um 'corpo jurídico' de regras aplicáveis ao 'corpo social'", seja o Estado, cuja Constituição — mera *"lei do Estado e do seu poder"* — só se compreende em função e através dele: a Constituição é *"uma estrutura política conformadora do Estado"*.[6]

Já dizia a Declaração dos Direitos do Homem e do Cidadão de 1789, em seu art. 16, sobre o conteúdo clássico da Constituição, que "toda sociedade a qual não possui uma declaração de direitos assegurada, nem a separação dos poderes determinada, não possui Constituição".[7]

Com efeito, o art. 16 da Declaração Francesa de Direitos[8] revela os dois núcleos clássicos da Constituição: a organização da estrutura

---

    sociais, bem como com as "profundas alterações da realidade constitucional". "Uma Teoria da Constituição para o nosso tempo deve assentar-se no sistema de valores fundamentais da constituição, partindo do pressuposto de que não são imutáveis" (BARACHO, José Alfredo de Oliveira. Teoria da Constituição. *Revista Brasileira de Estudos Políticos*, Belo Horizonte, n. 47, p. 46-47, jul. 1978).

[4] SCHMITT, Carl. *Teoría de la Constitución*. Traducción de Francisco Ayala. Madrid: Alianza, 1992. p. 29.

[5] JELLINEK, Georg. *Teoría general del estado*. 2. ed. Traducción de Fernando de Los Rios. Buenos Aires: Albatros, [s.d.], p. 381.

[6] CANOTILHO, José Joaquim Gomes. *Direito constitucional e teoria da Constituição*. 6. ed. refundida e aum. Coimbra: Almedina, 2002. p. 87-89.

[7] Art. 16. "Toute societé dans laquelle la garantie des droits n'est pas assure, ni la separation des pouvoirs determine n'a point de Constitution" (tradução livre).

[8] Apesar da importância da Declaração Francesa de Direitos no que concerne à elevação da pessoa humana a um patamar superior ao Estado, foi somente após o segundo conflito mundial que houve a "irrupção da Pessoa no mundo jurídico, através de nova declaração

fundamental do Estado, por meio da divisão e distribuição do poder político (princípio da separação dos poderes), gerando, como corolário, sua limitação, e a previsão de uma declaração de direitos do homem.

Muito embora o conceito moderno de Constituição seja delineado, originariamente, por alguns autores, a partir da noção de *politeia*,[9] tal como fora descrita por Aristóteles, como a forma de se organizar e estruturar a *polis*, foi, a partir da eclosão das revoluções burguesas, que o constitucionalismo adquiriu contornos mais precisos.[10]

Com o advento das revoluções burguesas, influenciadas pelas ideias dos jusnaturalistas Locke, Rousseau e Montesquieu — os quais preconizaram os pilares do constitucionalismo moderno, consubstanciados, respectivamente, na indispensabilidade de uma declaração de direitos, na supremacia da vontade popular (*volonté genéralé*) e no princípio da tripartição dos poderes —, rompeu-se com o modelo sócio-político-econômico até então vigente, demasiadamente autoritário, antidemocrático e centralizador.

Nesse sentido, Loewenstein é enfático ao dizer que:

> La historia del constitucionalismo no es sino la búsqueda por el hombre político de las limitaciones al poder absoluto ejercido por los detentadores, así con el esfuerzo de establecer una justificación espiritual, moral o ética de la autoridad, en lugar del sometimiento ciego a la facilidad de la autoridad existente.[11]

---

dos direitos do Homem, agora, e pela primeira vez em toda a história, com o expresso cunho de universalidade". Cf.: MATA-MACHADO, Edgar de Godoi da. *Contribuição ao personalismo jurídico*. Belo Horizonte: Del Rey, 2000. p. 84.

[9] BARACHO, José Alfredo de Oliveira. Teoria geral do constitucionalismo. Separada da *Revista de Informação Legislativa*, Brasília, v. 23, n. 91, p. 7, jul./set. 1986.

[10] Nesse sentido, Raul Machado Horta leciona que "a idéia de Constituição despontou no mundo antigo, preocupando *Aristóteles* em sua *Política*, penetrou na Idade Média com a *Magna Carta* e ganhou conteúdo mais nítido e preciso na elaboração doutrinária do conceito de *Lex Fundamentalis*, nos séculos XVII e XVIII." Cf.: HORTA, Raul Machado. *Direito constitucional*. 4. ed. rev. atual. Belo Horizonte: Del Rey, 2003. p. 121.

[11] LOEWENSTEIN, Karl. *Teoría de la constitución*. Tradução de Alfredo Gallego Anabitarte. Barcelona: Ariel, 1976. p. 150. Nessa perspectiva, merece transcrição a noção básica de constitucionalismo de J.J. Gomes Canotilho: "*Constitucionalismo* é a teoria (ou ideologia) que ergue o princípio do governo limitado indispensável à garantia dos direitos em dimensão estruturante da organização político-social de uma comunidade. Neste sentido, o constitucionalismo moderno representará uma *técnica específica de limitação do poder com fins garantísticos*". Para o referido autor, em outra acepção — histórico-descritiva —, "fala-se em *constitucionalismo moderno* para designar o movimento político, social e cultural que, sobretudo a partir de meados do século XVII, questiona nos planos político, filosófico e jurídico os esquemas tradicionais de *domínio político*, sugerindo, ao mesmo tempo, a invenção de uma nova forma de ordenação e fundamentação do poder político". Cf.: CANOTILHO, *op. cit.*, p. 51-52.

Efetivamente, a ideia de Constituição, no sentido moderno, está atrelada à limitação e controle do poder soberano, confiando sua titularidade àqueles que compõem a organização sociopolítica, de forma a atender aos interesses da comunidade constituída.

Entretanto, o conceito de Constituição e, por conseguinte, de constitucionalismo desenvolvem-se juntamente com a evolução da sociedade e de seus valores. Se, à época das revoluções burguesas, o constitucionalismo significava o atendimento aos anseios e interesses da classe burguesa, a qual passou a exigir uma Constituição com a finalidade de organizar e delimitar a forma como exerceria seus direitos, inclusive, a partir daquele momento, os de natureza política, no contexto atual, o constitucionalismo não significa mais a estrutura do modelo do Estado Liberal de Direito, mas sim os valores e princípios próprios do paradigma do Estado Democrático de Direito.

Diante disso, não há um conceito unívoco de Constituição — e aqui a considerando como referente do Estado e da sociedade. Da mesma forma, não se fala em apenas um constitucionalismo, mas em vários constitucionalismos, muitos do quais estão ainda por se originar e se desenvolver.

Nesse contexto, o conceito de Constituição revela, pois, plúrimas significações e concepções, as quais foram e são construídas de acordo com seus respectivos elementos significativos estruturantes. As diversas perspectivas de Constituição são delineadas levando-se em consideração, principalmente, os aspectos jurídico, político e social.[12]

Não obstante, sem se ater a uma concepção específica, os contornos da Constituição moderna podem, desde já, ser delimitados, recorrendo-se, para tanto, às lições clássicas de alguns autores.

A concepção clássica de Jellinek acerca do conteúdo da Constituição — jurídico-normativa — considera que ela compreende os princípios da organização estatal e suas respectivas competências, bem como as bases nas quais os direitos dos súditos são reconhecidos.[13] Nessa perspectiva, para o autor, a Constituição dos Estados abarca, por conseguinte, "los principios jurídicos que designan los órganos supremos del Estado, los modos de su creación, sus relaciones mutuas, fijan el círculo de su acción, y, por último, la situación de cada un ellos respecto del poder del Estado".[14]

---

[12] No próximo capítulo serão analisadas as plúrimas concepções de Constituição no que concerne aos aspectos jurídico, político e social.
[13] JELLINEK, *op. cit.*, p. 402.
[14] JELLINEK, *op. cit.*, p. 381.

Jellinek foi o marco teórico para a construção da Teoria da Constituição de Kelsen, para quem a noção de Constituição, apesar das variadas transformações pelas quais passou, mantém um núcleo permanente, qual seja, a existência de um princípio supremo, que fundamenta e determina a totalidade da ordem estatal, bem como a essência da comunidade por ela constituída. Assim, sob uma perspectiva jurídico-normativa, o autor conclui que, "como quer que se defina a Constituição, ela é sempre o fundamento do Estado, a base da ordem jurídica que se quer apreender".[15]

Não menos distante das noções acima expostas, mas por uma perspectiva inovadora e diferenciada, Schmitt — marco teórico da Teoria da Constituição, edificada sob pilares e fundamentos políticos —, apresentando uma gama de conceitos de Constituição, desenvolve um deles, o qual denomina de "absoluto". Por essa perspectiva, a Constituição possui duas conotações: para a primeira, — de cunho político — ela é "una forma especial y concreta de la existencia estatal", significando, então, "la *situación total* de la *unidad* y *ordenación políticas*"; para a segunda, — de cunho normativo-jurídico — a Constituição significa um sistema cerrado de normas fundamentais e invioláveis.[16]

O conceito "absoluto" de Constituição, desenvolvido pelo autor, demonstra dois significados, a princípio diametralmente opostos: o político — núcleo de sua Teoria da Constituição — e o jurídico, menos relevante. Com efeito, de acordo com o primeiro significado, a Constituição não designa um sistema de preceitos jurídicos e normas de acordo com os quais são fixados a formação da vontade do Estado e o exercício de sua atividade, mas, pelo contrário, significa propriamente o Estado particular e concreto em sua existência política. Em contrapartida, enfocando-se a perspectiva jurídico-normativa, a Constituição é algo normativo, simplesmente um "dever-ser", e não a atuação do "ser".[17]

Entretanto, apesar de reconhecer a existência da perspectiva jurídica do conceito de Constituição, Schmitt a reduz, ao formular seu conceito "positivo", ao conjunto das decisões políticas tomadas pelo titular do poder constituinte em determinada sociedade.

Procurando unificar os extremos conceituais desenvolvidos nas teorias kelseniana e schmittiana, sob fundamentos diferentes, preleciona Heller que a Constituição de um Estado coincide com sua organização,

---

[15] KELSEN, Hans. *Jurisdição constitucional*. Tradução de Alexandre Krug. São Paulo: Martins Fontes, 2003a. p. 130.
[16] SCHMITT, 1992, p. 29.
[17] SCHMITT, 1992, p. 30-33.

na medida em que esta significa, portanto, a Constituição produzida tão somente mediante a consciente atividade humana, para concluir que "ambas se refieren a la forma o estructura de una situación política real que se renueva constantemente mediante actos de voluntad humana".[18]

Não obstante, referidas concepções, muito embora tenham preferência a algum elemento específico — seja o político, seja o jurídico e, não menos, o social —, mantêm, de alguma forma, um núcleo essencial: a edificação e a manutenção da vitalidade da organização política e do seio social.

Tal núcleo básico de Constituição foi objeto de análise por Smend, segundo o qual, de acordo com a doutrina dominante, ela é, antes de tudo, "una ordenación de la formación de la voluntad de un grupo social y de la situación jurídica de sus miembros".[19] Formulando seu próprio conceito, concebe a Constituição como a ordenação jurídica da dinâmica vital na qual se desenvolve a vida do Estado, isto é, de seu processo de integração.[20]

Mais recentemente — e de forma mais completa —, desenvolvendo o conceito moderno de Constituição, Canotilho a considera como fruto legitimador do constitucionalismo moderno. Segundo o autor, entende-se por Constituição moderna "a ordenação sistemática e racional da comunidade política através de um documento escrito no qual se declaram as liberdades e os direitos e se fixam os limites do poder político". Para ele, a partir de tal conceito podem-se retirar alguns elementos incorporadores, quais sejam: a) a ordenação jurídico-política contida em um documento escrito; b) a declaração, no documento escrito, de direitos fundamentais e suas respectivas garantias; c) e a estruturação do poder político, limitando-o e tornando-o moderado. Conclui dizendo que, na verdade, trata-se de um conceito ideal de Constituição, o qual não tem correspondência com nenhum "dos modelos históricos de constitucionalismo".[21]

---

[18] HELLER, Herman. *Teoria del estado*. Traduccíon de Luis Tobio. 2. ed. México: Fondo de Cultura Económica, 1987. p. 267-268.
[19] SMEND, Rudolf. *Constitución e derecho constitucional*. Traducción de José Maria Beneyto Pérez. Madrid: Centro de Estudios Contitucionales, 1985. p. 129. (Colección Estudios Constitucionales).
[20] SMEND, *op. cit.*, p. 132.
[21] CANOTILHO, *op. cit.*, p. 52. O autor indica, ainda, a necessidade de se formular um conceito histórico de Constituição, concebendo-a como "o conjunto de regras (escritas ou consuetudinárias) e de estruturas institucionais conformadoras de uma dada ordem jurídico-política, num determinado sistema político-social" (CANOTILHO, *op. cit.*, p. 53).

A estruturação da ordem social e do poder político — gerando, como corolário, sua limitação — depende, pois, da aceitabilidade social, a qual será alcançada de forma mais eficaz na medida em que a Constituição passa a conter — também como núcleo essencial — uma declaração de direitos fundamentais e de suas respectivas garantias. A previsão de tal declaração de direitos coloca o indivíduo num status que o protege de interferências externas, principalmente do Estado, possibilitando-lhe participar ativamente da vida política estatal.

Dentro dessa perspectiva, em um sentido ontológico, considerando que a finalidade de toda Constituição é a criação de instituições hábeis a limitar e controlar o poder político, Loewenstein acredita que cada Constituição possui duas significações ideológicas: a primeira, retirar dos detentores do poder o controle social absoluto relativamente aos destinatários do poder e, a segunda, atribuir aos últimos uma legítima participação no processo do poder.[22]

É necessária, pois, uma visão ampla e moderna do conceito de Constituição para o desenvolvimento de suas compreensões específicas, as quais serão objeto de análise adiante.

2 As plúrimas dimensões clássicas do conceito de Constituição

O conceito de Constituição abarca várias dimensões, as quais são edificadas a partir da delimitação de um aspecto específico — social, jurídico, político, ou outro — como objeto de análise e construção teórica.

Assim, serão enfocadas três dimensões clássicas do conceito de Constituição — social, jurídica e política —, uma vez que se faz necessária uma análise tridimensional do Estado e de seu modo de se constituir e desenvolver sua atividade em prol do bem comum. Um ou vários autores servirão como marco teórico e paradigma para a construção das diversas perspectivas acerca do conceito de Constituição.

2.1 Dimensão jurídica: a norma fundamental hipotética (Hans Kelsen)

O conceito de Constituição, no sentido moderno, surge com conotação formalista. Sob tal perspectiva, a Constituição consiste no

---
[22] LOEWENSTEIN, *op. cit.*, p. 151.

corpo jurídico-normativo regulamentador da organização sociopolítica. Diversos autores revelam tal concepção normativa, dentre eles, Jellinek, o qual, considerando as Constituições como "las leyes más altas del país", as define como o conjunto de "los principios de la organización del Estado y de la competencia de éste, así como los fundamentos acerca del reconocimiento del derecho de los súbditos".[23]

No contexto dessa perspectiva normativista, Kelsen formula sua Teoria Pura do Direito, concebendo-a como uma teoria geral do direito positivo. É "teoria", na medida em que, como Ciência do Direito, sua finalidade consiste em buscar tão somente o reconhecimento de seu objeto, procurando responder às perguntas "o que é" e "como é" o Direito, palpáveis ao mundo do "dever-ser"; "geral", por se tratar de forma genérica de interpretação das normas jurídicas, e não de interpretação especial, nacional ou internacional; "pura", pois sua construção é feita levando-se em consideração apenas o conhecimento do Direito, excluindo-se, por conseguinte, tudo o que a ele não pertence — muito embora acredite não ser possível a compreensão do Direito sem se recorrer a outras disciplinas.[24]

Sua construção teórica parte da compreensão de que o ordenamento jurídico é composto por uma pluralidade de normas jurídicas, escalonadas em diferentes níveis, encontrando-se a Constituição em seu vértice. Todas as demais normas jurídicas — infraconstitucionais —, existentes no ordenamento jurídico, encontram seu fundamento de validade na norma fundamental, a qual determina, formal e materialmente, a existência jurídica da legislação subjacente. Nesse sentir,

> Essa norma fundamental, como fonte comum, constituiu a unidade na pluralidade de todas as normas que integram um ordenamento. E que uma norma pertença a determinado ordenamento só acontece porque sua validade — que constitui esse ordenamento — pode ser referida à norma fundamental.[25]

Validando o direito tão somente como direito positivo, Kelsen considera, como ponto de partida, o fato de que a norma fundamental

---

[23] JELLINEK, op. cit., p. 392, 402.
[24] KELSEN, Hans. Teoria pura do direito: introdução à problemática científica do direito. Tradução de José Cretella Júnior e Agnes Cretella. 3. ed. rev. São Paulo: Revista dos Tribunais, 2003b. p. 51-52. (RT Textos Fundamentais; 5).
[25] KELSEN, 2003b, p. 95-96.

assim o é por situação hipotética, conferindo, assim, sob tal suposição, validade jurídica ao ordenamento jurídico a ela atrelado.[26]

Após tais considerações, o autor formula seu conceito de Constituição — no sentido material da palavra —, a qual, constituindo o ápice do ordenamento jurídico e de cuja validade se deve ao fundamento hipotético, tem por função essencial "regular os órgãos e o procedimento da produção jurídica geral, ou seja, da legislação".[27]

Sob tal perspectiva apresentada, Kelsen assemelha seu conceito de Constituição com o de forma de Estado, no sentido de que, sendo o fundamento da ordem estatal e a base do ordenamento jurídico, consiste em "um princípio em que se exprime juridicamente o equilíbrio das forças políticas no momento considerado, é a norma que rege a elaboração das leis, das normas gerais para cuja execução se exerce a atividade dos organismos estatais, dos tribunais e das autoridades administrativas".[28]

Assim, segundo a concepção do autor, a Constituição nada mais é do que o parâmetro a partir do qual o ordenamento jurídico é edificado, cuja validade, portanto, depende da observância dos preceitos constitucionais, os quais determinam, formal e materialmente, o modo de produção legislativa, e, como corolário, a estrutura fundamental do Estado.

2.2 Dimensão social: a Constituição como expressão dos "fatores reais e efetivos de poder" (Ferdinand Lassalle)

A concepção normativista de Kelsen reduz a Constituição à norma hipotética fundamental, ponto de partida para a estruturação da ordem jurídica e estatal. Tal enfoque leva em consideração tão somente as normas jurídicas no plano do "dever-ser", sem qualquer relação com aspectos do mundo exterior. Diversos autores desenvolvem outras Teorias da Constituição, erguidas sob outros aspectos, principalmente os sociais — dos quais se destaca Lassalle — e os políticos.

---

[26] KELSEN, 2003b, p. 98.
[27] KELSEN, 2003b, p. 103.
[28] KELSEN, 2003a, p. 130-131.

A visão de Lassalle é o marco teórico da concepção sociológica de Constituição. É indispensável a contextualização do momento histórico no qual sua teoria foi construída, para sua correta compreensão.[29]

A necessidade de um documento constitucional remonta ao ano de 1815, quando, após a expulsão de Napoleão Bonaparte do território da futura Alemanha, o Rei Frederico Guilherme III prometera a elaboração de uma Constituição. Entretanto, desde aquele ano até 1840, quando subiu ao trono Guilherme IV, após o falecimento de seu antecessor, uma Constituição ainda não tinha sido elaborada. Tal situação perdurou até o ano de 1848, quando, em 18 de março, diante da crise político-econômica que se instalara entre as províncias e a Coroa, o povo fez uma revolução, passando a burguesia a tomar a frente do processo que culminou com o compartilhamento do poder político e sua subida ao poder.

A partir desse momento, surge novamente a necessidade de elaboração de uma Carta Constitucional, cujo projeto se iniciaria com uma lei elaborada em 6 de abril de 1848, a qual, entretanto, não vingou. As classes derrotadas na Revolução — a Coroa, a aristocracia, a burocracia e a oficialidade do Exército — estavam se solidificando novamente, em busca do soerguimento de seus interesses, culminando com a contrarrevolução, em 31 de outubro de 1848. As atividades da Assembleia Nacional, a qual apenas ofereceu "resistência passiva" ao golpe, foram temporariamente suspensas. A dissolução do Parlamento foi consequência posterior levada a cabo pelos contrarrevolucionários. Instituiu-se, novamente, um Estado absoluto e autoritário.

Objetivando dar um ar de legitimidade à nova ordem política instituída e receosa das resistências que estavam se alarmando em algumas regiões, a Coroa outorgou uma Constituição, em 5 de dezembro de 1948, a qual estabelecia, dentre outros aspectos, sua revisão pelas Câmaras nela previstas, bem como o juramento do Exército ao seu texto. Contudo, tais previsões se perpetuaram no papel. As Câmaras instituídas pela nova Carta Constitucional, após referendá-la forçosamente, foram dissolvidas por um decreto real. O voto universal também fora abolido, instituindo-se um sistema eleitoral de três classes.

Como o poder legiferante estava sendo controlado pela Coroa, as novas Câmaras, reunidas em 7 de agosto de 1949, encarregadas de revisar a Carta outorgada, efetivaram os interesses daquela,

---

[29] A contextualização histórica da teoria de Ferdinand Lassalle será feita com base na introdução histórica de seu livro *O que é uma Constituição*, elaborada por Franz Mehring. LASSALLE, *op. cit.*, p. 7-31.

desprestigiando as conquistas de 18 de março de 1848. Somente após sua revisão, da forma como desejava a Coroa, possibilitando-lhe governar, é que se prestou juramento àquela Carta (6 de fevereiro de 1850).

A Carta Constitucional de 1848 — arbitrariamente elaborada — não possuía aplicabilidade social, na medida em que a Coroa retirara sua força normativa, criando sua própria Constituição, totalmente diferenciada de seu texto normativo. Em outras palavras, a Constituição formal não correspondia à realidade material.

Instaurou-se, assim, um regime pseudoconstitucional, caracterizado por uma dualidade, ou seja, apesar da existência de uma Constituição documentalmente estabelecida, não se consolidou uma monarquia eminentemente constitucional. A burguesia, para que pudesse manter seu poder político e econômico, fazia conchavos com a Coroa e com a nobreza, sacrificando os interesses e direitos da classe trabalhadora — legítima líder da revolução.

Passados os anos, sem profundas modificações na conjuntura constitucional, caracterizada pela fragilidade e maleabilidade do regime então vigente, surge o partido progressista, o qual adquiriu a maioria das cadeiras na Assembleia, no ano de 1961, onde lutou — ainda que de forma aparente e não ofegante — pela efetivação dos direitos previstos na Constituição.

Diante desse regime pseudoconstitucional, Lassalle apresenta sua Teoria da Constituição em várias conferências proferidas perante cidadãos — especialmente liberais — da Prússia. Sua intenção foi a de demonstrar qual era o verdadeiro significado de uma Constituição, cuja compreensão deveria ser construída a partir da realidade material.

Indagando sobre o que seria uma Constituição e qual seria sua verdadeira essência, o autor refuta, de antemão, as definições jurídico-formais, segundo as quais "a Constituição é a lei fundamental proclamada no país, na qual se lançam os cimentos para a organização do direito público desta nação". Efetivamente, para o autor, o conceito e a verdadeira essência de uma Carta Constitucional dependem da investigação concreta de cada ordem constitucional, pois não serviriam de nada as "definições jurídicas e formalísticas que se aplicam igualmente a toda espécie de papel assinado por uma nação ou por esta e seu rei, para proclamá-la como Constituição, qualquer que seja seu conteúdo, sem penetrar para nada nele".[30]

---
[30] LASSALLE, op. cit., p. 37-38.

Antes de responder propriamente às perguntas por ele formuladas, Lassalle desenvolve a distinção entre a Constituição e uma lei (ordinária), necessária para a compreensão futura de seu conceito de Constituição. Acreditando que ambas possuem uma essência comum — são leis elaboradas mediante um processo legislativo —, descreve a diferença essencial e intrínseca existente entre elas, qual seja: "a Constituição não é uma lei como outra qualquer, mas a *lei fundamental do país*". Por lei fundamental entende aquela: a) cujo conteúdo seja mais profundo do que o de uma lei corrente; b) que seja a base jurídica fundamental — o fundamento das demais leis —, de acordo com a qual toda a legislação ordinária é construída; c) e que tal fundamento esteja atrelado, implicitamente, à noção de necessidade ativa, ou seja, "de uma força eficaz que faz, pela lei da necessidade, que o que sobre elas se funda seja assim e não de outro modo".[31]

Nesse diapasão, após formular tal distinção, surge o núcleo fundamental de sua teoria, assim por ele indagado:

> Assim sendo, senhores, é que existe em um país — ao perguntar isto, já começa a se lançar luz sobre o que perseguimos — algo, alguma força ativa e informadora, que influencia de tal modo todas as leis promulgadas nesse país que as *obrigue a ser necessariamente*, até certo ponto, *o que são e como são, sem lhes permitir ser de outro modo*?[32]

Tal força ativa e eficaz, informadora de todas as leis e instituições políticas existentes em uma determinada sociedade são, segundo o autor, *os fatores reais de poder*.[33] Tais fatores reais de poder estão atrelados à realidade social, a qual informará seu conteúdo e sua forma de expressão. Cada Estado e sociedade possuem, portanto, seus próprios fatores reais de poder, os quais são edificados de acordo com a realidade e o contexto históricos.[34] Em outras palavras, a Constituição nada

---

[31] LASSALLE, *op. cit.*, p. 40-41.
[32] LASSALLE, *op. cit.*, p. 41.
[33] LASSALLE, *op. cit.*, p. 42.
[34] A maior e principal parte do livro de Ferdinand Lassalle é formada pelos escritos de uma conferência por ele pronunciada diante de um agrupamento de cidadãos de Berlim, em 1962, época em que, segundo o autor, vigorava um regime político pseudoconstitucional. Assim, inserido em tal contexto, os fatores reais de poder — monarquia, aristocracia, grande burguesia, banqueiros, pequena burguesia e classe trabalhadora —, ou seja, os elementos informadores do processo de organização institucional e legal consistem em "fragmentos da Constituição", a qual, portanto, é constituída pelo somatório de tais fatores. Cf.: LASSALLE, *op. cit.*, p. 42-48.

mais é do que a soma dos fatores reais de poder existentes em uma determinada sociedade.

O fundamento da Teoria da Constituição de cunho sociológico de Lassalle é diametralmente oposto ao normativismo jurídico de Kelsen, segundo o qual a Constituição se resume à norma fundamental hipotética. Tal diferença é brilhantemente exemplificada por Lassalle, ao supor o caso em que um grande incêndio acabasse com todas as publicações legislativas oficiais existentes na Prússia. Diante de tal situação, o autor indaga se aos legisladores seria possível fazer novas leis, autônoma e livremente, da forma como melhor lhe agradassem.[35] A resposta é encontrada no desenvolvimento de sua Teoria da Constituição.

De fato, os legisladores não teriam o total arbítrio para elaborarem novas leis como bem entendessem. Isso porque os fatores reais e efetivos de poder consolidados na Prússia, naquela época, não se modificaram com o incêndio, mas tão somente a previsão normativa deixou de existir.

A suposição de que os legisladores, ao elaborarem as novas leis, dissessem que não respeitariam o regime monárquico então existente, com seus privilégios e prerrogativas, não valeria de nada, pois lhes diria o rei:

(...) poderão estar destruídas as leis, mas a *realidade* é que o exército me obedece, obedece às minhas ordens; a *realidade* é que os comandantes dos arsenais e dos quartéis sairão às ruas com os canhões quando eu ordenar, e, apoiado neste poder efetivo, nos canhões e nas baionetas, não tolerarei que me atribuais mais posição nem prerrogativas dos que as que eu queria.[36]

A contraposição entre o normativismo jurídico e a realidade social é demonstrada pelo autor ao diferenciar a Constituição real e efetiva, consubstanciada nos fatores reais de poder existentes em determinada sociedade, e a Constituição escrita — mera folha de papel[37] —, a qual não terá validade alguma se não existir correspondência entre a realidade material e o corpo constitucional jurídico-normativo.

---

[35] LASSALLE, *op. cit.*, p. 42-43.
[36] LASSALLE, *op. cit.*, p. 43.
[37] LASSALLE, *op. cit.*, p. 53.

2.3 Dimensão política: o decisionismo de Carl Schmitt

Não menos distante da concepção sociológica de Constituição, desenvolvida por Lassalle,[38] Schmitt é precursor na formulação de nova Teoria da Constituição, de caráter eminentemente político.

A Teoria da Constituição schmittiana foi construída para justificar o processo de elaboração da Constituição de Weimar de 1919,[39] cuja sustância se funda política e juridicamente nas decisões políticas fundamentais sobre a forma política e os princípios do Estado Burguês de Direito que estavam sendo implementados na Alemanha,[40] servindo, assim, como paradigma para a edificação de futuras Constituições e o desenvolvimento de novas teorias acerca da Constituição.

Reconhecendo que a palavra "Constituição" possui uma diversidade de sentidos, Schmitt inicia sua teoria no sentido de limitar seu significado propriamente à Constituição *do Estado*, isto é, da unidade política de um povo. Diante de tal delimitação, apresenta o conceito "absoluto" de Constituição, o qual possui duas variantes: a primeira designa a Constituição no sentido de considerá-la como uma forma especial e concreta da existência estatal, e a segunda concebe a Constituição como um sistema cerrado de normas, designando, pois, não uma unidade com existência concreta, mas, pelo contrário, uma unidade pensada ou ideal.[41]

---

[38] Muito embora a maior parte da doutrina atribua a Ferdinand Lassalle o desenvolvimento de uma teoria eminentemente sociológica de Constituição, não se pode desprezar o fato de que, considerando-a como produto dos fatores reais e efetivos de poder existentes em uma determinada organização sociopolítica, à teoria do autor é conferido, também, caráter político, cujo conceito pode ser compreendido da forma como proposta por Carl Schmitt, segundo o qual o 'político' quase sempre "suele equipararse de un modo u otro con lo 'estatal', o al menos se lo suele referir al Estado", figurando o 'Estado' como algo político e o 'político' como algo estatal. Contudo, o conceito do 'político' não deve ser reduzido ao de Estado, uma vez que, sob variadas perspectivas, há uma identidade entre Estado e sociedade, cujos conceitos se interpenetram reciprocamente. Cf.: SCHMITT, Carl. *El concepto de lo político*. Traduccíon de Rafael Agapito. Madrid: Alianza, 1991. p. 50-51, 53.

[39] Convém ressaltar que, posteriormente à elaboração da Constituição de Weimar de 1919, a Teoria da Constituição schmittiana serviu como instrumento teórico e 'legitimador' do nazismo instituído por Adolf Hitler na Alemanha, após o fim da primeira guerra mundial. Nesse sentido, preleciona Oswaldo Luiz Palu que, com base "no art. 48 da Constituição de Weimar, Adolf Hitler, que já exercia o poder como Chanceler, com a morte do presidente Hindenburg, não teve sequer que derrogar formalmente a Constituição para se tornar ditador plenipotenciário. A Constituição de Weimar foi destruída por quem invocava o título de seu defensor". Cf.: PALU, Oswaldo Luiz. *Controle de constitucionalidade*: conceitos, sistemas e efeitos. São Paulo: Revista dos Tribunais, 1999. p. 79.

[40] SCHMITT, *op. cit.*, 1992, p. 57.

[41] SCHMITT, 1992, p. 29.

A primeira variante do conceito "absoluto" concebe a Constituição em sentido genérico, como "la concreta *manera de ser* resultante de cualquier unidad política existente". Tal variante, segundo o autor, possui três significações específicas.[42]

Para a primeira significação, a Constituição é sinônimo da situação concreta de conjunto da unidade política e ordenação social de um determinado Estado. A Constituição significa, pois, a concreta existência política de um dado Estado. Nesse sentir, o Estado não *tem* uma Constituição de acordo com a qual se constrói e se desenvolve sua vontade; pelo contrário, o Estado *é* propriamente a Constituição, ou seja, uma situação do 'ser' — status de unidade e ordenação. A vitalidade do Estado, portanto, está atrelada à existência de uma Constituição, a qual constitui sua alma, sua vida concreta e sua existência individual.[43]

Não menos distante, a segunda significação concebe a Constituição como "una manera especial de ordenación política e social", traduzida como o modo concreto de supra e subordinação, indispensável para a ordenação da realidade social. Assim, a Constituição "es la *forma especial del dominio* que afecta a cada Estado y que no puede separarse de él", no sentido de considerá-la, exemplificando, como a forma de governo existente em um Estado, o qual, também aqui, é propriamente a Constituição — a *forma formarum* ou 'forma das formas'.[44]

Por fim, a terceira significação equipara a Constituição com o princípio do desenvolvimento dinâmico da unidade política, ou seja, do fenômeno de sua contínua formação e construção, cuja origem se deve a "una *fuerza* y *energía* subyacente u operante en la base". Assim, entende-se o Estado não como algo estático, mas, pelo contrário, em constante desenvolvimento, a fim de, a partir dos interesses, opiniões e tendências opostas, formar e integrar, em todo momento, a unidade política.[45]

Por outro lado, a segunda vertente do conceito "absoluto" de Constituição a concebe como um sistema de normas fundamentais e supremas, posicionadas no vértice da estrutura jurídica estatal (Constituição = norma de normas). Ao contrário da vertente inicial e anteriormente apresentada, a Constituição significa a normatização total da vida do Estado, ou seja, o conjunto de normas que servem de paradigma

---

[42] SCHMITT, 1992, p. 30.
[43] SCHMITT, 1992, p. 30.
[44] SCHMITT, 1992, p. 30-31.
[45] SCHMITT, 1992, p. 31.

para a construção do ordenamento jurídico subjacente. Diante de tal conceituação, o Estado "se convierte en una ordenación jurídica que descansa en la Constitución como norma fundamental; es decir, en una unidad de normas jurídicas". Assim, identifica-se não o Estado como Constituição, mas, pelo contrário, a Constituição é que consiste no Estado, uma vez que este é considerado uma unidade sistemática e cerrada de normas — um "dever-ser" normativo —, sem qualquer relação como o mundo do "ser".[46]

Contudo, Schmitt demonstra que tal perspectiva normativa é relativa, uma vez que a Constituição, na verdade, como sistema de normas ("dever-ser"), é válida pelo fato de emanar de um Poder Constituinte por meio do qual se estabelece sua vontade ("ser"), na medida em que "una norma nunca se establece por si misma", mas, pelo contrário, deve estar atrelada à realidade ordenadora. Nesse sentir,

> El concepto de ordenación jurídica contiene dos elementos completamente distintos: el elemento normativo del Derecho y el elemento real de la ordenación concreta. La unidad y ordenación reside en la existencia política del Estado, y no en leyes, reglas ni ninguna clase de normatividades.[47]

Após apresentar o conceito "absoluto" de Constituição, o autor revela que seu puro conceito normativo desaparece, transformando-se em uma diversidade de leis constitucionais positivas. Dessa forma, Constituição, em sentido normativo, significa, pois, "la ley constitucional en particular", transformando a Constituição única em uma pluralidade de leis constitucionais distintas, mas formalmente iguais. Ademais, considerando que as leis constitucionais são elaboradas de acordo com a vontade de uma Assembleia Constituinte, convocada para tal finalidade, a unidade de suas prescrições é atribuída não ao seu conjunto material, sistemático e normativo, mas a uma vontade política que as fazem leis constitucionais.[48]

O conceito "positivo" de Constituição, apresentado e assim denominado por Schmitt, consiste no núcleo fundamental de sua Teoria da Constituição, de conteúdo eminentemente político.

O autor inicia sua teoria afirmando que somente é possível determinar um conceito de Constituição quando se distingue esta da lei

---

[46] SCHMITT, 1992, p. 33.
[47] SCHMITT, 1992, p. 33-34.
[48] SCHMITT, 1992, p. 37, 40.

constitucional. A Constituição, assim, sob tal perspectiva, origina-se mediante um *"acto del poder constituyente"*, o qual *"constituye* la forma y modo de la unidad política, cuya existencia es anterior". Ela será responsável somente pela concreta modelação da estrutura por meio da qual se pronuncia a unidade política, a qual, portanto, modifica-se, na medida em que aquela estrutura é dinâmica. Mais precisamente, a "Constitución es una decisión consciente que la unidad política, a través del titular del poder constituyente, adopta *por sí misma y se da a sí misma"*.[49]

Portanto, o fundamento de validade da Constituição — a qual não constitui coisa absoluta, visto que não surge de si mesma — é conferido propriamente em virtude da unidade política concreta, a qual, como corolário, constitui o pressuposto existencial de todo e qualquer ordenamento jurídico, especialmente o constitucional. Em contrapartida, as leis constitucionais são válidas por pressuporem uma Constituição, a qual consiste a base fundamental daquelas.[50]

Com efeito, a diferenciação entre Constituição e leis constitucionais somente é possível na medida em que, segundo Schmitt, a essência da primeira não está contida em uma lei ou em uma norma, mas, na verdade, reside em "una *decisión política del titular del poder constituyente,* es decir, del Pueblo en la Democracia y del Monarca en la Monarquía auténtica".[51]

Dessa maneira, na concepção schmittiana, a decisão política, em uma determinada organização sociopolítica, constitui o alicerce sobre o qual se edificam os pilares da Constituição, cuja essência, por conseguinte, depende da forma relativamente a qual se configura, dentro de um contexto sociopolítico, a unidade política do Estado.

Interessante notar que, sob tal enfoque, a questão da reforma constitucional adquire contornos diferenciados da teoria tradicional. Como a Constituição é concebida como o produto das decisões políticas do titular do Poder Constituinte — seja quem for —, a eficácia de seu texto normativo está relacionada às forças políticas que estão operando no seio social, em constante processo de mutação. Assim, a reforma constitucional não depende tão somente de modificação legislativa do texto normativo, mas, e principalmente, do constante processo de mutação das decisões políticas.

---

[49] SCHMITT, 1992, p. 45-46.
[50] SCHMITT, 1992, p. 46.
[51] SCHMITT, 1992, p. 47.

A partir do desenvolvimento da teoria de Schmitt, surge o dualismo entre o decisionismo — núcleo de sua Teoria da Constituição — e o formalismo, tal como formulado por Kelsen. Para o primeiro, a base de sustentação da Constituição e de seu conceito é a decisão conjunta de um povo acerca do modo de sua existência política. Tal decisão — elemento novo e essencial da ordem jurídica, sem dela derivar — cria, mantém e aplica a norma.[52] Em contrapartida, o fundamento da concepção kelseniana de Constituição reduz-se à previsibilidade normativa, no sentido de que todas as situações encontram respaldo na norma jurídica fundamental, a qual, por conseguinte, constitui o parâmetro para a elaboração legislativa, servindo, ainda, como instrumento edificador do Estado e de sua atividade.

De um lado, sob o enfoque formalista, o conceito de Constituição se resume ao contido meramente no texto normativo. De outro, valorizam-se extremamente as decisões políticas tomadas pelo Poder Constituinte, desprestigiando-se a previsão normativa.

Heller critica ambas as concepções de Constituição. Segundo ele, da mesma forma que não se pode conceber como completamente separados o "dinâmico" do "estático", tampouco não é possível, na formulação de um conceito de Constituição, interpretar a *normalidad* e a *normatividad*, ou seja, o "ser" e o "dever-ser", de forma independente uma da outra. Assim, uma "Constitución política sólo puede concebirse como un ser al que dan forma las normas".[53]

Dessa maneira, para o autor, tanto a concepção formalista de Constituição formulada por Kelsen quanto a decisionista de Schmitt contêm erros e incongruências: a primeira por reduzir o comportamento humano meramente ao que está previsto nas leis, as quais estipulam minuciosa e obrigatoriamente a conduta humana (dever-ser), privando as normas jurídicas de seu sentido de 'ser-dever-ser'; a segunda, em sentido contrário, por subestimar completamente a normatividade, exaltando, porém, a existencialidade, ao conceber a Constituição como 'decisão' e não simplesmente como norma. Com efeito, segundo o autor, "non existe Constitución política alguna que, cabalmente como status real, no sea, a la vez, un ser formado por normas, es decir, una forma de actividad normada, además de una forma de actividad meramente normal".[54]

---

[52] BARACHO, 1978, p. 9.
[53] HELLER, *op. cit.*, p. 269.
[54] HELLER, *op. cit.*, p. 271-272.

Na verdade, as três concepções clássicas de Constituição, anteriormente apresentadas, delimitam extremamente seu âmbito e alcance. Cada autor enfatiza, unilateral e isoladamente, um determinado aspecto, o qual figura como o núcleo de suas respectivas Teorias da Constituição — "norma fundamental hipotética", para Kelsen; "fatores reais de poder", para Lassalle; e "decisão política do titular do poder constituinte", para Schmitt.

Entretanto, com o intuito de se promover um conceito unitário e plurissignificativo de Constituição, busca-se formular, de acordo com as lições de Silva, uma *"concepção estrutural de constituição"*, no sentido de considerá-la não apenas em seu aspecto normativo, como norma pura, mas em conexão com a realidade social, a qual, portanto, confere-lhe o conteúdo fático e o sentido axiológico.[55]

3 Teorias contemporâneas da Constituição[56]

É imprescindível o conhecimento prévio do conceito de Constituição e de suas concepções clássicas para o desenvolvimento de Teorias contemporâneas da Constituição. O adjetivo "contemporâneas" não se refere necessária e exclusivamente ao fato de serem teorias elaboradas recentemente, mas, e principalmente, em vista da originalidade do conteúdo e da contemporaneidade da perspectiva desenvolvida.

Uma gama de autores contemporâneos apresenta conceitos e significados de Constituição, mas poucos são os que efetivamente desenvolvem Teorias da Constituição. Apesar de tal consideração, serão apresentadas não apenas teorias, mas também alguns conceitos contemporâneos de Constituição.

3.1 A Constituição como expressão da *normalidad-normatividad* (Hermann Heller)

Muito embora Heller tenha desenvolvido sua Teoria do Estado[57] — a qual abarca uma Teoria da Constituição —, na década de

---

[55] SILVA, José Afonso da. *Curso de direito constitucional positivo*. 12. ed. rev. e atualizada nos termos da Reforma Constitucional. São Paulo: Malheiros, 1996. p. 43.
[56] Tal nomenclatura é utilizada para se referir a algumas Teorias da Constituição desenvolvidas contemporaneamente, as quais objetivam reconstruir o conceito de Constituição, utilizando-se, para tanto, como paradigma e marco teórico, das concepções clássicas demonstradas no capítulo anterior.
[57] A primeira edição da obra *Teoria do Estado*, de Hermann Heller, foi publicada no ano de 1934 e em alemão.

1930, ele reconstrói o conceito clássico de Constituição, refugando os fundamentos extremistas das concepções kelseniana e schmittiana.

Heller considera, inicialmente, que a Constituição do Estado coincide com sua organização, referindo-se ambas à estruturação de uma situação política real, constantemente renovada mediante a ação humana. Tais atos da vontade humana, em constantes movimentos e mudanças, produzem, como organização e constituição, mediante ação cooperada, a unidade e ordenação do Estado. A Constituição, considerada no sentido da ciência da realidade, consiste na configuração atual da cooperação — a qual espera que se mantenha de modo similar no futuro —, por meio da qual se produz, de modo constantemente renovado, a unidade e ordenação da organização. Diante de tais considerações, a Constituição do Estado não é processo nem atividade, mas sim, respectivamente, produto e forma de atividade: "es una forma abierta a través de la cual pasa la vida, vida en forma y forma nacida de la vida".[58]

A consolidação da Constituição, através dos tempos, deve-se à probabilidade de que, no futuro, exista concordância entre seu texto e a vontade dos partícipes do processo de ordenação estatal. De um lado, tal probabilidade assenta-se em uma mera realidade de fato das condutas dos membros conforme a Constituição e, de outro, no mesmo sentido, em uma realidade normatizada daqueles. Diante de tais considerações, é de se distinguir, em toda Constituição estatal, e como conteúdos parciais da Constituição política total, "la Constitución no normada y la normada, y dentro de ésta, la normada extrajurídicamente y la que lo es jurídicamente". A Constituição organizada é aquela normatizada pelo Direito conscientemente estabelecido e assegurado.[59]

O núcleo da Teoria da Constituição de Heller consiste no binômio *normalidad-normatividad* (ser-dever-ser), a partir do qual se constrói o conceito de "Constituição total". O Estado, pois, nesse diapasão, é uma forma organizada de vida, "cuya Constitución se caracteriza no sólo por la conducta normada y jurídicamente organizada de sus miembros, sino además por la conducta no normada, aunque sí normalizada, de los mismos".[60]

Normalidad e *normatividad* — jurídica e extrajurídica — complementam-se reciprocamente na formação da Constituição estatal.[61] A Constituição juridicamente normatizada não se constitui tão somente

---

[58] HELLER, *op. cit.*, p. 268-269.
[59] HELLER, *op. cit.*, p. 269.
[60] HELLER, *op. cit.*, p. 269.
[61] HELLER, *op. cit.*, p. 273.

de preceitos jurídicos, mas também, para sua validez, necessita ser complementada por elementos constitucionais não normatizados e por aqueles normatizados, mas não jurídicos. Complementando seu raciocínio, Heller assevera que:

> El contenido y modo de validez de una norma no se determina nunca solamente por su letra, ni tampoco por los propósitos y cualidades del que la dicta, sino, además y sobre todo, por las cualidades de aquellos a quienes la norma se dirige y que la observan.[62]

Na perspectiva apresentada pelo autor, a concepção de Constituição é sustentada por dois pilares: o da previsibilidade normativa (*normatividad*) — jurídica ou extrajuridicamente estabelecida — e o da *normalidad* social, a qual, valorando aspectos fáticos, determina o conteúdo cambiante daquela. Assim, a realidade social, em constante mutação, constitui a diretriz com base na qual se estabelece a previsão normativa da Constituição, estruturando, assim, após a conjugação de tais elementos — *a priori* diametralmente opostos —, o conceito de "Constituição total".

Em sua teoria, nenhum dos elementos componentes do conceito de Constituição — *normalidad* e *normatividad* — é valorado excessivamente em detrimento do outro; pelo contrário, ambos são igualmente considerados e indispensáveis para a solidificação da "Constituição total".

A dinamicidade da organização sociopolítica traz consigo a necessidade de mutabilidade normativa, cuja possibilidade de permanência e aceitabilidade está atrelada à manutenção da relação cambiante *normalidad-normatividad*. O conteúdo da norma, portanto — no caso, a constitucional —, é informado por aspectos fáticos, dinamicamente considerados, de forma a manter a reciprocidade do binômio *normalidad-normatividad*.

Assim, considera Heller, nesse contexto, que "toda creación de normas es, por esto y ante todo, un intento de producir, mediante una normatividad creada conscientemente, una normalidad de la conducta concorde con ella". Contudo, salienta o autor que, muito frequentemente, o uso social, a realidade social não normatizada ou normatizada extrajuridicamente revelam-se mais fortes e aceitáveis do que a própria previsão normativa determinada pelo Estado.[63]

---
[62] HELLER, *op. cit.*, p. 274.
[63] HELLER, *op. cit.*, p. 277-278.

A Teoria da Constituição helleriana, reconstruindo seu conceito sob nova perspectiva e fundamentação, combateu, ardorosamente, a unilateralidade das concepções kelseniana e schmittiana. Ambas enfatizam, como núcleo de suas respectivas teorias, apenas um único elemento, seja o jurídico, seja o político, os quais são conjunta e reciprocamente considerados por Heller em sua teoria.

Por um lado, a perspectiva meramente normativa de Kelsen torna-se retrógrada diante da dinamicidade social; por outro, o decisionismo de Schmitt superestima a realidade política em detrimento da *normatividad*.

Heller acredita que a acepção de Constituição vulgarmente considerada e juridicamente difundida a desprestigia, por não considerá-la como a estrutura de um status político total, como por ele descrita, mas apenas como o conteúdo jurídico-normativo destacado desta realidade, e também por não concebê-la como uma estrutura social ajustada por normas ("ser"), mas como uma estrutura normativa de sentido ("dever-ser").[64]

Segundo ele, alguns autores como Kelsen e Schmitt, no intuito de superar o dualismo criado acerca do conceito de Constituição, acabaram por valorizar veementemente apenas um de seus aspectos, respectivamente, o 'dever-ser' e o 'ser'. Conclui, nesse contexto, que: "La teoría del Estado sólo podrá evitar estas unilateralidades si consigue descubrir la conexión real partiendo del la cual pueden ser explicadas y comprendidas tanto la Constitución en cuanto ser como la Constitución jurídica normativa y el método dogmático-jurídico a ella correspondiente".[65]

A propositura de nova Teoria do Estado por Heller valoriza ambos os aspectos, dialeticamente considerados, rechaçando, assim, as concepções unilaterais de Constituição. A configuração da Constituição, em seu sentido "total", exige a compreensão conjunta tanto da Constituição "jurídica" quanto da Constituição "política", estabelecendo, assim, uma relação recíproca, a partir da qual ambas as Constituições são individualmente explicadas.

Tal conexão recíproca é indispensável para a manutenção da dinamicidade social, considerada como fragmento da "Constituição total", informando, assim, seu caráter dialético. As normas constitucionais, juridicamente consideradas, adquirem pretensão de

---

[64] HELLER, *op. cit.*, p. 278.
[65] HELLER, *op. cit.*, p. 278-279.

eficácia,[66] na medida em que se estabelece, constantemente, uma relação correspondente com a realidade social (*normalidad*), em constante processo de mutação. A modificação das normas constitucionais está atrelada, na verdade, à mudança da relação entre a Constituição "jurídica" e a Constituição "real".

A Constituição formalmente estabelecida — ou, nas palavras de Heller, "Constitución jurídica destacada" — faz-se indispensável para o "aseguramiento e imperio de la ordenación jurídica real y unitaria como estructura de sentido". Com efeito, as normas formalmente constitucionais têm por finalidade dar vigência à realidade social, à qual se reconhece valor positivamente, apesar da evolução temporal e humana. A Constituição jurídica representa, pois, o plano normativo da cooperação continuada de atividades, na medida em que a unidade e ordenação daquela somente se efetivam por meio de tal cooperação, a qual, histórica, sistemática, temporal e espacialmente consideradas, "han de mostrar una continuidad en la que haya un ajuste perfecto".[67]

Assim, a questão da continuidade ou não das normas formalmente constitucionais somente faz sentido sob um ponto de vista da ciência do "real" e não sob o ângulo lógico-normativo,[68] uma vez que a eficácia da Constituição jurídica depende do estabelecimento e da manutenção de uma relação continuada com a realidade social, de forma a configurar, recíproca e historicamente, o conteúdo e o sentido de ambas.

A teoria de Heller valoriza, pois, dialeticamente, ambos os aspectos da Constituição, em contraposição às concepções unilaterais kelseniana e schmittiana, diametralmente opostas. Segundo ele, "ni el logicismo normativo de Kelsen ni el decisionismo schmittiano se dan cuenta de la función que, para la continuidad histórica de la Constitución real, desempeña la norma jurídica".[69] O autor não refuta os aspectos normativo e político da Constituição, mas os compreende, conjuntamente, sob nova perspectiva, apoiada em fundamentos diversos.

Segundo ele, Schmitt, ao afirmar que a Constituição não pode ser concebida como normatividade, mas, contrariamente, deve ser considerada como "la concreta forma de conjunto por la cual se pronuncia o decide la unidad política",[70] confere uma radical incompreensão

---

[66] HESSE, *op. cit.*, p. 14.
[67] HELLER, *op. cit.*, p. 283.
[68] HELLER, *op. cit.*, p. 283.
[69] HELLER, *op. cit.*, p. 284.
[70] SCHMITT, 1992, p. 46.

acerca do elemento normativo da Constituição do Estado. Nesse sentir, continua em seu raciocínio:

> Naturalmente que en la base de toda formación, no sólo de la Constitución sino de cualquier ley, existe una decisión más o menos política del que crea la norma. Pero en cuanto la decisión adoptada pretenda validez que obligue a la voluntad, ya sea para el mismo que decide, ya para otros, tiene que ser objetivada como norma.[71]

A Constituição, calcada em decisões e opções políticas delineadas pelo legislador constituinte, não possuirá força normativa nem efetividade social se não for constituído um corpo jurídico, do qual se extraem normas cogentes e obrigatórias, aplicáveis, inclusive, às situações e decisões políticas futuras. Em outras palavras: "ninguna decisión puede, sin normatividad, producir una normalidad y, por tanto, una continuidad de la conducta".[72]

Por outro lado, a perspectiva absolutamente normativa de Kelsen, no sentido de considerar a norma fundamental, hipoteticamente valorada, como a base de todo o ordenamento jurídico e de sua validade também não é suficiente para a formulação de um conceito de Constituição no sentido total.

A Teoria da Constituição, formulada por Heller, considera a Constituição do Estado não como processo de formação ou integração da situação política total, mas, pelo contrário, "como el producto relativamente permanente de este proceso de formación, como la estructura de poder característica del Estado, que persiste a través de las vivencias y actos concretos de sentido". Assim, nessa perspectiva, a "Constituição jurídica", fragmento da "Constituição política total", é concebida como a normatização do processo de formação, constantemente renovado, da situação política total.[73]

O núcleo de sua teoria considera, pois, o caráter dialético da realidade estatal. A Constituição não pode ser concebida como decisão desprovida de norma, na medida em que esta, possuindo a imperatividade como característica inerente, obriga seus destinatários a obedecerem aos seus comandos, atribuindo, inclusive, validade às decisões políticas a ela anteriores, base do conteúdo das próprias normas. Por outro lado, a Constituição não pode ser exclusivamente considerada

---

[71] HELLER, *op. cit.*, p. 284.
[72] HELLER, *op. cit.*, p. 284.
[73] HELLER, *op. cit.*, p. 288-289.

como norma, cuja validez é meramente lógica e desprovida de poder. Com efeito, conclui Heller que: "Eficacia y validez, ser y deber ser de la Constitución han de mantenerse lógicamente separados, sin duda, pero aparecen relacionados, sin embargo, en la misma realidad constitucional en la que lo uno aparece siempre junto con lo otro".[74]

3.2 A força normativa da Constituição (Konrad Hesse)

No ano de 1959, em aula inaugural na Alemanha Ocidental, Hesse apresenta nova perspectiva de Constituição, de cunho significantemente moderno e avançado, refugando, principalmente, os fundamentos da concepção sociológica de Lassalle, no sentido de que a Constituição escrita — mera folha de papel — sucumbe frente aos fatores reais e efetivos de poder. Rechaça, também, a perspectiva meramente formalista de Constituição, sem, contudo, desconsiderá-la, mas, pelo contrário, concebendo-a como integrante de um processo reciprocamente condicionado.

Hesse, em perspectiva semelhante à de Heller, desprestigia as concepções absolutamente formalista e política de Constituição. Constrói sua Teoria da Constituição sobre dois pilares: o da "Constituição jurídica" e o da "Constituição real". Ambas, conjuntamente consideradas, são indispensáveis para a concretização da força normativa da Constituição.

Lassalle valoriza veementemente as forças reais e efetivas de poder, reveladoras da essência da Constituição. Segundo sua teoria, o conteúdo da "Constituição jurídica", ainda que não expressamente estabelecido, é determinado pela "Constituição sociopolítica", verdadeira "norma" criadora e regulamentadora das relações humanas e estatais no seio da organização política.

Hesse assevera que a preeminência do aspecto político da Constituição do Estado em relação ao jurídico já foi demonstrada pela história constitucional, ao revelar que, "tanto na práxis política cotidiana quanto nas questões fundamentais do Estado, o poder da força afigura-se sempre superior à força das normas jurídicas, que a normatividade submete-se à realidade fática". Diante de tal assertiva, "a Constituição jurídica, no que tem de fundamental, isto é, nas disposições não propriamente de índole técnica, sucumbe cotidianamente em face da Constituição real".[75]

---

[74] HELLER, *op. cit.*, p. 296-297.
[75] HESSE, *op. cit.*, p. 10-11.

O aspecto político é, pois, fundamental para a estruturação de seu conceito de Constituição. Em certa medida, a proposição de Schmitt é relativamente correta, na medida em que, durante situações de emergência (ou de estado de necessidade), a possibilidade de configuração da força normativa da Constituição é muito mais visível, não sob o fundamento de atribuir superioridade às circunstâncias fáticas em detrimento ao elemento normativo, mas sim sob a perspectiva exatamente contrária.[76]

Não menos importante para a Teoria da Constituição de Hesse, configura-se a "Constituição jurídica", entendida não como simples "pedaço de papel", tal como apresentada por Lassalle, no sentido de que aquela se sucumbe frente à "Constituição real", em caso de eventual conflito: "a Constituição não deve ser considerada, *necessariamente*, a parte mais fraca". Pelo contrário, a validade da Constituição está atrelada à efetivação de pressupostos realizáveis, os quais, mesmo em caso de confronto, consolidarão sua força normativa. A "Constituição jurídica" somente sucumbirá em face da "Constituição real", caso tais pressupostos não possam ser satisfeitos.[77]

Procurando por fim aos unilateralismos do pensamento constitucional do "passado recente", assim por ele denominado, o qual preconiza o isolamento entre norma e realidade, tal como se constata, respectivamente, no positivismo jurídico de Laband e Jellinek e no "positivismo sociológico" de Schmitt, Hesse apresenta, nesse contexto, o núcleo fundamental de sua Teoria da Constituição, cujo ponto de partida leva em consideração "o condicionamento recíproco existente entre a Constituição jurídica e a realidade político-social".[78]

Nesse sentir, ressaltando que eventual ênfase, atribuída a uma das concepções diametralmente opostas, direciona-se aos extremos de uma norma desfigurada de qualquer elemento fático, ou, em sentido contrário, de uma realidade despida de qualquer elemento normativo, conclui que:

> Faz-se mister encontrar, portanto, um caminho entre o abandono da normatividade em favor do domínio das relações fáticas, de um lado, e a normatividade despedida de qualquer elemento da realidade, de outro. Essa via somente poderá ser encontrada se se renunciar à possibilidade de responder às indagações formuladas como base numa rigorosa alternativa.[79]

---

[76] HESSE, *op. cit.*, p. 25.
[77] HESSE, *op. cit.*, p. 25.
[78] HESSE, *op. cit.*, p. 13.
[79] HESSE, *op. cit.*, p. 14.

Efetivamente, ambos os aspectos — normatividade e realidade fática — devem ser levados em consideração na construção de sua Teoria da Constituição. Com efeito, segundo o autor, "a norma constitucional não tem existência autônoma em face da realidade".[80] Entretanto, até esse momento, tal proposição em nada inova no que tange às teorias contemporâneas da Constituição.

A teoria de Hesse passa a ser inovadora a partir do momento em que assevera que a essência da norma constitucional "reside na sua *vigência*, ou seja, a situação por ela regulada pretende ser concretizada na realidade". Tal "pretensão de eficácia" — utilizando suas palavras — está atrelada às condições históricas de sua realização, estabelecendo uma relação conjunta interdependente. As condições naturais, técnicas, econômicas e sociais também devem ser levadas em consideração, constituindo, assim, o substrato para a realização da pretensão de eficácia das normas jurídicas, especialmente, nesse estudo, das normas constitucionais. Além disso, também importante para a efetivação de tal pretensão é o substrato espiritual consubstanciado em determinado povo, ou seja, as concepções sociais concretas e os seus valores que influenciam a conformação, o entendimento e a autoridade das proposições normativas.[81]

Faz-se importante, nesse ponto, salientar que, segundo o autor, a pretensão de eficácia das normas constitucionais deve ser compreendida separadamente das condições de sua realização, pois aquela se associa como elemento autônomo a essas. Com efeito, a Constituição não se configura como simples expressão do aspecto normativo ("dever-ser"), mas também constitui o reflexo das condições fáticas de sua vigência ("ser") — especialmente as forças sociais e políticas.[82]

Assim, "Constituição jurídica" e "Constituição real" relacionam-se de forma coordenada, condicionando-se mutuamente, apesar de não dependerem, pura e simplesmente, uma da outra. A Constituição "jurídica" possui significado próprio, ainda que relativo, cuja pretensão de eficácia apresenta-se de forma autônoma relativamente à realidade fática. Nesse diapasão, a "Constituição adquire força normativa na medida em que logra realizar essa pretensão de eficácia".[83]

A força normativa da Constituição — aspecto essencial e crucial para a Teoria da Constituição de Hesse — está atrelada, para sua eficácia,

---

[80] HESSE, *op. cit.*, p. 14.
[81] HESSE, *op. cit.*, p. 14-15.
[82] HESSE, *op. cit.*, p. 15.
[83] HESSE, *op. cit.*, p. 15-16.

a outro elemento, denominado "vontade de Constituição". Segundo o autor, a Constituição "jurídica" impõe-se a converter em força ativa, só assim se transformando na medida em que efetivamente realiza as tarefas por ela impostas, "se existir a disposição de orientar a própria conduta segundo a ordem nela estabelecida, se, a despeito de todos os questionamentos e reservas provenientes dos juízos de conveniência, se puder identificar a vontade de concretizar essa ordem". Conclui, assim, que "a Constituição converter-se-á em força ativa se fizerem-se presentes, na consciência geral — particularmente, na consciência dos principais responsáveis pela ordem constitucional —, não só a *vontade de poder* (*Wille zur Macht*), mas também a *vontade de Constituição* (*Wille zur Verfassung*)".[84]

Tal "vontade de Constituição" origina-se e baseia-se em três diferentes vertentes: a primeira, na compreensão da indispensabilidade e do valor de uma ordem normativa inflexível, projetando o Estado contra o arbítrio desmesurado e desproporcional; a segunda, no entendimento de que essa ordem constituída, sendo mais do que uma ordem legitimada pelos fatos, necessita de constante processo de legitimação, e a terceira, na consciência de que, contrariamente ao que ocorre com uma lei do pensamento, tal ordem só logra ser eficaz havendo o concurso da vontade humana.[85]

A vontade que conduz o processo vital das normas constitucionais, transformando-as em força ativa, objetiva maximizar a força normativa da Constituição "jurídica", no sentido de proporcionar a efetividade plena e material de suas normas jurídicas expressamente estabelecidas. Entretanto, a força normativa da Constituição possui, segundo Hesse, alguns limites e pressupostos, os quais se referem tanto ao seu conteúdo, quanto à sua práxis.[86]

Relativamente ao conteúdo, o autor demonstra que a força normativa da Constituição será tanto mais efetiva quanto maior for a correspondência entre aquele e a natureza singular do presente, no sentido de que, enquanto ordem adequada e justa, logrará estabelecer uma relação constante com os aspectos fáticos — políticos, sociais, econômicos —, incorporando, assim, os valores de seu tempo. Assim, em caso de modificação desses aspectos e valores, será indispensável que a Constituição se mostre apta a se adaptar a tais mudanças. Tal

---

[84] HESSE, *op. cit.*, p. 19.
[85] HESSE, *op. cit.*, p. 19-20.
[86] HESSE, *op. cit.*, p. 20.

adaptação será mais eficaz na medida em que a Constituição se limite a estabelecer alguns poucos princípios fundamentais, cujo conteúdo se mostre em condições de ser desenvolvido frente às mudanças da realidade sociopolítica. Com efeito, "a 'constitucionalização' de interesses momentâneos ou particulares exige, em contrapartida, uma constante revisão constitucional, com a inevitável desvalorização da força normativa da Constituição".[87]

Além disso, no intuito de preservar a força normativa de seus princípios fundamentais, e diante do constante processo de mutação sociopolítica, a Constituição deve incorporar, em seu texto normativo, valores e aspectos relacionados à estrutura constitucional contrária, prevendo, assim, de forma exemplificativa, deveres correlatos a direitos fundamentais, elementos centralizadores a par da separação tripartite dos poderes. Assentando-se a Constituição em uma estrutura plurilateral, será ela capaz de se adaptar mais naturalmente às mudanças e necessidades em momentos de crise.[88]

A maximização da força normativa da Constituição depende não só de seu conteúdo, mas também de sua práxis. Segundo Hesse, a práxis constitucional consubstancia-se na "vontade de Constituição", a qual é indispensável para a consolidação de sua força normativa e, portanto, deve ser preservada. Diante disso, a utilização frequente da revisão constitucional desprestigia a força normativa da Constituição, na medida em que se valorizam mais as necessidades fáticas momentâneas em detrimento da ordem normativa vigente, prejudicando, assim, sua estabilidade.[89]

Ademais, a interpretação constitucional também contribui para a efetivação da força normativa da Constituição. Submetida ao princípio da máxima concretização da norma, a Constituição tem sua eficácia condicionada pelos fatores concretos da vida, exigindo, assim, uma interpretação que contemple tais condicionantes, no sentido de relacioná-las com as proposições normativas da Constituição. Assim, a "interpretação adequada é aquela que consegue concretizar, de forma excelente, o sentido (*Sinn*) da proposição normativa dentro das condições reais dominantes numa determinada situação".[90]

---

[87] HESSE, *op. cit.*, p. 20-21.
[88] HESSE, *op. cit.*, p. 21.
[89] HESSE, *op. cit.*, p. 21-22.
[90] HESSE, *op. cit.*, p. 22-23.

Assim, a Teoria da Constituição de Hesse, considerando as Constituições "jurídica" e "real" como integrantes de um processo reciprocamente condicionante, atribui especial destaque à força normativa da Constituição, a qual constitui o liame entre ambas as Constituições. A força normativa da Constituição, ou seja, a pretensão de que suas normas tenham eficácia, está atrelada, especialmente, ao que ele denomina de "vontade de Constituição", da qual depende. Na medida em que essa vontade se logra realizar, a Constituição realizará sua pretensão de eficácia.

A "Constituição jurídica" está, pois, condicionada à realidade histórica e concreta de seu tempo, da qual não pode se separar, e de cuja pretensão de eficácia só se consolida na medida em que tal realidade é considerada. O elemento normativo da Constituição é responsável pela ordenação e conformação da realidade política-social, resultando na correlação entre o "ser" e o "dever-ser". Nesse contexto, conclui Hesse:

> A Constituição jurídica logra conferir forma e modificação à realidade. Ela logra despertar 'a força que reside na natureza das coisas', tornando-a ativa. Ela própria converte-se em força ativa que influi e determina a realidade política e social. Essa força impõe-se de forma tanto mais efetiva quanto mais ampla for a convicção sobre a inviolabilidade da Constituição, quanto mais forte mostrar-se essa convicção entre os principais responsáveis pela vida constitucional. Portanto, a intensidade da força normativa da Constituição apresenta-se, em primeiro plano, como uma questão de vontade normativa, de vontade de Constituição (*Wille zur Verfassung*).[91]

3.3 A Constituição como produto da integração sociopolítica (Rudolf Smend)

Uma das mais importantes obras de Smend — "Constituição e Direito Constitucional" (*Verfassung und Verfassungsrecht*) — adquiriu relevância na literatura jurídica mundial, na medida em que estrutura uma Teoria da Constituição inovadora. A obra, publicada originariamente em 1928, desenvolve o núcleo de sua teoria no sentido de compreender a Constituição como processo de integração da realidade sociopolítica e da vida estatal.

---

[91] HESSE, *op. cit.*, p. 24.

Segundo Smend, a doutrina constitucional dominante posiciona-se em dois extremos: de um lado, de acordo com a concepção positivista de Jellinek, a Constituição consiste em uma ordenação da formação da vontade de um grupo social e da situação jurídica de seus membros, as quais estão compreendidas por normas jurídicas que, por sua vez, regulam os órgãos supremos do Estado, sua formação, competência e relações mútuas, bem como o status básico em que se encontra o indivíduo frente ao Estado; de outro lado, considera-se a Constituição como a lei, não necessariamente jurídica, representada — na perspectiva de Lassalle — pelas relações fáticas de poder reinantes em um Estado — as quais são responsáveis pela regulação e ordenação da vida política de um Estado.[92]

Diante de tais concepções diametralmente opostas, o autor propõe a construção de uma Teoria da Constituição no sentido de compreender as normas constitucionais, formal e juridicamente estabelecidas, como algo incapaz de regulamentar completamente todas as ações e forças sociopolíticas, na medida em que tais forças reais se movem segundo suas próprias normas, independentemente da existência de previsão jurídico-formal. Assim, para a compreensão da Constituição do Estado, como sistema ideal e inteligível, "se hace necesaria la inclusión de aquellas *fuerzas sociales* junto al propio texto constitucional escrito".[93]

Nesse diapasão, Smend apresenta seu conceito de Constituição:

> La Constitución es la ordenación jurídica del Estado, mejor dicho, de la dinámica vital en la que desarrolla la vida del Estado, es decir, de su proceso de integración. La finalidad de este proceso es la perpetua reimplantación de la realidad total del Estado: y la Constitución es la plasmación legal o normativa de aspectos determinados de este proceso.[94]

A "Constituição jurídica" não é, pois, desprezada na formulação de sua Teoria da Constituição, na medida em que consiste em elemento imprescindível à consubstanciação do processo dinâmico e vital de integração do Estado, cujo fim é a constante reafirmação de sua realidade total. O núcleo de sua Teoria da Constituição encontra-se, pois, no processo de integração estatal, dinâmica e perpetuamente estabelecido.

---

[92] SMEND, *op. cit.*, p. 129-130.
[93] SMEND, *op. cit.*, p. 130-132.
[94] SMEND, *op. cit.*, p. 130-132.

Smend fundamenta sua teorização no sentido de considerar a Constituição não apenas como a ordenação de alguns momentos oriundos da realidade social, mas também como o produto de uma gama de impulsos e de motivações sociais da dinâmica política, de forma a integrá-los progressivamente. Efetivamente, o dinamismo da vida política "no puede ser aprehendido y normado plenamente por unos cuantos artículos recogidos en la Constitución, las más de las veces de corte esquemático". Nesse sentir, continua seu raciocínio:

> (...) en todo caso, los artículos de la Constitución inspiran la dinámica política, que, por lo que se refiere a su capacidad integradora, puede resultar estimulada; bien entendido que la finalidad integradora que se pretende tengan las normas constitucionales depende de la acción conjunta de todos los impulsos y motivaciones políticas de la comunidad, y que, en ocasiones, esta función integradora se realiza fuera de los canales constitucionales.[95]

A formação da totalidade do Estado e de seu processo integrador é o fim último da Constituição. O Estado, assim, é produto da Constituição concebida como o elemento responsável pela formação de seu processo de integração.

Na concepção de Smend, a Constituição possui duplo sentido e função: enquanto Direito positivo, ela é norma, mas ainda realidade; enquanto Constituição, também é realidade integradora, fruto da contínua criação e renovação da dinâmica estatal e não como um momento estático e permanente na vida estatal.[96]

O autor equipara sua concepção de Constituição — processo integrador da vida dinâmica estatal — à constituição de uma associação. Segundo ele, a partir de uma concepção estática, a constituição de uma associação consiste no ato por meio do qual se cria um Conselho de Direção e se estabelece seu estatuto, iniciando-se, assim, sua atividade. A partir desse momento, surge a associação em sentido jurídico-formal, a qual não terá existência real, caso não se consolide, sob uma perspectiva integradora, um constante processo de manutenção e renovação de seu ato fundacional e das relações dele decorrentes. Em outras palavras, a constituição de um grupo social e de sua organização "no es una simple regulación de una estructura dada y permanente, y de sus

---

[95] SMEND, *op. cit.*, p. 132-133.
[96] SMEND, *op. cit.*, p. 135-136.

manifestaciones exteriores, sino que es la forma que da fundamento a dicho grupo y le permite su continua creación e renovación".[97]

Assim, a Constituição, concebida como o ato fundacional do Estado e da sociedade, muito embora surja, a princípio, com conotação estática e meramente formal, tem que promover um processo de integração reciprocamente dialético com a organização sociopolítica, a fim de manter plena efetividade e aceitabilidade social diante de suas mutações ao longo do tempo.

Entretanto, a par das similitudes entre a constituição de uma associação ou agrupamento e a Constituição do Estado, ambas podem ser distinguidas sob um aspecto fundamental para a Teoria da Constituição de Smend, para quem a "característica de la Constitución del Estado como un orden integrador, fruto de la eficacia integradora de sus valores materiales propios es lo que la distingue primaria y básicamente de los estatutos constituyentes de otras asociaciones".[98]

Ademais, ambas as Constituições diferenciam-se no que tange ao objeto e conteúdo, na medida em que, ao contrário da constituição de uma associação, na estrutura constitucional de um Estado, a garantia de sua existência "es el fruto de la articulación en un sistema de los diferentes factores de integración, cuya coordinación ha de ser realizada por la Constitución". Segundo Smend, a fixação dos fins do Estado, de seu campo de atuação e do status de seus membros não constitui requisito essencial do próprio Estado, mas, pelo contrário, a garantia de sua existência e desenvolvimento deve-se única e exclusivamente à Constituição.[99]

3.4 A teoria da Constituição como ciência da cultura (Peter Häberle)

Recentemente, a doutrina alemã — e, posteriormente, a literatura jurídica mundial — foi prestigiada com uma obra que, apesar da contemporaneidade de sua publicação original (1982), já adquiriu grande aceitação entre os constitucionalistas, apresentando-se como uma nova Teoria da Constituição, sob uma perspectiva até então desconhecida.

A Teoria da Constituição, como ciência da cultura, muito embora tenha sido desenvolvida com base na Lei Fundamental da República

---

[97] SMEND, *op. cit.*, p. 136-137.
[98] SMEND, *op. cit.*, p. 140.
[99] SMEND, *op. cit.*, p. 143.

Federal da Alemanha, adquiriu amplitude, na medida em que seu núcleo teorético — a cultura — constitui-se em elemento axiológico encontrado em todos os Estados soberanos e, até mesmo, nas mais diversas sociedades, comunidades, nações e agrupamentos de pessoas.

A cultura, consistindo no parâmetro com base no qual se constrói a Teoria da Constituição, é conceituada, segundo concepção clássica apresentada por Häberle — apesar de existirem outras definições —, como "un conjunto complejo de conocimientos, creencias, artes, moral, leyes, costumbres y usos sociales que el ser humano adquiere como miembro de una sociedad determinada".[100]

Häberle procura fixar três relevantes aspectos, os quais são utilizados para o desenvolvimento do conceito de cultura: para o aspecto tradicional, concebe-se a cultura como o elemento responsável pelo liame com o ocorrido em um determinado momento; segundo o aspecto inovador, a cultura consiste no desenvolvimento ulterior do que já ocorrera em um dado momento e que se aplica, inclusive, à transformação social; e, por fim, a cultura, de acordo com o aspecto pluralista, é interpretada, na verdade, em seu sentido plural, na medida em que um mesmo grupo humano pode desenvolver simultaneamente diversas e diferentes culturas. A partir desses três elementos, constroem-se as linhas mestras do Direito constitucional cultural. Nesse sentir, conclui o autor:

> En este sistema basado en los tres aspectos orientativos aludidos de tradición, innovación y pluralismo — léase aperturismo — es donde debe encontrar el horizonte orientativo toda dogmática en torno al Derecho constitucional cultural, al igual que toda Teoría de la Constitución como ciencia de la cultura.[101]

A partir da delimitação do conceito de cultura e de seus variados aspectos — os quais são diferentemente valorizados em cada agrupamento social —, Häberle realiza uma aproximação entre a cultura e a Constituição, apresentando, assim, o Direito Constitucional da cultura.

Segundo o autor, a Constituição — referindo-se especificamente à Lei Fundamental alemã e às Constituições de seus Estados (*Länder*) — apresenta vários dispositivos constitucionais de caráter cultural, os

---

[100] HÄRBELE, Peter. *Teoria de la constitución como ciencia de la cultura*. Traducción de Emilio Mikunda. 2. ed. rev. ampl. Madrid: Tecnos, 2000. p. 24.
[101] HÄBERLE, 2000, p. 26.

quais podem ser estruturados levando-se em consideração os seguintes aspectos: *jurídico-individual*, abarcando, *e.g.*, as liberdades subjetivas artístico-científicas; *jurídico-institucional*, compreendendo, *e.g.*, as instituições de formação de adultos e do povo em geral, a garantia de dias de feriados oficiais e as instituições religiosas e de fomento; *jurídico-corporativo*, englobando, *e.g.*, as garantias de efetividade das associações sócio-culturais; e, por fim, os *direitos de participação cultural e desportiva*.[102]

Nessa perspectiva, a Constituição representa, pois, um conjunto extenso e diversificado de valores culturais. A cultura e suas formas de expressão devem ser compreendidas no sentido mais amplo e aberto possível, de forma a abarcar toda a complexa realidade cultural.

A Teoria da Constituição de Häberle culmina com o desenvolvimento e a apresentação de um tipo de Estado Constitucional democrático com cunho cultural. Segundo o autor, o arquétipo de tal Estado Constitucional abarca como seus elementos: a *dignidade da pessoa humana*, entendida como a premissa decorrente da cultura de todo um povo e de alguns direitos humanos universais, estes compreendidos como a vivência da individualidade de um determinado povo, o qual realiza sua identidade tanto na tradição histórica, quanto em sua própria experiência, e que reflete suas esperanças em forma de desejos e aspirações futuras; o *princípio da soberania popular*, compreendido como fórmula identificadora de uma colaboração que se renova constantemente de forma aberta e responsável; a *Constituição como pacto*, em cujo marco são formulados objetivos educacionais; o *princípio da divisão de poderes*, tanto em seu sentido estrito (estatal), quanto em seu sentido pluralista e mais amplo; o *Estado de Direito* e o *Estado social de Direito*, compreendidos pelo princípio da cultura estatal aberta e as demais garantias dos direitos fundamentais.[103]

A configuração do Estado Constitucional de cunho cultural — e, como corolário, da Teoria da Constituição como ciência da cultura — fundamenta-se na perspectiva de que a Constituição se configura como expressão da realidade sociocultural e não única e exclusivamente como produto do ordenamento jurídico-formal. Nesse sentir, conclui Häberle:

> La Constitución no se limita sólo a ser un conjunto de textos jurídicos o un mero compendio de reglas normativas, sino la expresión de un cierto grado de desarrollo cultural, un medio de autorrepresentación

---
[102] HÄBERLE, 2000, p. 30.
[103] HÄBERLE, 2000, p. 33-34.

propia de todo un pueblo, espejo de su legado cultural y fundamento de sus esperanzas y deseos.[104]

A Constituição, nesse contexto, é, pois, em sua forma de expressão, o instrumento mediador e catalisador da cultura do povo em um determinado Estado. A questão de se saber se um povo tem ou não uma Constituição depende, na verdade, na perspectiva de Häberle, de verificar se ele "está mejor o peor constituido, culturalmente hablando". Efetivamente, a aceitação da Constituição pressupõe a existência de normas juridicamente estabelecidas, as quais devem se equivaler à cultura política do respectivo povo, proporcionando, assim, uma identidade entre os dispositivos constitucionais e os valores culturais difundidos na sociedade. Em outras palavras, "la realidad jurídica de todo Estado constitucional es tan sólo un fragmento de la realidad de toda Constitución viva, que a lo largo y ancho de su texto y contexto no es sino una de sus formas culturales".[105]

Dessa maneira, a Constituição, entendida como o produto das "cristalizações culturais", reflete a diversidade cultural existente no seio social, transformando-se, na terminologia de Häberle, em "Constituição pluralista". A identidade de tal Constituição pressupõe uma relação de dependência cultural de todo um povo, consubstanciada entre a tradição, o legado cultural e as experiências históricas, por um lado, e as esperanças, as possibilidades reais e de configuração ulterior, por outro. Tal relação de interdependência (Constituição-cultura; cultura-Constituição) será tão mais evidente na medida em que contemplar a evolução e o desenvolvimento da sociedade ao longo do tempo. Concluindo, "la multiplicidad o el polifacetismo de las susodichas 'cristalizaciones culturales' forman el sustrato que, actuando como catalizador, permite el ulterior desarrollo de los propios textos normativos positivos".[106]

A perspectiva culturalista da Teoria da Constituição de Häberle, apesar de ser bastante inovadora, pode ser edificada e reinterpretada em outros Estados e sociedades, cujas Constituições possuam dispositivos catalisadores de "cristalizações culturais". O essencial na consolidação de tal perspectiva, em determinada organização sociopolítica, depende, na verdade, da relação que se estabelece entre a Constituição formal

---

[104] HÄBERLE, 2000, p. 34.
[105] HÄBERLE, 2000, p. 34-35.
[106] HÄBERLE, 2000, p. 36.

e a realidade cultural (ou Constituição "cultural"). Com efeito, tal relação constitui-se em processo dinâmico, em constante modificação e evolução. Ambas determinam, recíproca e dialeticamente, seus conteúdos. Assim, a efetiva configuração da "Teoria da Constituição como ciência da cultura" está atrelada à manutenção dessa relação reciprocamente condicionante.

A interpretação constitucional, nesse contexto, adquire extrema relevância na medida em que a cultura, cujo conceito é compreendido por Häberle em sentido amplo, está em contínuo processo de mutação. Assim, as transformações culturais, determinando o conteúdo da Constituição formal — e sendo por ela determinada —, fazem parte do processo de exegese constitucional. Com efeito, a existência de textos jurídicos idênticos ou semelhantes não implica em dizer que possuam conteúdos similares, visto que são interpretados, no tempo e no espaço, de formas diferentes, em razão da diversidade cultural: "el mismo texto encierra diferente contenido en cada una de las culturas en las que aparece, y todo ello además en función tanto del tiempo como del espacio". A "especificidade cultural" de cada organização sociopolítica é, pois, fundamental para a exegese constitucional na estruturação da individualidade de cada Constituição.[107]

---
[107] HÄBERLE, 2000, p. 45-46.

TÍTULO II

QUEM É O GUARDIÃO DA CONSTITUIÇÃO?[108]

1 A defesa da Constituição (debate entre Hans Kelsen e Carl Schmitt)

A partir do momento em que a Constituição surge como o principal instrumento e símbolo do constitucionalismo moderno — ou "movimento constitucional moderno", referindo-se às palavras de Canotilho[109] —, ergue-se, concomitantemente, o problema relativo à custódia. A busca pela defesa da Constituição está, pois, atrelada à potencialidade de violação de seus dispositivos. Nesse diapasão, Schmitt preleciona que a "demanda de un protector, de un defensor de la Constitución es, en la mayoría de los casos, indicio de situaciones críticas para la Constitución".[110]

Ao longo da história, a defesa da Constituição esteve sob a responsabilidade dos mais variados órgãos e instituições. Não há, portanto, univocidade no que concerne à sua guarda. Na história francesa, por

---

[108] Em consonância com a expressão "*quis custodiet ipsos custodes*", a qual foi e ainda é utilizada para se referir à custódia da Constituição.
[109] CANOTILHO, *op. cit.*, p. 51-52. Segundo o autor, o constitucionalismo moderno — movimento político, social e cultural — surgiu em meados do século XVIII com o objetivo de questionar os esquemas tradicionais de domínio político e sugerir uma nova forma de ordenação e fundamentação do poder.
[110] SCHMITT, Carl. *La defensa de la constitución*: estudio acerca de las diversas especies y posibilidades de salvaguarda de la constitución. Traducción de Manuel Sánchez Sarto. Madrid: Tecnos, 1983. p. 27.

exemplo, no final do século XVIII e início do século XIX, a atribuição da custódia da Constituição ficou a cargo do Senado conservador (*Sénat conservateur*), o qual aprovava ou anulava todos os projetos inconstitucionais apresentados pelo *Tribunato* ou pelo Governo.

O constitucionalismo do século XIX, influenciado pelo modelo clássico do *eforato* espartano, caracterizou-se pela existência de diversas instituições, tais como os tribunos, censores e síndicos, os quais eram institucionalmente responsáveis pela guarda da Constituição. Destarte, o Senado romano, autêntico defensor de sua Constituição, representou grande importância para o pensamento constitucional europeu, na medida em que foi utilizado como modelo para a instituição de uma segunda Câmara como defensora da Constituição. Nesse contexto, seguindo o modelo do Senado romano, a Constituição francesa do ano VIII (1799) instituiu o Senado conservador como guardião da Constituição, bem como, analogamente, sua Constituição de 11 de janeiro de 1852. Dessa forma, concebido como Alta Corte de Justiça, o Senado (Segunda Câmara) manteve-se, ao longo do século XVIII, institucional e constitucionalmente responsável pela guarda da Constituição em diversos ordenamentos jurídicos.[111]

A defesa da Constituição está, pois, atrelada à existência de uma instituição ou órgão incumbido da realização e efetivação de tal tarefa. A responsabilidade orgânica pela guarda da Constituição é historicamente atribuída a instituições tanto de natureza política, quanto judicial (ou jurisdicional), ou de ambas.[112]

Relevante debate acerca da custódia da Constituição travou-se entre dois grandes juristas no início do século XX: de um lado, Schmitt, o qual defendia um controle político de constitucionalidade das leis, de responsabilidade do chefe do Poder Executivo (Presidente do Reich) e, de outro, Kelsen, o qual, influenciado pelas ideias de Jellinek, preconizou a justiça constitucional como a guardiã da Constituição, desenvolvendo, originariamente, o modelo concentrado de controle de constitucionalidade das leis, a cargo do Tribunal Constitucional.

---

[111] SCHMITT, 1983, p. 36-38.
[112] A Constituição da República Federativa do Brasil de 1988, no *caput* de seu artigo 102, atribui ao Supremo Tribunal Federal, precipuamente, a guarda da Constituição, demonstrando que o sistema brasileiro concebe a Justiça (Constitucional) como sua principal guardiã, a par do controle político que se efetiva principalmente no âmbito do Poder Legislativo, *e.g.*, verificação da constitucionalidade das leis, realizada pelas Comissões de Constituição e Justiça e de Cidadania (Câmara dos Deputados) e de Constituição, Justiça e Cidadania (Senado Federal), processo e julgamento do Presidente da República e de outras autoridades pelo Senado Federal, veto jurídico presidencial relativamente a projetos de leis inconstitucionais, dentre outros.

A perspectiva de Schmitt foi desenvolvida em um contexto histórico no qual vigia a Constituição de Weimar de 1919, a qual, ao lado da Constituição Mexicana de 1917, propiciou o início do processo de consolidação de um novo paradigma de Estado — o do Estado Social de Direito —, com a constitucionalização de diversos direitos de cunho social e econômico. Ambas consubstanciaram-se como "as primeiras constituições sociais que buscaram conciliar direitos de liberdades e direitos socioeconômicos em seus textos, estabelecendo a cláusula social".[113]

Contudo, muito embora os fundamentos e argumentos utilizados pela teoria schmittiana acerca da defesa da Constituição tenham sido desenvolvidos com o objetivo de justificar a necessidade de implantação do paradigma de Estado Social de Direito, em contraposição à perspectiva do Estado Liberal — a qual foi considerada uma simples ideologia relegada ao mundo da ficção —, acabaram por servir como instrumento ideológico para a implementação futura do Estado totalitário na Alemanha.

A construção teórica de Schmitt, relativamente à defesa da Constituição, objetiva, primordialmente, repudiar a solução apresentada pela doutrina constitucional liberal, a qual, diante da falta de legitimidade do paradigma do Estado Liberal de Direito, desenvolveu, de acordo com a proposição de Kelsen, um modelo de justiça constitucional — implantado originariamente na Constituição austríaca de 1920 —, cuja função de guarda da Constituição foi atribuída ao Tribunal Constitucional.

Schmitt busca demonstrar que o modelo de justiça constitucional — especificamente o do Tribunal de Justiça Constitucional previsto nas Constituições alemãs do século XIX —, como protetor da Constituição, é apenas uma das formas de defesa da Constituição — e não a mais importante —, a par de outros instrumentos de tutela constitucional. Nesse sentir, assevera que:

> Cuando, en las Constituciones alemanas del siglo XIX, se prevé junto a otras garantías un Tribunal de Justicia Constitucional para la *protección judicial de la Constitución*, viene a expresarse con ello la sencilla verdad de que la protección judicial de la Constitución no es más que un sector de las instituciones de defensa y garantía instituidas con tal

---

[113] SOARES, Mário Lúcio Quintão. *Teoria do Estado*: o substrato clássico e os novos paradigmas como pré-compreensão para o direito constitucional. Belo Horizonte: Del Rey, 2001. p. 290.

objeto, pero revelaría una superficialidad notoria el hecho de olvidar la limitación extrema que todo lo judicial tiene, y que por encima de esta protección judicial existen otras muchas clases y métodos de garantizar la Constitución.[114]

Assim, na perspectiva schmittiana, o controle judicial de constitucionalidade das leis, na Alemanha, não se constitui, em sentido estrito, em defesa da Constituição, na medida em que, contrariamente ao que ocorre no sistema norte-americano, os Tribunais supremos alemães não exercitam tal controle de forma acessória, ocasional, incidental e concreta, deixando de aplicar as leis inconstitucionais aos casos concretos, mas, pelo contrário, invalidam-nas genericamente.

O repúdio de Schmitt, relativamente ao modelo de justiça constitucional delineado por Kelsen, fundamenta-se, principalmente, no fato de que a decisão do Tribunal Constitucional atribui invalidação à lei inconstitucional, que é total e genericamente retirada do ordenamento jurídico. Assim, na perspectiva schmittiana, a jurisdição constitucional atua como legislador negativo, de modo que a atribuição de efeitos genéricos à decisão do Tribunal Constitucional, na declaração de inconstitucionalidade de uma lei, configura caráter legiferante à função jurisdicional.

Diante dessa perspectiva, o modelo kelseniano, caracterizado por consolidar originariamente o controle concentrado e abstrato de constitucionalidade das leis, violaria o princípio da separação dos poderes, na medida em que a função jurisdicional estaria interferindo na função legislativa, originária e eminentemente atribuída ao Poder Legislativo.

Nesse diapasão, Schmitt só atribuiu caráter jurisdicional à justiça ordinária, cuja declaração de inconstitucionalidade de uma lei é efetivada tão somente no sentido de considerá-la inaplicável aos casos concretos, tal como ocorre no sistema norte-americano. Por outro lado, o modelo de jurisdição constitucional, concentrado e abstrato, não se consolida eminentemente como função jurisdicional. Assim, em termos fundamentais, a tarefa de guarda da Constituição somente é atribuída à jurisdição constitucional "en un Estado judicialista que someta la vida pública entera al control de los Tribunales ordinarios".[115]

Nesse sentir, ao estabelecer um paralelo entre as concepções schmittiana e kelseniana de Constituição, García assevera que:

---
[114] SCHMITT, 1983, p. 41.
[115] SCHMITT, 1983, p. 46.

> (...) cuando se trata de contradicciones evidentes entre leyes ordinarias y la Ley Constitucional, la justicia ordinaria puede, en virtud del principio de supremacía constitucional, dejar sin aplicar la ley ordinaria. Pero que una cosa es este control difuso de constitucionalidad, y otra muy distinta que la ley considerada inconstitucional, según el sistema kelseniano, quede automáticamente suprimida del ordenamiento jurídico.[116]

Dessa forma, Schmitt conclui que o controle judicial de constitucionalidade na Alemanha, exercido pelo Tribunal Supremo do Reich, não se assemelha ao sistema norte-americano, de modo que "puede decirse que el centro de gravedad del fallo político se halla situado en la legislación" e não na jurisdição, cuja atividade não se consubstancia como criação do Direito, na medida em que o exercício da função jurisdicional se sujeita às proposições legislativas gerais elaboradas pelo Legislativo.[117] Nesse diapasão, sintetizando seu raciocínio, assevera que:

> Ante todo la Justicia queda sujeta a la ley, pero por el hecho de situar la sujeción a la ley constitucional por encima de la sujeción a la ley simple, el poder judicial no se convierte en protector de la Constitución. En un Estado que no es un mero Estado judicial, no es posible que la Justicia ejerza semejantes funciones.[118]

Diante de tal ilegitimidade do modelo de justiça constitucional kelseniano, Schmitt desenvolve sua tese relativamente à custódia da Constituição no sentido de atribuir tal função e responsabilidade ao chefe de Estado (Presidente do Reich), utilizando, como fundamentação, a proposição do poder neutro (*pouvoir neutre*) de Constant.

Schmitt contextualiza sua fundamentação teórica baseada na necessidade de que, se no final do século XVIII e início do século XIX, com o declínio da monarquia absoluta e o advento do Parlamento, buscou-se a proteção deste, representante dos anseios populares, contra as interferências do Executivo, no século XX, objetiva-se instituir uma forma de defesa da Constituição contra a legislação imposta pela maioria parlamentar.

Nesse contexto, questiona-se até que ponto é possível instituir um guardião da Constituição no âmbito jurisdicional, na medida em que

---

[116] GÁRCIA, Pedro de Veja. Prólogo. *In*: SCHIMITT, Carl. *La defensa de la constitución*: estudio acerca de las diversas espécies y posibilidades de salvaguarda de la constitución. Traducción de Manuel Sánchez Sarto. Madrid: Tecnos, 1983. p. 19.
[117] SCHMITT, 1983, p. 51-52.
[118] SCHMITT, 1983, p. 55.

a efetivação de tal proteção constitucional, na verdade, mesmo dotada de aparência judicial, adquiriria conotação política.[119]

Considerando que a justiça constitucional é a responsável pela guarda da Constituição, atribuindo, como corolário, caráter político à função jurisdicional, Schmitt busca a concretização de outro guardião da Constituição, no sentido de se efetivar o reequilíbrio dos poderes, considerando o chefe de Estado, popularmente legitimado, neutro e independente em relação às forças parlamentares e políticas, como a figura responsável pelo cumprimento daquele mister.

Contudo, ao sustentar, ideológica e juridicamente, a atribuição da função de custódia da Constituição ao chefe do Executivo — o Presidente do Reich na Alemanha —, Schmitt serviu como paradigma e marco teórico para a implementação do nazismo, o qual se consolidou na Alemanha a partir da interpretação do art. 48 da Constituição de Weimar, no sentido de conceder poderes elásticos e extraordinários ao representante supremo do Estado, quando da ocorrência de situações excepcionais.

Surge, pois, a figura do chefe de Estado como o defensor da Constituição, fundado na ideologia do poder neutro, no sentido de que, com a finalidade de se garantir o funcionamento constitucional de todos os Poderes e da própria Constituição, faz-se necessário, em um Estado de Direito, retirar da órbita dos poderes a função de guardião da Constituição, em prol do princípio da separação dos poderes, de forma a estatuir "un poder neutral específico junto a los demás poderes, y enlazarlo equilibrarlo con ellos mediante atribuciones especiales".[120]

Segundo a teoria do poder neutro de Constant, marco teórico de Schmitt na proposição do chefe de Estado como guardião da Constituição, não haveria violação ao princípio da separação dos poderes, ao se conferir excessivas atribuições e competências ao representante máximo do Poder Executivo; pelo contrário, a assunção de tal poder ao chefe de Estado, o qual se encontra em uma posição neutra, faz-se necessária para a manutenção do equilíbrio entre os Poderes, legitimando, assim, sua atribuição de defensor da Constituição.

Nesse diapasão, referindo-se especificamente à Constituição de Weimar, Schmitt assevera que a figura do chefe de Estado representa, acima das atribuições a ele conferidas:

---
[119] SCHMITT, 1983, p. 62-63.
[120] SCHMITT, 1983, p. 213-214.

(...) la continuidad y permanencia de la unidad política y de su homogéneo funcionamiento, y que por razones de continuidad, de prestigio moral y de confianza colectiva debe tener una especie de autoridad que es tan consustancial a la vida de cada Estado como la fuerza y el poder imperativo que diariamente se manifiestan de modo activo.[121]

A neutralidade da figura do chefe de Estado reveste-se, pois, de fundamental importância em sua legitimação como defensor da Constituição, visto que sua função não se revela como uma atividade contínua, imperativa e regulamentadora, mas essencialmente como mediadora, tutora e reguladora, cuja manifestação somente se efetiva em casos de necessidade extraordinária, evitando-se, assim, a fim de preservar a independência e competência de todos os Poderes, a expansão de seus próprios poderes.[122]

Entretanto, a atribuição do poder máximo de defender a Constituição ao chefe de Estado já não mais encontra sustentação jurídica desde o início do século XX, quando Kelsen atribuiu tal tarefa à justiça constitucional,[123] cuja função de controlar a constitucionalidade das leis transforma-se, única e exclusivamente, em responsabilidade do Tribunal Constitucional.

A elevação da justiça constitucional à guardiã da Constituição já se mostrava necessária, visto que as tarefas de defesa da Constituição, atribuídas aos demais Poderes, não se revelavam como legítimas, tendo em vista, respectivamente, os abusos cometidos pelo Executivo e os conflitos políticos desencadeados no âmbito do Parlamento. Nesse contexto, a justiça constitucional surgia, pois, sob uma perspectiva, como a mais compatível com o princípio da separação dos poderes, na medida em que a função de tutor da Constituição transformou-se em responsabilidade de um órgão intermediário e imparcial, situado fora dos âmbitos do Executivo e do Legislativo, a cuja função típica — de dizer sobre a atributividade do Direito — não se acumulavam outras funções, tal como ocorria quando tal tarefa era atribuída àqueles Poderes.

---

[121] SCHMITT, 1983, p. 218-219.
[122] SCHMITT, 1983, p. 218-219.
[123] Hans Kelsen escreveu diversos textos e artigos acerca do modelo de justiça constitucional, os quais foram sistematizados e publicados, em 1981, sob o título *La giustizia constituzionale*, em Milão. Tal obra contém as ideias principais do autor relativas à jurisdição constitucional, as quais foram utilizadas como marco teórico para a edificação do modelo de Tribunal Constitucional como defensor da Constituição, implantado originariamente na Constituição austríaca de 1920.

Nesse diapasão, Kelsen já revelara uma questão, a qual, apesar de sua obviedade, não fora objeto de debate relativamente ao problema da garantia da Constituição:

> (...) o fato de que, caso se deva mesmo criar uma instituição através da qual seja controlada a conformidade à Constituição de certos atos do Estado — particularmente do Parlamento e do governo —, tal controle não deve ser confiado a um dos órgãos cujos atos devem ser controlados.[124]

Entretanto, a maior dificuldade enfrentada por Kelsen, na construção de sua teoria, foi a de formular fundamentos juridicamente contundentes, no sentido de atribuir legitimidade a um órgão que, embora não fosse o responsável pela elaboração dos atos a serem controlados, consubstanciava-se como não representativo dos interesses populares.

Assim, o combate à ilegitimidade da justiça constitucional, face ao princípio da separação dos poderes, foi a maior dificuldade jurídica encontrada por Kelsen,[125] na medida em que se sustentava ser o Tribunal Constitucional verdadeiro legislador negativo, cuja função de declarar a inconstitucionalidade de uma lei, anulando uma norma geral, elaborada pelo Poder Legislativo, consubstanciava-se, na verdade, como atividade intrínseca ao Poder representante dos anseios populares.

Relativamente a essa questão, Kelsen assevera que, diante da sustentada ilegitimidade da justiça constitucional, com a finalidade de se evitar a transferência da atividade intrínseca ao Poder Legislativo a outro órgão ou Poder, dever-se-ia limitar e evitar, o máximo possível, a discricionariedade atribuída pelas leis aos juízes constitucionais, retirando-lhes o caráter de legislador negativo.

Nesse contexto, segundo a perspectiva kelseniana, deve-se restringir a atividade legislativa no sentido de que as normas constitucionais, especialmente as definidoras do conteúdo de leis futuras, *e.g.*, as que dispõem sobre direitos fundamentais, não devem ser formuladas com conotação genérica, imprecisa e vaga, de forma a atribuir ampla liberdade ao Tribunal Constitucional em sua aplicação; do contrário, "existe o perigo de uma transferência de poder — não

---

[124] KELSEN, 2003a, p. 239-240.
[125] Faz-se importante salientar que, ainda hoje, a questão da legitimidade jurídico-política dos Tribunais Constitucionais e, como corolário, do modelo concentrado e abstrato de justiça constitucional, constitui-se em um dos principais problemas a serem enfrentados pelo Direito Constitucional e pela Teoria da Constituição.

previsto pela Constituição e altamente inoportuno — do Parlamento para uma instância externa a ele, a qual pode tornar-se o expoente de forças políticas totalmente distintas daquelas que se expressam no Parlamento".[126]

Não obstante, a caracterização da função do Tribunal Constitucional, como legislador negativo, não é repudiada por Kelsen, mas, contrariamente, por ele defendida, embora sob uma perspectiva diferente daquela construída por Schmitt. Efetivamente, Kelsen acredita que não só o Tribunal Constitucional, mas também os Tribunais civil, criminal ou administrativo exercem a função de criação do Direito, embora de formas diferentes: os segundos apenas produzem normas de caráter individual, ao deixarem de aplicar uma lei no caso concreto, enquanto o primeiro confere invalidez e anulabilidade a uma lei inconstitucional, eliminando, consequentemente, a norma genericamente considerada (legislador negativo).[127]

Contudo, segundo Kelsen, deve-se salientar que, apesar da diferença existente entre os dois tipos de tribunais na atividade de verificação da constitucionalidade das leis e atos normativos, pode-se atribuir, também, a qualidade de legislador negativo, no sentido material da palavra, ao tribunal que não aplica uma lei ao caso concreto em razão de sua inconstitucionalidade, uma vez que também elimina uma norma de caráter geral, observando-se, porém, nessa situação, que a anulação da norma geral limita-se a um determinado caso e não a vários casos abstratamente iguais, tal como ocorre na decisão proferida pelo Tribunal Constitucional.[128]

A par dos argumentos utilizados acerca da legitimidade da justiça constitucional, como defensora da Constituição, Kelsen busca demonstrar que a teoria schmittiana, atribuindo ao chefe de Estado a tarefa de guardião da Constituição, também não se coaduna com o princípio da separação dos poderes, pois não há como desvincular aquela tarefa da atividade exercida pelo chefe de Estado, na qualidade de representante máximo do Poder Executivo. A neutralidade a que se refere Schmitt, como atributo do chefe de Estado, no exercício da atividade de defensor da Constituição, não estaria completamente caracterizada, pois não seria possível o desempenho de duas tarefas distintas pelo mesmo órgão de forma imparcial e neutra.

---

[126] KELSEN, 2003a, p. 262-263.
[127] KELSEN, 2003a, p. 263.
[128] KELSEN, 2003a, p. 263-264.

Assim, nessa perspectiva, a interpretação da doutrina do *pouvoir neutre* de Constant por Schmitt, na legitimação do chefe de Estado como defensor da Constituição, é refutada por Kelsen — o qual, por sinal, admira-se pelo fato de aquele autor, professor de Direito Público na Berliner Handelshochschule, pretender restaurar uma das mais antigas doutrinas acerca da monarquia constitucional, de forma a aplicá-la ao Estado republicano[129] —, na medida em que atribuiu conotação diferenciada ao poder neutral do chefe do Executivo.

A doutrina de Constant baseia-se na suposição de que o Poder Executivo seja dividido em dois Poderes diferenciados: o ativo e o passivo, detendo o monarca apenas o último, o qual se caracteriza como neutro. Diante disso, Kelsen questiona como seria possível o exercício da tarefa de guardião da Constituição pelo chefe de Estado, de forma neutra e passiva, na medida em que tal função — assim como outras — demandaria sua presença ativa.[130]

Destarte, segundo Kelsen, Schmitt se contradiz em vários momentos, ao utilizar a teoria do poder neutro para legitimar o chefe de Estado como guardião da Constituição. Com efeito, ao afirmar que, na monarquia constitucional, a possibilidade de violação da Constituição provém do governo, isto é, da esfera do Poder Executivo, acaba por anular as ideias de que o monarca, como chefe de Estado, exerce função neutra e de guardião da Constituição.[131]

Nesse diapasão, questionando se o Judiciário, efetivamente, poderia atuar como guardião da Constituição, contradiz-se novamente, ao negar tal atributo aos Tribunais civis, criminais e administrativos na Alemanha e não à Corte Suprema dos Estados Unidos, muito embora ambos exerçam um controle concreto de constitucionalidade das leis, deixando de aplicá-las às situações concretas, quando consideradas inconstitucionais.[132]

Diante de tal consideração, Schmitt procura demonstrar que a função jurisdicional, particularmente quando no exercício da declaração de inconstitucionalidade das leis, caracterizar-se-ia como ato político, e não judicial, na medida em que a jurisdição constitucional atuaria como legislador negativo, criando, assim como o Poder legislativo, normas gerais e abstratas. Segundo o autor, a decisão acerca do conteúdo da norma é atribuição da competência política do legislador, e não do juiz.[133]

---
[129] KELSEN, 2003a, p. 243.
[130] KELSEN, 2003a, p. 245.
[131] KELSEN, 2003a, p. 247.
[132] KELSEN, 2003a, p. 248-249.
[133] PALU, *op. cit.*, p. 78.

Contudo, Kelsen rebate a argumentação schmittiana de que as funções jurisdicional e política seriam essencialmente contraditórias, dizendo que o exercício daquela manifesta-se, também, com conotação política, uma vez que prossegue no exercício da tarefa de criação do Direito, na medida em que o legislador, ao autorizar o juiz a decidir, ainda que de forma limitada, sobre conflitos de interesses, atribuindo o direito a uma das partes, confere-lhe, também, poder de criação jurídica. Nesse diapasão, conclui que: "A opinião de que somente a legislação seria política — mas não a 'verdadeira' jurisdição — é tão errônea quanto aquela segundo a qual apenas a legislação seria criação produtiva do direito, e a jurisdição, porém, mera aplicação reprodutiva".[134]

Ao mesmo tempo em que Schmitt retira o caráter de função judicial da jurisdição constitucional — apesar de não conseguir defini-la precisa e claramente[135] —, desenvolve sua tese no sentido de demonstrar que tal função não se caracteriza como "guardiã" da Constituição. Verifica-se, assim, segundo o autor, que a "defesa da Constituição" tem conotação diferente da exercida pela jurisdição constitucional.

A argumentação schmittiana de que a jurisdição constitucional é considerada, na verdade, como função legislativa, ao considerar que a decisão judicial já se encontraria pronta e definida na lei, da qual seria deduzida, sem qualquer interferência cognitiva e interpretativa do juiz, é totalmente refutada por Kelsen, segundo o qual:

> (...) é justamente dessa compreensão que resulta o fato de que entre a lei e sentença não existe diferença qualitativa, que esta é, tanto quanto aquela, uma produção do direito, que a decisão de um tribunal constitucional, por ser um ato de legislação, isto é, de produção do direito, não deixa de ser um ato de jurisdição, ou seja, de aplicação do direito, e particularmente que, em função de o elemento da *decisão* não se limitar de modo algum à função legislativa, mas sim também — e necessariamente — estar contido na função judicial, ambas devem possuir caráter *político*.[136]

A par de tais argumentos schmittianos, refutando a legitimidade da jurisdição constitucional como defensora da Constituição, Kelsen demonstra que o "Estado total" preconizado por Schmitt, de forma

---

[134] KELSEN, 2003a, p. 250-251.
[135] KELSEN, 2003a, p. 253.
[136] KELSEN, 2003a, p. 257-259.

a consolidar sua unidade política, ao atribuir ao chefe de Estado a tarefa de guardião da Constituição, consubstancia-se como ilegítimo e antidemocrático.

Apesar de o entendimento schmittiano considerar que a jurisdição constitucional — composta por um conjunto de pessoas ilegítimas para o exercício da função de defesa da Constituição, visto que não foram escolhidas por um processo democrático, representativo dos anseios populares —, manifestar-se-ia de forma ilegítima e antidemocrática, sua teoria do chefe de Estado como guardião da Constituição não se apresenta, da mesma forma, como legítima e democrática.

Na verdade, a atribuição de tal função ao chefe de Estado, fundada no poder neutro de Constant, e não à jurisdição constitucional, tal como concebe Schmitt, não se mostra compatível com os princípios democráticos e da separação dos poderes, face à atribuição de funções distintas ao mesmo órgão.

A argumentação schmittiana de que o chefe de Estado, cujo mandato é conferido pelo povo, representaria a vontade geral da maioria, em prol da unidade política, é extremamente contestável e discutível, não apenas pelo fato de que a vontade geral não se efetiva verdadeira e legitimamente, mas também pela consideração de que a eleição não se apresenta como uma garantia ao chefe de Estado no sentido de equilibrar interesses conflitantes. Reportando-se às palavras de Kelsen, "a eleição do chefe de Estado, que se dá inevitavelmente sob a alta pressão de ações político-partidárias, pode ser um método democrático de nomeação, mas não lhe garante particularmente a independência".[137]

Nesse diapasão, arremata dizendo que:

> Não há, particularmente, razões suficientes para considerar a independência do chefe de Estado eleito mais forte ou mais garantida que do que a do juiz ou do funcionário. Não se pode, sobretudo, desvalorizar a neutralidade do juiz de carreira em favor da do chefe de Estado com o argumento de que 'Os verdadeiros detentores do poder político podem facilmente obter a influência necessária sobre o preenchimento dos postos de juízes e a nomeação dos peritos. Se o conseguem, a resolução em forma judiciária ou técnica das controvérsias torna-se um cômodo instrumento político, e isso é o oposto do que na verdade se objetivava com a neutralização.[138]

---

[137] KELSEN, 2003a, p. 283.
[138] KELSEN, 2003a, p. 283-284.

Em conformidade com o entendimento de Kelsen, similarmente à argumentação schmittiana de que o chefe de Estado seria um guardião democrático da Constituição, poder-se-ia atribuir, também, tal função, baseada em fundamentos diferentes, à jurisdição constitucional, manifestada na figura do Tribunal Constitucional, exigindo-se que, para tanto, seja conferida conotação democrática à posição jurídica e ao modo de nomeação de seus membros, consubstanciada, respectivamente, pela consideração dos juízes como funcionários de carreira e por sua escolha através de processo popular e democrático, tal como ocorrera relativamente à Corte Constitucional austríaca, nos moldes da Constituição de 1920, cujos membros foram escolhidos pelo Parlamento.[139]

Dessa maneira, considerando que não há como separar as funções exercidas pelo Poder Executivo como chefe de Estado e como guardião da Constituição, bem como o fato de que os atos originados do Legislativo e Executivo constituírem o alvo principal de declaração de inconstitucionalidade, quando incompatíveis com a Constituição, não se pode atribuir a tarefa de defesa da Constituição seja ao Poder Executivo, seja ao Legislativo.

Diante de tais considerações, a jurisdição constitucional, especialmente quando é atribuída ao Tribunal Constitucional, ergue-se como uma terceira instância, situada fora da esfera dos demais Poderes, capacitando-a a exercer a função de defesa da Constituição de forma independente e imparcial, alheia às decisões e discussões de cunho político. Segundo Kelsen, "a vantagem fundamental de um tribunal constitucional permanece sendo que, desde o princípio, este não participa do exercício do poder, e não se coloca antagonicamente em relação ao Parlamento ou ao governo".[140]

2 O controle político de constitucionalidade das leis

2.1 Introdução e contextualização

A ideia de defesa da Constituição surge conjuntamente ao constitucionalismo moderno, o qual, como corolário, legitimou o aparecimento da *constituição moderna*, consubstanciada em um documento escrito, cujo conteúdo compreende uma declaração de direitos e

---
[139] KELSEN, 2003a, p. 291.
[140] KELSEN, 2003a, p. 276.

liberdades e a limitação do poder político, de forma a ordenar, sistemática e racionalmente, uma determinada comunidade política.[141]

Dessa maneira, o surgimento da Constituição escrita, concebida como a "organização jurídica fundamental",[142] formal e hierarquicamente superior ao ordenamento jurídico infraconstitucional, legitima a possibilidade e revela a indispensabilidade de que sejam criados e disponibilizados instrumentos capazes de promover a defesa de seus dispositivos.

A Constituição, no sentido moderno, pressupõe, pois, para a efetivação da defesa de seus preceitos, um sistema de controle de constitucionalidade das leis, o qual se encontra assentado em dois fundamentos teóricos básicos: a) o de que a Constituição, como produto do Poder Constituinte — um superpoder —, consagra os valores supremos da sociedade, disso decorrendo, consequentemente, o caráter de rigidez constitucional, no sentido de vincular a modificação do conteúdo da Constituição à observância de procedimentos solenes e especiais, constitucionalmente estabelecidos; b) e o da *supralegalidade*, característica intrínseca à norma constitucional, distinguindo-a das demais normas jurídicas componentes do ordenamento jurídico, as quais necessitam estar compatíveis, obrigatória e onticamente, com os dispositivos previstos na Lei fundamental.[143]

Em síntese, a defesa da Constituição está, pois, atrelada a dois princípios básicos: o da supremacia constitucional, posicionando a Constituição no ápice da estrutura do ordenamento jurídico, e o da rigidez constitucional, o qual, ao diferenciar as normas constitucionais das normas infraconstitucionais, exige procedimentos solenes, compreendidos por limites e condições de natureza formal e material, para a alteração do conteúdo das primeiras.

Segundo Horta, a defesa da ordem política sempre constituiu uma preocupação histórica dos povos, sendo que a ideia — ainda que difusa e inorgânica — de defesa da lei e das instituições do Estado remonta a períodos históricos distantes. Entretanto, preleciona o autor, que "a idéia de defesa da Constituição, tal como a entendemos, vai surgir, acanhada e imprecisa, no constitucionalismo do século XVIII,

---

[141] CANOTILHO, *op. cit.*, p. 52.
[142] FERREIRA FILHO, Manoel Gonçalves. *Curso de direito constitucional*. 29. ed. rev. atual. São Paulo: Saraiva, 2002. p. 11.
[143] DANTAS, Ivo. *O valor da Constituição*: do controle de constitucionalidade como garantia da supralegalidade constitucional. Rio de Janeiro: Renovar, 1996. p. 8.

para corporificar-se e expandir-se, mais tarde, em virtude dos elementos nele hauridos".[144]

E continua:

> A partir dessa quadra, procura-se confiar a *defesa* a uma *técnica* adequada, cuja revelação, nos fundamentos doutrinários e processos dinamizadores, é criação original do período constitucional. Nele nasceu o *controle de constitucionalidade das leis*, técnica moderna de defesa da Constituição, exprimindo, na própria abrangência das palavras, sua enérgica amplitude e notável dimensão.[145]

Franco ensina que constitui pressuposto e fundamento do regime constitucional a existência de um mecanismo capaz de delimitar o exercício do poder. Tal técnica de limitação do poder, submetendo os poderes instituídos à supremacia da Constituição, "é chamada controle constitucional, e visa assegurar, por vários mecanismos, a supremacia material e formal da Constituição sobre as leis e os atos do governo e da administração".[146]

Nas lições de Canotilho, a partir da origem do Estado Constitucional, surge a ideia de defesa ou garantia da Constituição, cujo objeto passa a ser a "forma de Estado tal como ela é normativo-constitucionalmente conformada — o Estado constitucional democrático", e não mais o Estado unicamente considerado. Assim sendo, segundo o autor, constitui pressuposto para a defesa da Constituição a existência de garantias da Constituição, compreendidas como "meios e institutos destinados a assegurar a observância, aplicação, estabilidade e conservação da lei fundamental", os quais, em se tratando de garantias de existência da própria Constituição, apresentam-se como a "constituição da própria constituição".[147]

2.2 A defesa política da Constituição

O surgimento da ideia de defesa da Constituição, efetivada principalmente por meio do controle de constitucionalidade das leis, traz consigo, como consequência lógica, a discussão acerca do Poder

---
[144] HORTA, *op. cit.*, p. 130.
[145] HORTA, *op. cit.*, p. 130.
[146] FRANCO, Afonso Arinos de Melo. *Direito constitucional:* teoria da constituição; as Constituições do Brasil. Rio de Janeiro: Forense, 1976. p. 133, 139.
[147] CANOTILHO, *op. cit.*, p. 881-882.

ou órgão responsável pelo exercício de tal atividade, ou seja, a tarefa de verificação da compatibilidade do ordenamento jurídico subjacente com o ordenamento jurídico constitucional.

Bonavides, dizendo que a ausência de controle da Constituição aniquila o princípio da rigidez constitucional, o funcionamento harmônico e equilibrado dos poderes estatais e, principalmente, os direitos garantidos na Constituição, conclui, nesse contexto, que "o ponto mais grave da questão reside em determinar que órgão deve exercer o chamado controle de constitucionalidade".[148] Nesse diapasão, Di Ruffia corrobora tal ideia ao dizer que se observa, nos diversos sistemas estatais, "una diversidad bastante amplia de soluciones en cuanto al problema del órgano que deba ser llamado a desarrollar este *control de la constitucionalidad de las leyes*".[149]

Inserido nesse contexto, surge a questão acerca do posicionamento do órgão responsável por tal tarefa na estrutura dos Poderes do Estado, de forma a preservar o princípio da separação dos poderes,[150] evitando, assim, a sobreposição de funções a um mesmo órgão ou Poder.[151]

Os ordenamentos jurídicos dos mais variados países atribuem a órgãos de natureza diferenciada o exercício da tarefa de garantia constitucional: ao Parlamento, ao chefe de Estado, ao Tribunal Constitucional,[152] ou a um órgão integrante do Poder Judiciário,[153] bem como a um órgão especializado, formado por um corpo de pessoas (Assembleia), constituindo um comitê ou conselho,[154] tal como ocorrera nas Constituições francesas de 1946 e 1958, as quais previam, respectivamente, o Comitê Constitucional e o Conselho Constitucional.

---

[148] BONAVIDES, Paulo. *Curso de direito constitucional*. 8. ed. rev. atual. ampl. São Paulo: Malheiros, 1999. p. 268.

[149] DI RUFFIA, Paolo Biscaretti. *Introducción al derecho constitucional comparado*: las "formas de estado" y las "formas de gobierno"; las constituciones modernas. México: Fondo de Cultura Económica, 1975. p. 357.

[150] O princípio clássico da separação dos poderes é compreendido atualmente no sentido de que, na verdade, não há separação dos Poderes, uma vez que o poder do Estado é uno e indivisível, mas sim uma especialização e distribuição de funções, as quais podem ser exercidas por todos os Poderes. Cf.: DALLARI, Dalmo de Abreu. *Elementos da teoria geral do Estado*. 16. ed. atual. ampl. São Paulo: Saraiva, 1991. p. 215-216.

[151] A relação entre o princípio da separação dos poderes e o novo modelo de jurisdição constitucional do processo legislativo, a cargo do Tribunal Constitucional, será objeto de análise pormenorizada no título III "Como se deve proceder a guarda da Constituição?", deste livro.

[152] Em alguns ordenamentos jurídicos, o Tribunal Constitucional constitui órgão integrante do Poder Judiciário, *e.g.* Alemanha, ao passo que, em outros, situa-se fora da estrutura daquele Poder e, inclusive, dos demais Poderes do Estado, *e.g.* Itália.

[153] PALU, *op. cit.*, p. 77.

[154] BONAVIDES, *op. cit.*, p. 270.

Horta ensina que o controle de constitucionalidade das leis é contemporâneo e intrínseco ao constitucionalismo escrito e rígido, surgindo, originariamente, embora acanhado e tímido, na forma de controle político, no fim do século XVIII, na França, onde se atribuiu tal função ao Senado Conservador. Posteriormente, no início do século XIX (1803), por obra da jurisprudência norte-americana, o controle de constitucionalidade das leis adquiriu conotação jurisdicional e judiciária, na medida em que passou a ser exercido por órgãos integrantes do Poder Judiciário.[155]

O controle político de constitucionalidade das leis é exercido por um órgão de natureza política, seja pelo próprio Poder responsável pela atividade legislativa (Parlamento ou Assembleia), seja por um órgão específico, especialmente constituído para o desempenho de tal função (Comitê e Conselhos) ou, até mesmo, por um Tribunal Constitucional.[156]

A esse respeito, lecionando sobre o cometimento do controle de constitucionalidade a órgãos de natureza política, Bonavides assevera que:

> Determinados sistemas constitucionais, reconhecendo que o controle de constitucionalidade das leis tem efeitos políticos e confere ao órgão exercitante uma posição de preeminência no Estado, cuidam mais adequado e aconselhável cometê-lo a um corpo político, normalmente distinto do Legislativo, do Executivo e do Judiciário. Deixam assim de confiá-lo aos tribunais.[157]

2.3 Evolução histórica do controle político de constitucionalidade das leis no Direito Comparado

2.3.1 França

A doutrina é unânime ao dizer que o embrião do controle político de constitucionalidade das leis encontra-se na França, no século XVIII. Várias razões podem ser analisadas relativamente à atribuição da tarefa de controlar a constitucionalidade das leis a um órgão de feição política naquele país.[158]

---

[155] HORTA, *op. cit.*, p. 133-134.
[156] Consoante será analisado adiante, não há unanimidade acerca da natureza da função exercida pelo Tribunal Constitucional — jurisdicional, política, ou ambas.
[157] BONAVIDES, *op. cit.*, p. 270.
[158] A Suécia consiste também em um exemplo de controle político de constitucionalidade das leis, por intermédio do Legislativo, adotado desde o século XIX. Cf.: FRANCO, *op. cit.*, p. 140.

Cappelletti assevera que a exclusão do controle judicial de constitucionalidade das leis e, consequentemente, a afirmação da ideia de um controle puramente político, nas Constituições francesas, deve-se a razões históricas e ideológicas.[159] Essa ideia de exclusão do controle jurisdicional de constitucionalidade das leis esteve historicamente presente nas Constituições francesas, embora concebidas como "rígidas". Nas palavras do autor, "todas as vezes em que, nas Constituições francesas, se quis inserir um controle da conformidade substancial das leis ordinárias em relação à norma constitucional, este controle foi confiado, de fato, a um órgão de natureza, decididamente, não judiciária".[160]

As razões de natureza histórica a que se refere o autor estão assentadas principalmente na lembrança constante das graves interferências efetivadas pelos juízes franceses na esfera dos outros Poderes, anteriormente à eclosão da Revolução Francesa, o que, se por um lado representava um antídoto em relação às práticas da monarquia absolutista, por outro, demonstrava-se como atividade arbitrária e abusiva, na medida em que os juízes franceses consideravam o ofício judiciário como um direito de propriedade, de caráter, portanto, patrimonial. Estreitamente relacionadas às primeiras, as razões ideológicas estão representadas pela doutrina da separação dos poderes proposta por Montesquieu, em sua mais rígida formulação, ao considerar a impossibilidade de interferência dos juízes na atividade do Poder Legislativo, legítimo representante da soberania popular.[161]

Às razões históricas e ideológicas, acrescem-se, segundo Cappelletti, as razões práticas. A práxis constitucional francesa, de mais de um século e meio, estabeleceu-se no sentido de atribuir a determinados órgãos, *e.g.* Conselho de Estado e Corte de Cassação, respectivamente, a tutela contra as ilegalidades do Poder Executivo e do Poder Judiciário, antes mesmo de assegurar uma tutela contra os abusos do Poder Legislativo. Salienta-se que, inclusive no momento em que a Constituição francesa de 1958 procurou limitar os poderes do Legislativo, o fez de forma inversa, aumentando os poderes do Executivo, especialmente, os do chefe de Estado, ao invés dos do Poder Judiciário.[162]

---

[159] CAPPELLETTI, Mauro. *O controle judicial de constitucionalidade de leis no direito comparado.* 2. ed. Tradução de Aroldo Plínio Gonçalves. Porto Alegre: Sergio Antonio Fabris, 1999. p. 27.
[160] CAPPELLETTI, *op. cit.*,1999, p. 95.
[161] CAPPELLETTI, *op. cit.*, 1999, p. 96-97.
[162] CAPPELLETTI, 1999, p. 98-99.

Efetivamente, na França, vários fatores contribuíram para a consolidação do controle político de constitucionalidade das leis, em detrimento do controle jurisdicional, podendo assim ser sistematizados: a) a tradição absolutista de se atribuir a um órgão que não fosse o Poder Judiciário, e sim, a um órgão de natureza política, a responsabilidade pelo controle de constitucionalidade das leis;[163] b) a desconfiança nos juízes — especialmente os que compunham os tribunais do *ancien régime*[164] —, negando-lhes, pois, o exercício da jurisdição constitucional;[165] c) a permanente lembrança, já presente na história francesa antes mesmo da eclosão de sua Revolução, das interferências dos juízes no âmbito dos outros Poderes;[166] d) o repúdio e a indiferença dos partidários da Revolução em relação às formas de controle da Constituição, manifestados na primeira Constituição francesa (1791), bem como na Constituição de 24 de junho de 1793;[167] e) a edificação do órgão de revelação do princípio da supremacia parlamentar, por influência do pensamento de Rosseau, a uma posição privilegiada, confundindo-se, posteriormente, com a soberania da lei,[168] como instrumento da *volonté générale*;[169] f) por fim, a interpretação absoluta do princípio da separação dos poderes, no sentido de vedar aos juízes a interferência no âmbito da atividade legislativa.[170]

A primeira instituição francesa incumbida da defesa política da Constituição foi o Senado Conservador (*Sénat Conservateur*),[171] criado

---

[163] FRANCO, *op. cit.*, p. 129.
[164] BONAVIDES, *op. cit.*, p. 270.
[165] PALU, *op. cit.*
[166] CAPPELLETTI, 1999, p. 96.
[167] BARACHO, José Alfredo de Oliveira. *Processo constitucional*. Rio de Janeiro: Forense, 1984. p. 287.
[168] HORTA, *op. cit.*, p. 175-176. De acordo com as lições de Márcio Augusto de Vasconcelos Diniz, na Europa e, especialmente na França, a lei — única e verdadeira expressão da soberania e da vontade geral — revelava-se como infalível e emancipadora, no sentido de que a liberdade era compreendida como sinônimo de obediência às leis, as quais se manifestavam como produto da livre vontade popular, impondo-se, assim, ao poder real. DINIZ, Márcio Augusto de Vasconcelos. *Constituição e hermenêutica constitucional*. Belo Horizonte: Mandamentos, 1998. p. 118.
[169] CANOTILHO, *op. cit.*, p. 891. Em 1790 foi editada uma lei na França, vedando-se aos tribunais a interferência direta ou indireta na atividade do Legislativo, proibindo-os também de impedir ou suspender a execução de decretos daquele Poder. Destarte, instituiu-se o *référée legislativo*, por meio do qual se conferiu ao Legislativo o poder de emitir decisão definitiva e vinculatória, inclusive ao Judiciário, sobre o conteúdo de uma lei que despertasse interpretações divergentes. Cf.: SAMPAIO, José Adércio Leite. *A constituição reinventada pela jurisdição constitucional*. Belo Horizonte: Del Rey, 2002. p. 32.
[170] CAPPELLETTI, 1999, p. 97.
[171] Mauro Cappelletti noticia a previsão, em uma lei constitucional do México (1836), de um órgão político responsável pelo controle de constitucionalidade das leis — o Supremo Poder Conservador —, criado por influência do Senado Conservador francês, nos termos da Constituição de 1799. Cf.: CAPPELLETTI, 1999, p. 26.

pela Constituição francesa do Ano VIII, por influência da proposta de Sieyès,[172] com o propósito de estabelecer meios e instrumentos jurídico-positivos de garantia da Constituição e de seus valores, em especial dos direitos fundamentais consagrados na Declaração de Direitos do Homem e do Cidadão (1789).

O Senado Conservador, instituído nos moldes do Senado Romano no que concerne à tarefa de "manter ou anular todos os atos que lhe são submetidos como inconstitucionais",[173] configurando, assim, o "exercício do controle da constitucionalidade por *órgão* político, conforme terminologia usual",[174] era, de acordo com a Constituição francesa, composto por 80 membros inamovíveis, com idade igual ou superior a 40 anos, inelegíveis para qualquer outra função pública, sendo que sua composição inicial seria formada por nomeação de 60 membros e os membros restantes escolhidos, anualmente, nos 10 anos seguintes.[175]

Contudo, a instituição do Senado Conservador não foi uma experiência satisfatória para o constitucionalismo francês, especialmente por não ter exercido a atividade de defesa da Constituição, constitucionalmente prevista. Nos dizeres de Bonavides, "teve o órgão existência servil e efêmera; dobrou-se sempre à vontade de Napoleão, sem jamais desempenhar a função que lhe fora constitucionalmente cometida".[176]

É preciso salientar que a tradição francesa de repúdio ao controle de constitucionalidade das leis, de âmbito jurisdicional, o qual, contrariamente, é confiado a órgãos de conotação política, manifestou-se, antes da criação do Senado Conservador, na Constituição de 1799, com a instituição do Tribunal de Cassação — órgão subordinado e delegado do Poder legislativo, não integrando, organicamente, o Poder Judiciário —, ao qual, nos termos da Lei nº 16, de 24 de agosto de 1790, foi concedida

---

[172] Ainda que não tenha sido efetivamente consolidada na Constituição do Ano VIII, tal como fora projetada, a proposta de Sieyès para a Constituição francesa do Ano III (1795), retomando e concretizando a ideia de defesa da Constituição e de controle de constitucionalidade das leis, no sentido de se instituir um órgão ou poder especial responsável pela anulação das leis contrárias à Constituição, efetivou-se com a proposta de criação de um *jurie constitutionnaire*, composto por 180 membros designados inicialmente pela Assembleia, cabendo ao Conselho de Anciãos, ao Conselho dos Quinhentos ou a qualquer indivíduo a possibilidade de acioná-lo para manifestar-se sobre a inconstitucionalidade da lei ou ato. Cf.: HORTA, *op. cit.*, p. 134-135.
[173] FRANCO, *op. cit.*, p. 140.
[174] HORTA, *op. cit.*, p. 135.
[175] HORTA, *op. cit.*, p. 135.
[176] BONAVIDES, *op. cit.*, p. 271.

a missão de "anular toda sentença que contivesse violação expressa do texto da lei" (art. 3º).[177]

Nesse sentir, referindo-se à função e finalidade do Tribunal de Cassação, Diniz assim conclui:

> O Tribunal de Cassação estava mais vinculado ao Legislativo do que ao Judiciário e exercia um poder de polícia com relação aos atos deste último, confirmando a inferioridade da posição e das atribuições dos juízes no tocante à interpretação do Direito. O Parlamento, portanto, era o senhor e intérprete da sua própria vontade. É de se notar, ainda, que o instituto da cassação não se destinava a fiscalizar a constitucionalidade das leis; ao contrário, possuía função integrativa do ordenamento jurídico e visava, igualmente, frustar qualquer intento de modificação dos atos do Parlamento. Se não era permitido ao juiz interpretar o sentido de uma lei, muito menos se lhe concedia a oportunidade de interpretar a própria Constituição.[178]

Cappelletti salienta que o Tribunal de Cassação surgiu, originariamente, com a função de controlar — não jurisdicionalmente — a constitucionalidade das leis, embora, mais tarde, tenha sido radicalmente transformado, na medida em que, não obstante a nomenclatura de "Tribunal" e, posteriormente, de "Corte", caracterizou-se por exercer função de natureza eminentemente legislativa e política, no intuito de manter a rígida interpretação do princípio da separação dos poderes, evitando, consequentemente, "que a interpretação das leis caísse na esfera de um órgão pertencente a um poder diverso do legislativo". Todavia, apesar de possuir a atribuição de anular sentenças que contivessem contravenção expressa ao texto de lei, ao Tribunal de Cassação era vedado o pronunciamento sobre funções judiciais que não lhe competiam.[179]

Dessa maneira, verifica-se uma profunda contraposição entre a atividade desempenhada pelo Tribunal de Cassação e o controle jurisdicional de constitucionalidade das leis: o primeiro instituto,

---

[177] HORTA, *op. cit.*, 178-179. Similarmente à função exercida pelo Tribunal de Cassação, é de se enfatizar a desempenhada pelo *recall* judicial, instituto originariamente norte-americano, por meio do qual é facultado ao eleitorado o direito de requerer a anulação de decisões proferidas por juízes ou Tribunais — excluídas as da Suprema Corte —, as quais tenham deixado de aplicar uma lei por considerá-la inconstitucional. Caso ocorresse a anulação popular da decisão judicial, a lei seria considerada constitucional, impondo-se sua aplicação. Cf.: DALLARI, *op. cit.*, p. 154-155.
[178] DINIZ, *op. cit.*, p. 120.
[179] CAPPELLETTI, 1999, p. 39-42.

incorporando a ideia de uma rigorosa separação dos poderes, excluiu totalmente a possibilidade de os juízes interpretarem a lei, supondo, portanto, sua onipotência e a máxima desconfiança no Judiciário; o segundo, contrariamente, atribuiu ao Judiciário "não apenas a função de interpretar, mesmo além da letra, o verdadeiro sentido da lei, mas, com certeza, a função de *julgar a validade das leis*, isto é, de sua correspondência com uma norma superior às próprias leis", supondo, portanto, a sujeição da lei ordinária a uma lei superior e a mais alta confiança nos juízes.[180]

O Senado Conservador, como órgão investido da competência de defender a Constituição, foi restaurado na Constituição francesa de 1852. Composto por membros vitalícios nomeados pelo Imperador teve, também, existência obscura,[181] transformando-se, na verdade, em uma segunda Câmara Legislativa,[182] não tendo conseguido, assim, exercer a função de guardião da Constituição, tal como ocorrera na Constituição de 1799, quando de seu surgimento.

Efetivamente, o controle de constitucionalidade das leis, de natureza política, na França, surgiu, embrionariamente, com a criação do Comitê Constitucional pela Constituição de 27 de outubro de 1946,[183] muito embora inexistisse propriamente controle de constitucionalidade,[184] mas sim, antes mesmo de se verificar a compatibilidade entre a lei e a Constituição, uma tentativa de acordo entre a Assembleia Nacional e o Conselho da República, o que podia gerar, inclusive, a revisão indireta da Constituição. Corroborando o que se disse, a intervenção do Poder Judiciário na atividade legiferante foi vedada.[185]

Após controvertidas discussões acerca da introdução do controle de constitucionalidade das leis na França, o Comitê Constitucional, figurando, de forma proposital, no Título XI da Constituição francesa de 1946 (Da Revisão da Constituição), exercia constitucionalmente a atribuição de "examinar se as lei votadas pela Assembleia Nacional pressupõem uma revisão da Constituição".[186] Era composto por membros natos ou de direito (Presidente da República, Presidente da Assembleia Nacional e Presidente do Conselho da República) e por dez membros eletivos, dos quais sete eram escolhidos pela Assembleia

---

[180] CAPPELLETTI, 1999, p. 43.
[181] PALU, *op. cit.*, p. 97.
[182] BONAVIDES, *op. cit.*, p. 271.
[183] BARACHO, 1984, p. 288.
[184] HORTA, *op. cit.*, p. 187.
[185] BARACHO, 1984, p. 288-289.
[186] HORTA, *op. cit.*, p. 186.

Nacional e três pelo Conselho da República, dentre membros não integrantes do Poder Legislativo, observando-se proporcionalmente a representatividade dos diversos grupos.[187]

Assim, na França, a preeminência e superioridade histórica da lei, como produto da vontade geral, instituiu, com a criação do Comitê Constitucional na Constituição de 1946, um controle de constitucionalidade das leis de modo reverso, de modo que uma proposição legislativa votada pelo Parlamento, supostamente inconstitucional, por violação a algum preceito constitucional, não era objeto de declaração de nulidade, mas, pelo contrário, quando não se efetivava um acordo entre a Assembleia Nacional e Conselho da República — o qual, juntamente do Presidente da República, era o responsável pela convocação do Comitê Constitucional —, ou quando o Comitê Constitucional dispensava a realização de tal acordo, reconhecendo de imediato a validade da lei, realizava-se a revisão da Constituição, no intuito de compatibilizar seu conteúdo com o comando legislativo.

Por conseguinte, o Comitê Constitucional não exerca propriamente controle de constitucionalidade das leis, na medida em que não declarava a nulidade do texto legislativo reputado como inconstitucional, mas, contrariamente, suspendia sua promulgação, a qual poderia, posteriormente, ser reativada, quando a revisão da Constituição produzisse a compatibilidade de seus dispositivos com o conteúdo da lei.

De fato, o controle de constitucionalidade das leis na França surgiu, expressamente, na Constituição de 1958, com a criação do Conselho Constitucional, órgão de conotação política, ao qual foi atribuído, além de outras funções, o exercício da jurisdição constitucional, manifestando-se, principalmente, por meio do controle preventivo de constitucionalidade das leis.

Reportando-se às palavras de Baracho, "a criação do Conselho Constitucional, com o objetivo de velar pela Constituição, inicia fase de grande importância para a compreensão do sistema de controle na França",[188] na medida em que se introduziu, originariamente, um sistema de controle de constitucionalidade das leis até então desconhecido tanto na França, quanto em outros Estados soberanos, confiando-se tal tarefa a um órgão de feição política,[189] situado fora da estrutura do

---
[187] MORAES, Alexandre de. *Jurisdição constitucional e tribunais constitucionais*: garantia suprema da constituição. São Paulo: Atlas, 2000. p. 138.
[188] BARACHO, 1984, p. 289.
[189] A natureza da função exercida pelo Conselho Constitucional na França - se política ou jurisdicional — é amplamente discutida na doutrina especializada e será abordada no

Poder Judiciário e organizado de maneira não similar aos Tribunais Constitucionais europeus.

O Conselho Constitucional, contrariamente à tendência europeia consolidada após a II Guerra Mundial, não se baseou integralmente no modelo de Tribunal Constitucional, tal como fora preconizado por Kelsen, quando da criação do modelo austríaco. Todavia, algumas características e peculiaridades do modelo kelseniano de Tribunal Constitucional foram incorporadas pelo constituinte francês, especialmente no que concerne à sua composição. Assim, preferiu-se, nos dizeres de Horta, "consagrar o modelo intermediário do *Conselho Constitucional*, o qual se inspirou, na sua composição, em regra de organização introduzida pelos Tribunais Constitucionais".[190]

Constituindo uma das originalidades da Constituição de 1958, apresenta-se com a peculiaridade de ser um órgão tipicamente jurisdicional, investido de poder de decisão, ao contrário de alguns órgãos até então existentes na França, os quais eram pouco eficazes e de caráter eminentemente político. Nesse diapasão, Baracho arremata dizendo que:

> Seu traço mais característico está no domínio da constitucionalidade, onde esta instituição surge como corolário do resguardo do ordenamento jurídico criado pela Constituição. Ocupa lugar de destaque na questão da hierarquia das normas e na repartição de competências entre o poder legislativo e o poder regulamentar. É de relevo o equilíbrio institucional que o Conselho consegue nesse sistema político. A preponderância do Conselho Constitucional aparece como uma crônica jurídica do regime.[191]

Moraes registra importante evolução das funções e atribuições do Conselho Constitucional, dizendo que, se em seu nascedouro, com a promulgação da Constituição de 1958, ele "foi concebido como um órgão controlador do Parlamento, durante sua evolução, passou a exercer mais efetivamente um controle preventivo geral da constitucionalidade das leis, e, basicamente, a proteção dos direitos fundamentais".[192]

---

capítulo referente à "Jurisdição constitucional do processo legislativo", no item específico sobre o Conselho Constitucional francês. Sua composição e atribuições também serão minuciosamente analisadas no capítulo a que se referiu.
[190] HORTA, *op. cit.*, p. 186.
[191] BARACHO, 1984, p. 292.
[192] MORAES, 2000, p. 138.

O Conselho Constitucional é composto por nove membros, com mandato de nove anos, não renovável, sendo três escolhidos pelo Presidente da República, três pelo Presidente da Assembleia Nacional e três pelo Presidente do Senado, bem como pelos ex-presidentes da República.

Constitui atribuição precípua do Conselho Constitucional, além de outras funções, o exercício da fiscalização de constitucionalidade durante a elaboração das leis, no curso do processo legislativo. Algumas proposições legislativas podem e outras devem — como as orgânicas — ser obrigatoriamente submetidas, antes de sua promulgação, à apreciação do Conselho Constitucional, cuja decisão, se concluir pela inconstitucionalidade, vincula os demais órgãos e Poderes do Estado, permanecendo a validade da lei suspensa até que seja promovida a revisão da Constituição.

A Constituição de 1958 atribuiu, pois, ao Conselho Constitucional, autêntica e efetiva função de controle de constitucionalidade das leis, o qual, possuindo várias especificidades relacionadas à sua composição e ao modo de escolha de seus membros, atribuições e natureza de suas funções, apresenta-se como um modelo original e *sui generis*, "distante do controle judiciário da constitucionalidade, que tem sua origem na criação jurisprudencial da Suprema Corte norte-americana e do controle por órgão de jurisdição especial, identificado no *Tribunal Constitucional*, concebido, originariamente, na Constituição da Áustria de 1920".[193]

2.3.2 Inglaterra

Na Inglaterra, desde o século XII, predomina o princípio da soberania do Parlamento, como órgão representativo da vontade popular. O surgimento da supremacia do Parlamento inglês e, como corolário, da obrigatoriedade de observância dos comandos legislativos, advém desde a Magna Carta de 1215 — um pacto estabelecido entre o rei João Sem-Terra e os barões e prelados ingleses —, na qual se exigia a prévia aprovação de atos do soberano por um corpo de representantes, surgindo, assim, originariamente, o princípio da legalidade.

Ao contrário da França, a supremacia do Parlamento e a soberania da lei na Inglaterra originam-se de um processo histórico remoto. Nesse sentir, Palu preleciona que:

---

[193] HORTA, *op. cit.*, p. 192.

A Inglaterra teve sua Revolução de 1688 como uma continuidade de um processo iniciado muitos séculos antes, ao contrário da França, onde a Revolução de 1789 foi uma ruptura total com as instituições passadas. Houve sempre um governo misto (*mixed government*) no sentido de que o Rei, a Câmara dos Lordes e a Câmara dos Comuns governavam, ora o poder inclinando-se mais para um, ora mais para outros.[194]

Horta registra que a adoção de regimes parlamentares no século XIX revelou, principalmente na Inglaterra e na França, como produto comum, o repúdio ao controle de constitucionalidade das leis, mormente quando exercido por órgãos integrantes do Poder Judiciário. Tal tendência uniforme resulta de recordações políticas das lutas seculares que se travaram entre o Parlamento e a Monarquia absoluta, transformando aquele em poder supremo e dominador, no sentido de se repelir qualquer forma de controle por órgãos e autoridades a ele externas.[195]

Salienta Miranda que o constitucionalismo liberal europeu considera desnecessária a existência de um controle ou garantia da Constituição em função de três razões básicas: a) a uma, em acreditar, de forma otimista, na existência de uma harmonia política das Constituições escritas, bem como da força obrigatória de seus dispositivos; b) a duas, por não ser a Constituição rigorosamente considerada como o fundamento de existência e validade das leis; c) a três, por ser compreendida não como vontade, mas como razão.[196]

Especificamente na Inglaterra, a valorização da figura do Parlamento, a ponto de posicioná-lo como Poder supremo, fundamenta-se em alguns elementos essenciais: a) a possibilidade de o Poder Legislativo alterar livremente qualquer tipo de lei, seja de caráter fundamental ou não; b) a ausência de distinção e hierarquia entre leis constitucionais e leis ordinárias; c) a inexistência de qualquer órgão, instituição ou autoridade com o poder de anular os atos do Parlamento ou de declará-los inconstitucionais; e d) a ausência de uma efetiva Constituição escrita no quadro das instituições políticas britânicas. Tais elementos, conjuntamente considerados, explicam as resistências e a impossibilidade de se instituir na Inglaterra um controle de constitucionalidade das leis.[197]

---

[194] PALU, *op. cit.*, p. 94.
[195] HORTA, *op. cit.*, p. 144.
[196] MIRANDA, Jorge. *Manual de direito constitucional*: Constituição e inconstitucionalidade. 3. ed. Coimbra: Coimbra Ed., 1996. t. II. Constituição e inconstitucionalidade.
[197] HORTA, *op. cit.*, p. 147-148.

O posicionamento do Parlamento como órgão supremo do Estado, no sentido de que as leis por ele elaboradas constituem a expressão máxima da vontade geral, impede, com corolário, a consolidação de um efetivo sistema de controle de constitucionalidade das leis na Inglaterra. Com efeito, poucos são os instrumentos de verificação da constitucionalidade das leis, rechaçando, assim, em razão de sua superioridade, a possibilidade de órgãos externos ao Poder legislativo controlarem a atividade legiferante. Como consequência, o controle de constitucionalidade consolida-se especialmente no âmbito interno do Parlamento.

2.3.3 Países socialistas

Dizendo sobre a diversidade de soluções existentes nos diversos ordenamentos jurídicos acerca do órgão incumbido do exercício da fiscalização de constitucionalidade das leis, Di Ruffia registra, levando em consideração tal aspecto, a existência de dois sistemas de controle de constitucionalidade, encontrados, de um lado, em Estados de democracia clássica e, de outro, em Estados socialistas, onde não se acolhe um controle jurisdicional — excetuando-se as previsões constitucionais da Iugoslávia (1963) e da Tchecoslováquia (1968)[198] —, mas, ao contrário, um controle político.

Ao passo que no sistema francês a exclusão do controle jurisdicional de constitucionalidade das leis fundava-se na rígida compreensão do princípio da separação dos poderes,[199] vedando-se qualquer interferência judicial na atividade legislativa, no sistema dos países socialistas, especialmente no da União Soviética, a atribuição do controle de constitucionalidade das leis a órgãos de conotação política fundamenta-se na negação da doutrina burguesa da separação dos poderes, os quais devem se reunir em um único órgão, de direta emanação popular. Concluindo, Cappelletti assevera que:

> E, é, precisamente, deste princípio da unidade dos poderes e da supremacia do povo que deriva, como corolário, a inadmissibilidade, pelos

---

[198] DI RUFFIA, 1975, p. 357.
[199] Nesse diapasão, Jorge Miranda assevera que não existiam sistemas de controle jurisdicional de constitucionalidade devidamente estruturados no século XX, em razão de "uma visão rígida e mecanicista da separação dos poderes ou (contraditoriamente, mas com resultados idênticos) a concepção jacobina da unidade da soberania e da democracia absoluta". Cf.: MIRANDA, Jorge. *op. cit.*

ordenamentos do tipo socialista, de um controle de constitucionalidade que seja exercido por órgãos extra-parlamentares, estruturado no tipo daquele oferecido pelas experiências jurídicas dos Países da Europa ocidental ou dos Estados Unidos da América.[200]

A despeito das peculiaridades dos sistemas constitucionais dos países socialistas, a exclusão do controle jurisdicional de constitucionalidade e a consequente previsão do controle político consolida-se, também, em outros países de orientação política diferenciada, "en homenaje al principio tradicional de la soberanía del Parlamento",[201] de acordo com as lições de Di Ruffia. Nesse contexto, disserta:

> Por tanto no pueden existir, de acuerdo con la lógica implícita del sistema, otros órganos com posibilidad de limitar o controlar dicha voluntad popular y por consecuencia, no se descubre en esos países alguna probabilidad de disolución anticipada de las referidas asambleas y ni siquiera se configura alguna forma de veto legislativo por parte del Jefe del Estado; en tanto que las propias asambleas verifican los títulos de admisión de sus miembros y adoptan sus propio reglamentos.[202]

Todavia, o fundamento da ausência de um controle jurisdicional de constitucionalidade das leis não deve estar calcado tão somente nas concepções rousseauniano-jacobinas, na medida em que, consoante adverte Canotilho, o controle político deriva, também, da doutrina da soberania do Parlamento inglês, nos termos da proposição de Blackstone: "O Poder do Parlamento é absoluto e não passível de controle".[203]

Destarte, a conotação diferenciada do controle de constitucionalidade nos países socialistas deve-se, também, à própria ideia diversificada de Constituição consolidada nos países do Ocidente e do Oriente. Nos primeiros, a Constituição é concebida "como um conjunto de regras e de princípios, por tendência, permanentes, exprimindo as normas de valor mais elevado de todo o ordenamento estatal e também a vontade ou o programa de sua concreta realização". Em contrapartida, nos segundos, especialmente, na ex-União Soviética e em outros países socialistas, a Constituição é caracterizada "como uma superestrutura

---

[200] CAPPELLETTI, 1999, p. 31-32.
[201] DI RUFFIA, 1975, p. 287.
[202] DI RUFFIA, 1975, p. 365.
[203] CANOTILHO, *op. cit.*, p. 891.

das relações econômicas, como um quadro dos resultados conseguidos, que tem em vista apenas *descrever* — mas ainda que a *prescrever* — uma ordem econômico-social em ação", resultando na necessidade de que a Constituição em sentido material, ou seja, o conjunto das forças políticas dominantes em uma sociedade socialista, seja reflexo da Constituição em sentido formal, isto é, de seu texto normativo, e vice-versa.[204]

Nesse diapasão, na perspectiva de Baracho, os "conceitos sedimentados como os da rigidez constitucional, ou o desconhecimento da Constituição como lei fundamental, dificultam a implantação do controle da constitucionalidade das leis".[205]

Efetivamente, o controle de constitucionalidade das leis "está assentado na compreensão da própria estrutura do Estado democrático ocidental, bem como nos princípios essenciais do seu constitucionalismo",[206] verificando, assim, que inexiste efetivo controle nos países socialistas, muito embora, nos últimos anos, uma gama desses países tenha tomado consciência sobre a necessidade de sua implementação.

Nesse diapasão, após dissertar sobre os argumentos desfavoráveis ao controle de constitucionalidade das leis nos países socialistas — os quais já foram anteriormente analisados —, Di Ruffia assevera que, ultimamente, tem-se aceito a criação de instrumentos idôneos com a finalidade de assegurar a supremacia e preeminência dos textos constitucionais. Entretanto, ressalta o autor que, em geral, tal ideia não tem avançado mais do que o estabelecimento de uma simples comissão consultiva no âmbito das Assembleias populares, integrada por parlamentares e técnicos, tal como ocorrera na Romênia, com o advento da Constituição de 1965, a qual criou uma Comissão Constitucional especial no seio da Grande Assembleia Nacional, incumbida do exercício do controle de constitucionalidade das leis.[207]

O controle de constitucionalidade das leis nos países socialistas é confiado, em regra, a órgãos de natureza política, posicionados na estrutura interna ou externa do Poder Legislativo, demonstrando possuir conotação diferenciada em relação ao controle jurisdicional de constitucionalidade. Contudo, excepcionalmente, a partir de 1960, países socialistas, tais como a Iugoslávia e a Checoslováquia, adotaram, em

---

[204] CAPPELLETTI, 1999, p. 32-33.
[205] BARACHO, 1984, p. 339.
[206] BARACHO, 1984, p. 336.
[207] DI RUFFIA, 1975, p. 365.

seus ordenamentos constitucionais, sistemas de controle jurisdicional concentrado de constitucionalidade das leis, cuja tarefa foi atribuída aos Tribunais Constitucionais.

O sistema mais estruturado de controle político de constitucionalidade das leis é encontrado na ex-União Soviética, cuja Constituição de 1926 atribui, principalmente ao *Soviet* Supremo[208] — órgão colegiado, formado por representantes do povo —, a função de controlar a constitucionalidade das leis.[209]

O Conselho (ou *Soviet*) Supremo, definido como um órgão supremo ao qual são atribuídas todas as funções e competências não expressamente confiadas aos outros órgãos dele dependentes, constitui-se como "un órgano complejo compuesto de dos Cámaras, el Consejo de la Unión y el Consejo de las Nacionalidades, y, en cierta manera, por el Presidium, que, emanado de él, le sustituye en ciertos casos y ordinariamente regula su funcionamiento".[210]

Cappelletti é incisivo ao demonstrar o caráter eminentemente político do controle de constitucionalidade das leis no sistema soviético, em razão da natureza política dos órgãos responsáveis por tal tarefa, bem como de seu objetivo relacionado à "manutenção dos órgãos políticos e dos indivíduos dentro do binário da Constituição". Dessa forma, salienta o autor que a peculiaridade do sistema russo não está assentada tão somente no caráter não jurisdicional do controle, mas também no fato de que nesse país, em vista da multiplicidade de órgãos e instrumentos normativos, não constitui tarefa fácil o estabelecimento de uma hierarquia entre as espécies normativas. Assim, diante dessa última consideração, conclui o autor, "que os órgãos, aos quais o art. 14, *d*, da Constituição soviética atribuiu o dever de controlar (entre outros) a constitucionalidade dos atos normativos, são *os mesmos órgãos* (Soviet Supremo, Presidium e Conselho de Ministros da URSS) de que tais atos emanaram".[211]

---

[208] O sistema político de controle de constitucionalidade das leis é encontrado em outros países socialistas, tais como a Romênia, Hungria, Cuba e China, cuja função de controlar a constitucionalidade é também atribuída às suas Assembleias Parlamentares, as quais realizam um controle preventivo, ou seja, em relação às proposições legislativas. Cf.: SAMPAIO, *op. cit.*, p. 45.

[209] A função de fiscalizar o cumprimento da Constituição e a conformidade das Constituições das Repúblicas federadas com a Constituição da URSS posiciona o Soviet Supremo como órgão supremo de defesa da Constituição, cuja função era anteriormente atribuída ao Tribunal Supremo. Cf.: SANCHES AGESTA, Luis. *Curso de derecho constitucional comparado*. 2. ed. Madrid: Nacional, 1965. p. 377.

[210] SANCHES AGESTA, *op. cit.*, p. 376.

[211] CAPPELLETTI, 1999, p. 37.

Após chegar a tal conclusão, o autor questiona se é verdadeiramente correto falar em um efetivo "controle" de constitucionalidade das normas, ainda que político, na ex-URSS, na medida em que ou há coincidência entre o órgão responsável pelo controle e o órgão a ser controlado, ou, pelo menos, ambos estão em estreita relação entre si, tal como se verifica entre o *Presidium* e o Conselho de Ministros, os quais são eleitos pelo *Soviet* Supremo.[212]

Recentemente, por influência de Gorbatchev, registra Palu, foi conferida nova conotação ao controle russo de constitucionalidade das leis, na medida em que, em 1988, criou-se um comitê de controle constitucional, composto de 25 membros escolhidos pelo Congresso de Deputados dentre especialistas das áreas do Direito e da Política, para um mandato de dez anos, com a atribuição de verificar a conformidade entre os atos estatais e a Constituição.[213]

Apesar da recente evolução dos ordenamentos jurídicos socialistas no sentido de consolidar sistemas de controle de constitucionalidade das leis, "não houve adoção ampla das formas de controle, devido à natureza do regime político, que tende à centralização do poder, circunstância que dificulta qualquer dos sistemas de controle de constitucionalidade".[214]

Por conseguinte, o controle político de constitucionalidade das leis, exercido especialmente em países socialistas, apesar de estar fundado em aspectos intrínsecos ao sistema socialista, tais como a supremacia do Parlamento e a preeminência da vontade popular, não se coaduna, no contexto atual do paradigma do Estado Democrático de Direito, com o princípio da separação dos poderes, na medida em que o controle da constitucionalidade das leis não pode ser atribuído ao mesmo órgão responsável por sua elaboração.

A esse respeito, Baracho assevera que "a concentração do poder no corpo legislativo, como representante da vontade popular, implica discordância com um dos princípios essenciais do sistema ocidental sobre a distinção entre o poder constituinte e os órgãos constituídos".[215]

Todavia, preleciona Agesta que, muito embora a fiscalização de constitucionalidade das leis nos países socialistas seja realizada, em regra, pelos mesmos órgãos incumbidos da atividade legiferante, é de se registrar que, especialmente na ex-URSS, a justiça tem um valor

---

[212] CAPPELLETTI, 1999, p. 37.
[213] PALU, *op. cit.*, p. 102-103.
[214] BARACHO, 1984, p. 342.
[215] BARACHO, 1984, p. 337.

especial, no sentido de que a aplicação e a interpretação do Direito, em um primeiro momento, efetiva-se de acordo com a "consciência socialista"; em uma fase mais avançada exige-se o cumprimento da *legalidade revolucionária*, entendida, de acordo com as interpretações políticas e científicas soviéticas, "más como una aplicación de los principios *políticos* de la ley que del texto formal articulado". Ademais, ainda segundo o autor, ao contrário do conceito ocidental de justiça independente, esta, nos países socialistas, não pode estar separada das vontades e reivindicações imediatas da classe trabalhadora.[216]

2.4 O controle político de constitucionalidade das leis no ordenamento constitucional brasileiro

No Brasil, o controle político de constitucionalidade das leis é exercido tanto de forma preventiva quanto de forma repressiva: o primeiro manifesta-se tanto como atribuição do Poder Legislativo, durante o processo legislativo, por meio de suas comissões, quanto como função do Poder Executivo, também no curso desse processo, na fase constitutiva, quando da sanção ou veto do projeto de lei; o segundo é realizado pelo Poder Legislativo, podendo-se efetivar em duas hipóteses, as quais serão objeto de análise adiante.

Assim, muito embora o ordenamento constitucional pátrio não preveja, expressamente, a possibilidade de se verificar, preventiva ou previamente, a adequabilidade das proposições legislativas com a Lei Fundamental, no que se refere à jurisdição constitucional do processo legislativo,[217] existem alguns instrumentos de controle preventivo, de cunho político, realizado no âmbito do processo legislativo, tanto pelo Poder Legislativo, quanto pelo Poder Executivo.

Nesse sentido, na fase constitutiva (parlamentar) do processo legislativo, destacam-se as comissões parlamentares, permanentes ou transitórias, previstas no art. 58, da Constituição da República, às quais compete o exercício do controle extrajudicial de constitucionalidade das leis. Dentre as comissões permanentes, têm-se as Comissões de

---

[216] SANCHES AGESTA, *op. cit.*, p. 383.
[217] Como será visto adiante, a jurisprudência dominante do Supremo Tribunal Federal manifesta-se no sentido de admitir o controle jurisdicional preventivo de constitucionalidade das leis, por meio de mandado de segurança aviado por parlamentar, somente quando se tratar de violação a normas constitucionais relativas ao processo legislativo e não a normas regimentais (*interna corporis*). Entretanto, mediante a realização de uma interpretação constitucionalmente adequada, sob o paradigma do Estado Democrático de Direito, a admissão da jurisdição constitucional do processo legislativo compatibiliza-se com os valores e princípios de nossa Constituição.

Constituição e Justiça e de Cidadania (Câmara dos Deputados) e a de Constituição, Justiça e Cidadania (Senado Federal), cuja competência consiste em "verificar o aspecto constitucional e de técnica legislativa de projetos, emendas ou substitutivos sujeitos à apreciação do órgão legislador respectivo para efeito de admissibilidade e tramitação", visando, pois, a impedir a tramitação do projeto, em razão de sua incompatibilidade com a Constituição.[218]

Muito embora o parecer emitido por tais comissões não seja vinculante aos demais Poderes, inclusive ao plenário do Legislativo,[219] o seu não acatamento — que tenha opinado pela inconstitucionalidade da proposição legislativa — pode servir como início de prova em possível processo judicial, no qual se discuta a inconstitucionalidade da lei ou ato normativo, cujas proposições foram consideradas compatíveis com a Constituição, quando de sua elaboração e apreciação no âmbito do plenário do Poder Legislativo, podendo, inclusive, acarretar a responsabilização daqueles que elaboraram o projeto de lei ou de ato normativo, cuja eiva de inconstitucionalidade era plenamente conhecida.[220]

Na fase constitutiva (executiva) do processo legislativo, compete ao Presidente da República — bem como aos chefes do Executivo em cada esfera federativa — o exercício do controle de constitucionalidade, por meio do veto jurídico, demonstrando, motivadamente, que a lei ou ato normativo submetido à sua apreciação está em desconformidade com os valores, princípios, normas e regras constitucionais, nos termos do art. 66, §1º, da Constituição de 1988.

Por outro lado, apesar da regra do sistema brasileiro ser a do exercício do controle repressivo de constitucionalidade das leis no âmbito jurisdicional, admitem-se, excepcionalmente, em previsão constitucional expressa, duas hipóteses de controle repressivo realizado pelo próprio Parlamento (controle político). Segundo Moraes, em "ambas as hipóteses, o Poder Legislativo poderá *retirar* normas editadas, com plena vigência e eficácia, do ordenamento jurídico, que deixarão de produzir seus efeitos, por apresentarem um vício de inconstitucionalidade".[221]

---

[218] ROCHA, Cármen Lúcia Antunes. *Constituição e constitucionalidade*. Belo Horizonte: Lê, 1991. p. 172.

[219] A propósito, o regimento interno da Câmara dos Deputados (art. 58, §1º e §3º) e do Senado Federal (art. 101, §1º e 254) preveem a possibilidade de interposição de recurso por parte de um décimo dos membros da Casa legislativa respectiva, no caso de reconhecimento da inconstitucionalidade da proposição legislativa pela comissão, para fins de sua apreciação em plenário.

[220] ROCHA, *op. cit.*, p. 172.

[221] MORAES, Alexandre de. *Direito constitucional*. 14. ed. São Paulo: Atlas, 2003. p. 585.

A primeira hipótese está prevista no art. 49, da Constituição de 1988, atribuindo ao Congresso Nacional a competência exclusiva de "sustar os atos normativos do Poder Executivo que exorbitem do poder regulamentar ou dos limites de delegação legislativa". O poder regulamentar exercido pelo chefe do Executivo, nos termos do art. 84, inciso IV, da Constituição de 1988, destina-se a dar fiel execução aos regulamentos, não podendo inovar, mas apenas explicitar o conteúdo da lei. Por outro lado, a delegação legislativa efetiva-se por meio das leis delegadas, as quais, em nível federal, são elaboradas pelo Presidente da República, após autorização do Congresso Nacional, por meio de resolução, especificando seu conteúdo e os termos de seu exercício (art. 68 e parágrafos 1º, 2º e 3º, da Constituição de 1988). Ambos os instrumentos devem ser exercidos nos estritos limites da lei e, principalmente, com observância aos preceitos constitucionais — no que tange aos aspectos formal e material —, sob pena de serem sustados, por meio de decreto legislativo editado pelo Congresso Nacional.

A segunda hipótese encontra respaldo no art. 62, da Constituição de 1988, o qual prevê o instituto das medidas provisórias. Referida espécie normativa constitui-se em ato provisório emanado do chefe do Executivo, com força de lei, devendo ser submetida de imediato ao Congresso Nacional (art. 62, *caput*). Por sua vez, a medida provisória está sujeita a uma condição resolutiva, ou seja, deve ser apreciada e aprovada pelo Poder Legislativo, no prazo de sessentas dias — cuja vigência prorrogar-se-á uma única vez, por igual período, caso a medida provisória, naquele prazo, contado de sua publicação, não tiver sua votação encerrada nas duas Casas do Congresso Nacional (art. 62, §7º) —, sob pena de perder eficácia desde sua edição. Na apreciação parlamentar, ambas as Casas Legislativas emitem um juízo prévio sobre o atendimento de seus pressupostos constitucionais, antes de deliberarem sobre o mérito (art. 62, §5º). Comissões mistas de deputados e senadores também são constituídas para "examinar as medidas provisórias e sobre elas emitir parecer, antes de serem apreciadas, em sessão separada, pelo plenário de cada uma das Casas do Congresso Nacional" (art. 62, §9º, da Constituição de 1988).

Dessa maneira, as duas hipóteses anteriormente descritas referem-se a espécies de controle repressivo de constitucionalidade das leis no âmbito do Poder Legislativo, na medida em que propugnam pela validade e preservação dos preceitos da Lei Fundamental.

3 A jurisdição constitucional
3.1 Evolução histórica

O surgimento da Constituição em sentido formal[222] — documento situado no vértice do ordenamento jurídico e fruto dos ideais consagrados nas revoluções burguesas, principalmente os relacionados à limitação do poder estatal, por meio de um sistema de separação dos poderes, e à proteção e garantia dos direitos fundamentais da pessoa humana[223] —, legitimou a implementação do sistema de fiscalização da constitucionalidade das leis. Nesse sentido, preleciona Miranda que:

> (...) os grandes pressupostos da fiscalização da constitucionalidade das leis e dos demais actos jurídico-públicos revelam-se, primeiro, a existência de uma Constituição em sentido formal, e, em segundo lugar, a consciência da necessidade de garantia dos seus princípios e preceitos com a vontade de instituir meios adequados.[224]

Todavia, alguns autores, dentre eles Cappelletti, acreditam que a ideia de supremacia da Constituição em relação à legislação infraconstitucional, apesar de ter sido efetivamente consagrada a partir da interpretação judicial da Constituição americana de 1787, conferida pelo *Chief Justice* Marshall no caso *Marbury v. Madison*, já existira, ainda que não propriamente da forma como veio a se consolidar no final do século XVIII, em outros sistemas jurídicos remotos, os quais continham "uma espécie de *supremacia de uma dada lei ou de um dado corpo de leis* — que, em terminologia moderna, poderemos, exatamente, chamar de leis 'constitucionais' ou 'fundamentais', *Grundgesetze* — em relação às outras leis que, sempre em terminologia moderna, podemos chamar de leis 'ordinárias'".[225]

---

[222] Manoel Gonçalves Ferreira Filho ensina que a ideia de que todo Estado deve possuir uma Constituição escrita e formal propagou-se mundialmente a partir do início do século XIX, sendo exceção o Estado que não a possui ou que, no curso de sua evolução histórica recente, já não tenha possuído diversos documentos constitucionais solenemente proclamados. Cf.: FERREIRA FILHO, Manoel Gonçalves. *Estado de direito e constituição*. 2. ed. rev. ampl. São Paulo: Saraiva, 1999. p. 85.

[223] Nesse diapasão, Paulo Ferreira da Cunha ensina que as ideias histórica, consuetudinária, orgânica e tradicional transformaram o conceito de Constituição em "um programa mínimo de dois requisitos, alçando a bandeira pelos movimentos constitucionalistas: direitos fundamentais e separação dos poderes", sacralizado no art. 16 da Declaração Universal dos Direitos do Homem e do Cidadão (1789), tornando-se, ulteriormente, no conceito ideal de Constituição. Cf.: CUNHA, Paulo Ferreira da. *Teoria da Constituição*: mitos, memória, conceitos. Lisboa: Verbo, 2002. p. 289.

[224] MIRANDA, *op. cit.*, p. 376.

[225] CAPPELLETTI, 1999, p. 48-49.

Dentre inúmeros exemplos históricos, o autor enfatiza a existência de hierarquia entre leis de diferente natureza na antiga civilização grega. No Direito ateniense, distinguiam-se os *nómoi* dos *psefísmata*: os primeiros eram leis em sentido estrito, as quais possuíam determinadas características que, atualmente, seriam consideradas como leis de conotação constitucional, uma vez que seu conteúdo não apenas dispunha sobre a organização do Estado, mas também sobre a previsão de um procedimento especial para sua modificação; os segundos consistiam em decretos — cujo conteúdo era de natureza diversificada —, os quais se transformaram, em períodos politicamente mais agitados, na legislação dominante na *pólis*. Entretanto, apesar da diversidade de conteúdo, os *psefísmata* só eram considerados válidos caso fossem compatíveis com os *nómoi* — hierarquicamente superiores àqueles —, sob pena de decretação de sua invalidade, além da responsabilização penal aplicada àquele que o editasse.[226]

Ainda na perspectiva de Cappelletti, a ideia de existência de uma lei superior, derrogável tão somente por procedimentos especiais, vinculatória ao legislador e ao restante do ordenamento jurídico, é também historicamente reportada à Inglaterra, antes mesmo da eclosão da Revolução Gloriosa em 1688, a partir do reconhecimento por *Lord Coke*, em inúmeras decisões, da nulidade das leis que repugnavam o *Common law*. Na França pré-revolucionária, da mesma forma, existia um controle de compatibilidade entre as leis e ordenanças em relação a determinadas 'leis fundamentais do reino'.[227]

Efetivamente, a ideia de jurisdição constitucional, cujo controle de constitucionalidade das leis consiste apenas em uma de suas manifestações[228] está, pois, atrelada ao surgimento do constitucionalismo moderno, revelador do conceito de Constituição moderna.[229]

---

[226] CAPPELLETTI, 1999, p. 49-51.
[227] CAPPELLETTI, Mauro. Necessidad y legitimidad de la justicia constitucional. In: FAVOREU, Louis (Coord.). *Tribunales constitucionales europeos y derechos fundamentales*. Madrid: Centro de Estudios Constitucionales, 1984. p. 600. (Colección Estudios Constitucionales). Merecem transcrição as lições de Manoel Gonçalves Ferreira Filho sobre as leis fundamentais do reino: "A existência de *leis fundamentais* que se impõem ao próprio rei é uma criação dos legistas franceses, empenhados em defender a Coroa, contra as fraquezas do próprio monarca. Afirmava essa doutrina que, acima do soberano e fora de seu alcance, há regras que constituem um *corpo específico*, seja quanto à sua matéria, seja quanto à sua autoridade, seja quanto à sua estabilidade. Quanto à sua *matéria*, que é a aquisição, o exercício e a transformação do poder. Quanto à sua *autoridade*, que é superior às regras emanadas do Poder Legislativo ordinário e que são nulas se com ela conflitarem. Quanto à sua *estabilidade*, enfim, pois são imutáveis, ou, ao menos, como concebiam alguns, somente alteráveis pelos Estados Gerais". Cf.: FERREIRA FILHO, 2002, p. 5.
[228] BARACHO, 1984, p. 112.
[229] CANOTILHO, *op. cit.*, p. 52.

Nesse diapasão, a jurisdição constitucional — identificando-se em sentido objetivo com "as funções jurisdicionais exercidas para tutelar direitos e interesses atinentes à *matéria constitucional*"[230] — surge com a finalidade de defender a efetivação da Constituição, concebida, após a eclosão das revoluções burguesas, como "al documento que contiene las normas relativas a la estructura fundamental del Estado, como organización política regulada en un documento solemne, considerado también como ley fundamental o norma de normas".[231]

A Constituição Federal dos Estados Unidos da América, de 1787, originada a partir da Convenção de Filadélfia, na qual se deliberou a transformação da Confederação americana em Federação, abre nova fase relativamente à utilização da palavra "Constituição", passando a significar a lei escrita estabelecida por um órgão específico, de forma a determinar os limites da atividade governamental.[232] Entretanto, muito embora já existisse um documento solenemente elaborado por um poder específico — o Poder Constituinte —, consagrando a Constituição como a lei suprema do Estado, não havia qualquer previsão constitucional no que concerne ao controle de constitucionalidade das leis.

De fato, o surgimento do controle de constitucionalidade das leis, especificamente nos Estados Unidos da América, não está atrelado à sua previsão expressa em documentos escritos. Com efeito, já no final do século XVIII, em algumas colônias inglesas na América do Norte, já existiam manifestações do controle jurisdicional de constitucionalidade das leis,[233] muito embora inexistisse propriamente Constituição em sentido formal.

A jurisdição constitucional nasce, pois, nos Estados Unidos da América, em fevereiro de 1803, por criação jurisprudencial, na medida em que foram reconhecidos, em um caso concreto (*Marbury v. Madison*), alguns aspectos fundamentais: primeiro, o fato de o ordenamento jurídico ser escalonado por diversas espécies legislativas, dentre elas a Constituição, a qual se encontra em seu vértice; segundo, a ideia de que a Constituição, hierarquicamente superior ao ordenamento jurídico subjacente, só pode ser excepcionalmente modificada, e desde que sejam observados procedimentos solenes e especiais, consagrando, assim, os

---

[230] DI RUFFIA, Paolo Biscaretti. *Direito constitucional*: instituições de direito público. Tradução de Maria Helena Diniz. Revista dos Tribunais. São Paulo, 1984. p. 440.
[231] PADRON CALZADA, Feliciano. *Derecho constitucional*. ed. atualizada. México: Harla, 1990. p. 131.
[232] BARACHO, 1986, p. 12.
[233] FRANCO, *op. cit.*, p. 139.

princípios da supremacia e rigidez constitucionais; terceiro, o fato de se atribuir aos órgãos integrantes do Poder Judiciário a tarefa de fiscalizar a constitucionalidade das leis, autorizando os juízes a deixarem de aplicar as leis inconstitucionais nos casos concretos, com efeitos *inter partes*.

Dessa maneira, o controle de constitucionalidade das leis, reconhecido e legitimado por interpretação jurisprudencial, consiste no embrião da jurisdição constitucional, a qual se manifesta no sentido de preservar a hierarquia e rigidez das normas de natureza constitucional. A fiscalização jurisdicional de constitucionalidade das leis confere relevantes atribuições aos juízes, na medida em que os autoriza a exercer a função máxima de intérprete e guardião da Constituição, legitimando, assim, sua atividade.

O controle jurisdicional de constitucionalidade das leis origina-se, pois, de forma difusa, de tal modo que a decisão sobre a (in)constitucionalidade está vinculada a um caso concreto, cujos efeitos operam tão somente entre as partes. A lei, cuja inconstitucionalidade foi reconhecida, não será considerada nula, mas apenas deixará de se aplicar a uma situação específica.

Contudo, apesar de o sistema americano (difuso) constituir a origem remota do controle jurisdicional de constitucionalidade das leis e ter se difundido por diversos sistemas constitucionais, existindo inclusive no Brasil,[234] severas críticas a ele são formuladas,

---

[234] No Brasil, coexistem os sistemas difuso e concentrado de constitucionalidade das leis; o primeiro autoriza qualquer juiz ou Tribunal a não aplicar uma lei reputada como inconstitucional em uma situação concreta, cuja decisão opera efeitos tão somente *inter partes*; o segundo atribui a determinados órgãos (Supremo Tribunal Federal e Tribunais de Justiça) a função de declarar a nulidade ou anulabilidade de leis consideradas inconstitucionais no plano abstrato, cuja decisão se manifesta com efeitos *erga omnes*. Segundo Zeno Veloso, a primeira Constituição republicana (1891), por influência direta do Direito norte-americano, previu, originariamente, o sistema de controle incidental ou difuso de constitucionalidade no Brasil. Por sua vez, a Emenda Constitucional de 1926, aprimorando a previsão constitucional, conferiu, expressamente, competência a todos os tribunais (federais e estaduais) para decidir difusa e concretamente sobre a constitucionalidade das leis federais. Por outro lado, sem prejuízo do controle incidental e da representação interventiva — a qual surgira, pioneiramente, no ordenamento constitucional brasileiro, com a promulgação da Constituição de 1934 — a Emenda Constitucional nº 16/65 à Constituição de 1946 introduziu, no Brasil, o controle concentrado de constitucionalidade de leis ou atos normativos federais ou estaduais. Contudo, conforme previsão expressa na Constituição de 1967, bem como em sua Emenda Constitucional nº 1, de 1969, o poder de iniciativa do controle concentrado era atribuído, exclusivamente, ao Procurador-Geral da República, perante o Supremo Tribunal Federal. Com a promulgação da Constituição de 1988, houve a ampliação dos legitimados ativos para proporem ação direta de inconstitucionalidade (art. 103), além da introdução, como modalidades do controle concentrado de constitucionalidade, da ação direta de inconstitucionalidade por omissão (art. 103, §2º), da ação declaratória de constitucionalidade (art. 102, inciso I, alínea "a" e art. 103, §4º), da arguição

principalmente as de Kelsen, o qual foi o responsável pela criação do controle concentrado de constitucionalidade das leis, exercido por um Tribunal Constitucional.

Na perspectiva de Kelsen, o modelo americano de controle de constitucionalidade das leis revela várias inconveniências e desvantagens, manifestadas principalmente no fato de que a declaração de inconstitucionalidade se refere apenas a um caso específico, no sentido de que a lei é considerada inaplicável àquele caso, podendo, contudo, ser considerada válida em outras situações, permitindo, consequentemente, a coexistência de opiniões diferentes e divergentes no que tange à (in)constitucionalidade de uma determinada lei. Assim, conclui o autor, "a ausência de uma decisão uniforme sobre a questão da constitucionalidade de uma lei, ou seja, sobre a Constituição estar sendo violada ou não, é uma grande ameaça à autoridade da própria Constituição".[235]

Em contraposição ao modelo difuso de constitucionalidade das leis, Kelsen propôs o sistema concentrado, com a criação do modelo de Tribunal Constitucional, ao qual é reservado, exclusivamente, o poder de revisão judicial da legislação. Introduziu-se, assim, na Constituição austríaca de 1920, o sistema de controle de constitucionalidade das leis abstrato e concentrado, na medida em que se atribuiu a um órgão exclusivo — o Tribunal ou Corte Constitucional — o poder de declarar, em tese, a inconstitucionalidade de uma lei. Diante da abstração da declaração de inconstitucionalidade, a decisão produz efeitos *erga omnes* e vinculantes, gerando a nulidade (*ex tunc*) ou anulabilidade da lei (*ex nunc*). Nesse sentido, referindo-se ao modelo criado na Constituição austríaca de 1920, disserta o autor:

> A Constituição austríaca de 1920, nos seus artigos 137-48, estabeleceu tal centralização ao reservar a revisão judicial da legislação a uma corte especial, a assim chamada Corte Constitucional [*Verfassungsgerichtshof*]. Ao mesmo tempo, a Constituição conferiu a essa corte o poder de anular a lei que considerasse inconstitucional. Nem sempre era necessário anular a lei inteira; caso a disposição inconstitucional pudesse ser separada do restante da lei, a corte podia anular apenas essa disposição.

---

de descumprimento de preceito fundamental (art. 102, §1º), bem como da ação direta de inconstitucionalidade de âmbito estadual, em relação a leis estaduais e municipais em face da Constituição estadual, a ser processada perante o Tribunal de Justiça (art. 125, §2º). Cf.: VELOSO, Zeno. *Controle jurisdicional de constitucionalidade*. 3. ed. rev. atual. ampl. Belo Horizonte: Del Rey, 2003. p. 30, 33-35.

[235] KELSEN, 2003a, p. 303.

A decisão da corte invalidava a lei ou sua disposição particular não apenas no caso concreto, mas de modo geral, para todos os casos futuros. Tão logo a decisão entrasse em vigor, a lei anulada deixava de existir. A decisão anulatória da corte, em princípio, era efetiva apenas *ex nunc*; não tinha, a não ser por uma exceção de que trataremos adiante — força retroativa.[236]

Contemporaneamente, apesar da diversidade de sistemas de justiça constitucional, pode-se agrupá-los em dois grandes modelos: de um lado, denominado de modelo americano, sempre se confia a justiça constitucional à ordem jurisdicional ordinária, a qual, não obstante, depende de um Tribunal Supremo e coexiste com ele; de outro lado, a justiça constitucional é atribuída a uma jurisdição especialmente constituída para este fim, cujo primeiro exemplo foi o Tribunal Supremo Constitucional da Áustria.[237]

Apesar do êxito do modelo kelseniano após a II Guerra Mundial — o que se deve a razões de variada natureza em cada país que o adotou[238] —, ambos os modelos de justiça constitucional (americano e europeu) consolidaram-se, recentemente, como o instrumento mais eficaz de proteção dos valores constitucionais e de controle da atividade executiva e legislativa. Todavia, a grande dificuldade ainda encontrada pela justiça constitucional diz respeito à sua legitimidade, face à consideração histórica de que o Parlamento é o verdadeiro representante dos anseios populares.

3.2 Discursos sobre sua legitimidade

Hodiernamente, embora a jurisdição constitucional tenha se consolidado como o instrumento mais idôneo e eficaz para a efetivação da Constituição, mormente dos direitos fundamentais, no contexto do paradigma do Estado Democrático de Direito, discursos de variada natureza são utilizados para a comprovação de sua legitimidade, no intuito de rechaçar as teorias contrárias à sua efetivação.

O principal argumento desfavorável à legitimidade da jurisdição constitucional manifesta-se na consideração de que ela é exercida

---

[236] KELSEN, 2003a, p. 304-305.
[237] FAVOREU, Louis. Informe general introductorio. *In*: FAVOREU, Louis (Coord.). *Tribunales constitucionales europeos y derechos fundamentales*. Madrid: Centro de Estudios Constitucionales, 1984. p. 23.
[238] FAVOREU, Louis. *Los tribunales constitucionales*. Barcelona: Ariel, 1994. p. 21.

por órgãos ilegítimos e contramajoritários, na medida em que não representa efetivamente a vontade popular, cuja função é atribuída, tipicamente, ao Poder Legislativo. A justiça constitucional, assim, composta por pessoas que não foram eleitas diretamente pelo povo, não possuiria legitimidade para modificar ou anular as opções políticas do legislador, quando do exercício da atividade legiferante, uma vez que, consagrada a soberania do Parlamento, a lei se transformaria no principal instrumento de representação popular.

Todavia, apesar de a referida consideração conter uma parcela de veracidade, deve-se interpretá-la de forma relativa, na medida em que o próprio princípio burguês da separação dos poderes — a partir do qual também se extrai o princípio da soberania do Parlamento e da lei — nega a possibilidade de concentração de duas ou mais funções diversas nas mãos de um mesmo Poder ou órgão.

Diante disso, os discursos sobre a legitimidade da jurisdição constitucional devem ser desenvolvidos de forma sistêmica, abarcando uma pluralidade de valores, fundamentos e princípios, procurando, assim, justificar a sua indispensabilidade no contexto atual do paradigma do Estado Democrático de Direito, em prol da plena efetivação dos direitos fundamentais da pessoa humana.

Moraes inicia seu estudo sobre a legitimidade da justiça constitucional dizendo que, no final do século XX, em virtude das dificuldades da representação política — um dos alicerces da democracia —, fazem-se necessárias a mudança e a evolução da democracia meramente representativa (ou indireta) para a democracia participativa, consolidada por meio de uma participação popular mais direta e efetiva, em busca da concretização dos anseios e vontades do povo. Nesse diapasão, arremata dizendo:

> Essa transformação político-social acabou por gerar duas complexas questões: o Parlamento não mais, necessariamente, reflete a vontade popular, e os grupos mais organizados e economicamente mais fortes passaram a atuar de forma cada vez mais decisiva na condução dos negócios políticos do Estado, em detrimento dos interesses do restante da sociedade, que não encontra na Democracia representativa mecanismos para defesa de seus direitos fundamentais básicos.[239]

A mudança do contexto político-histórico, no sentido de desconsiderar o produto da atividade parlamentar como representativo

---

[239] MORAES, 2000, p. 42-43.

da vontade popular, está calcada em três problemas da democracia representativa: a um, o desvirtuamento da proporcionalidade parlamentar; a dois, o total desligamento do parlamentar com o seu partido político; e, a três, a ausência de regulamentação da atuação dos grupos de pressão perante o Parlamento. Tais distorções acabam por distanciar da noção de lei "como obra do legislador e expressão da vontade soberana do povo". Assim, inserido nesse contexto, torna-se indispensável "a existência de um Tribunal que coíba os eventuais excessos, compatibilizando-se a *Democracia*, que se manifesta basicamente pela forma representativa, por meio dos Parlamentos, e o *Estado de Direito*, que se manifesta pela consagração da supremacia constitucional e o respeito aos direitos fundamentais".[240]

Nesse contexto, a consolidação da democracia e do Estado de Direito e, como corolário, dos direitos fundamentais, depende, pois, da existência de uma jurisdição constitucional, exercida com a finalidade de combater os excessos e os desvios de finalidade cometidos pelo Parlamento no exercício de sua atividade. Nessa perspectiva, Favoreu, ensinando inicialmente que a proteção dos direitos e liberdades, constitucionalmente consagrados, efetiva-se desde que a jurisdição constitucional, por meio dos juízes constitucionais, assegura-os, conclui no sentido de que referida proteção se desempenha contra o legislador, ou seja, contra o Parlamento.[241]

Os discursos sobre a legitimidade da justiça constitucional, na perspectiva de Cappelletti, também devem ser desenvolvidos de forma a combater a objeção de que a legislação judicial é inadmissível em virtude de seu caráter antidemocrático, tal como exposto por Devlin, segundo o qual a função de criação do Direito, atribuída aos juízes, no exercício da função jurisdicional, é extremamente elitista e característica de um Estado totalitário, na medida em que se aniquila o processo legislativo — instrumento representantivo da vontade popular —, transformando a função jurisdicional em atividade tirana e sem legitimidade democrática. Não obstante as considerações contrárias, Cappelletti considera ser possível a construção de poderosos argumentos a favor da legitimação da jurisdição constitucional.[242]

---

[240] MORAES, 2000, p. 53-55.
[241] FAVOREU, 1984, p. 40-41.
[242] CAPPELLETTI, 1984, p. 620-621.

O autor desenvolve cinco argumentos a favor da legitimidade da justiça constitucional.[243] O primeiro deles demonstra que, inclusive nos países mais desenvolvidos, os Poderes Executivo e Legislativo não se ajustam, na realidade, ao modelo de democracia representativa, muito embora sejam considerados os legítimos representantes dos interesses populares, pois o exercício de suas funções efetiva-se apenas no sentido de concretização de seus próprios interesses ou de seus respectivos grupos.[244] Dessa maneira, o argumento desfavorável à legitimidade da justiça constitucional, no sentido de que seus órgãos não são democraticamente legitimados pelo povo, deixa de ser consistente, na medida em que o Poder Executivo e, principalmente, o Legislativo — legítimo representante do povo —, no exercício de suas atividades, também não têm implementado os princípios básicos da democracia indireta.

O segundo argumento apresentado pelo autor manifesta-se como um complemento do primeiro, de tal modo que a justiça constitucional não careceria de legitimidade. Cappelletti demonstra que, especificamente nos Estados Unidos da América, em virtude das constantes mudanças na composição dos Tribunais, é possível a modelação de uma política no sentido de se preservar e observar os interesses das maiorias legislativas. Dessa forma, em países onde a magistratura é eleita diretamente pelo povo, a legitimidade da justiça constitucional consolida-se de forma mais efetiva, na medida em que o exercício da função judicante é popularmente legitimado. Além disso, existem alguns sistemas jurídicos, cujos Tribunais Superiores disponibilizam ao público, em linguagem acessível, o conteúdo e a motivação de suas decisões, buscando uma maior legitimidade de suas decisões. A esse respeito conclui Cappelletti:

> (...) gracias a este uso, los tribunales superiores se encuentran sometidos hasta un cierto punto a la opinión pública que, de forma indirecta, podría darles una responsabilidad frente a la comunidad mayor que la de muchos órganos administrativos o incluso que la de mayoría de los mismos, que con frecuencia no se hallan expuestos a un minucioso examen público.[245]

---

[243] Conferir a seção V, do capítulo II, da primeira parte do livro "A Constituição reinventada pela jurisdição constitucional", de autoria de José Adércio Leite Sampaio, na qual são desenvolvidos diversos discursos sobre a legitimidade da jurisdição constitucional. Cf.: SAMPAIO, *op. cit.*, p. 60-101.
[244] CAPPELLETTI, 1984, p. 622-623.
[245] CAPPELLETTI, 1984, p. 623-625.

O autor desenvolve o terceiro argumento, reportando-se às lições do professor Shapiro, no sentido de que os tribunais "pueden aumentar a representatividad global del sistema y, por tanto, su misma *democraticidad* protegiendo a los grupos que no tienen acceso a las ramas políticas".[246] Desse modo, a justiça, especialmente a constitucional, consolida-se como o Poder mais apropriado para a efetivação dos direitos fundamentais das minorias e dos grupos marginalizados, os quais não possuem efetiva representatividade nas Assembleias Parlamentares.

O quarto argumento, proposto pelo autor, considera a importância da natureza judicial dos debates e das decisões da justiça constitucional, transformando-a em "un poderoso antídoto contra el peligro de la pérdida de contacto con la comunidad". O juiz, no exercício da função jurisdicional, posiciona-se de forma independente e imparcial em relação às partes, possibilitando-lhe, após sua oitiva, o pronunciamento de decisão com base no Direito e na lei — os quais, representando a vontade majoritária, são interpretados judicialmente —, atribuindo-se, consequentemente, legitimidade democrática à função judicial. Por outro lado, ao contrário dos legisladores, os quais enfrentam problemas tipicamente abstratos, aos juízes, cujas decisões estão necessariamente relacionadas a casos e situações concretos, são oferecidos a possibilidade de se manter "un contacto continuo con los problemas reales más concretos de la sociedad, y les da a la vez la independencia y el distanciamiento suficientes frente as las presiones y caprichos del momento". Cappelletti assim sintetiza o quarto argumento:

> (...) si bien la profesión y la carrera de los jueces pueden distanciarse de las realidades de la sociedad, su función misma lleva a los jueces hacia esas realidades, puesto que deben decidir en procesos que afectan a personas vivas, hechos concretos y problemas reales de la existencia cotidiana. En este sentido, la *legislación judicial* tiene al menos el potencial de resultar muy democrática — fiel e sensible a las necesidades e deseos de la sociedad.[247]

Todavia, salienta o autor que a legitimação da justiça constitucional, de acordo com a fundamentação desenvolvida no argumento precedente, depende do cumprimento de duas condições: a primeira funda-se na necessidade de instituição de um sistema democrático de

---

[246] CAPPELLETTI, 1984, p. 625-626.
[247] CAPPELLETTI, 1984, p. 626-632.

seleção dos juízes, acessível a todas as camadas da população, resultando imprescindível, não obstante, a imposição de formação jurídica mínima dos candidatos; a segunda apresenta-se na indispensabilidade de se igualar as condições de acesso do povo à Justiça. Ambas as condições referem-se, pois, à questão da igual acessibilidade ao sistema político-jurídico.[248]

O quinto e último argumento, sustentado por Cappelletti, baseia-se na afirmativa de que a sobrevivência da democracia depende da existência de um sistema no qual existam instrumentos e meios eficazes para a proteção dos direitos e das liberdades fundamentais, no sentido de descentralizar e equilibrar os Poderes, atribuindo ao Judiciário a função de fiscalizar a atividade política. Por esse motivo, a ideia de democracia não deve ser compreendida como simples governo da maioria, mas deve significar também participação, liberdade e tolerância. Nesse diapasão, conclui o autor:

> Una justicia razonablemente independiente de los caprichos e intolerancias de las mayorías puede contribuir en gran medida a la democracia; cabe decir lo mismo de una justicia suficientemente activa, dinámica y creadora para poder asegurar simultáneamente la preservación de un sistema de equilibrio de poderes frente a las ramas políticas, y los adecuados controles frente a esos otros centros de poder no gubernamentales o casi-gubernamentales, tan típicos de nuestras sociedades modernas.[249]

Moraes também apresenta uma gama de argumentos favoráveis à legitimidade da justiça constitucional, desenvolvidos dentro da perspectiva de que a lei, contemporaneamente, em virtude da crise da democracia representativa, tornou-se mera ficção, na medida em que ela "não necessariamente representa o povo e, por muitas vezes, desrespeita princípios e direitos fundamentais básicos, com a finalidade de favorecimento de alguns poucos, mas poderosos, grupos de pressão".[250]

A construção dos argumentos pelo autor, relativamente à legitimidade da justiça constitucional é feita sob três grandes pilares: o da complementaridade entre democracia e Estado de Direito, o da composição dos Tribunais Constitucionais e o da fundamentação e aceitação popular de suas decisões.

---

[248] CAPPELLETTI, 1984, p. 632.
[249] CAPPELLETTI, 1984, p. 632-633.
[250] MORAES, 2000, p. 64.

De acordo com Moraes, a premissa básica justificadora da legitimidade da justiça constitucional origina-se da ideia de complementaridade entre democracia e Estado de Direito, no sentido de que, enquanto a primeira se fundamenta na ideia de governo da maioria, o segundo "consagra a supremacia das normas constitucionais, o respeito aos direitos fundamentais e o controle jurisdicional do Poder Estatal, não só para proteção da maioria, mas também, e basicamente, dos direitos da minoria". Dessa forma, faz-se necessária a compatibilização entre a atividade exercida pelo Parlamento, representante do princípio democrático da maioria, e a desempenhada pela justiça constitucional, garantidora do Estado de Direito e dos direitos da minoria.[251]

Dentro da perspectiva da complementaridade entre democracia e Estado de Direito, a legitimidade da justiça constitucional fundamenta-se na própria concepção de supremacia e hierarquia constitucionais, no sentido de que a Constituição, hierarquicamente superior ao ordenamento jurídico subjacente, impõe-se, segundo Kelsen, como "norma hipotética fundamental", vinculadora a toda a atividade legislativa. Consagra-se, pois, no contexto atual, a supremacia da Constituição, e não mais a do legislador.

Dessa maneira, o primeiro argumento de Moraes fundamenta-se, sob o aspecto formal, na consideração de que as decisões da jurisdição constitucional devem prevalecer em relação às opções políticas dos legisladores — efetivos representantes populares —, na medida em que o surgimento de uma Constituição constitui fruto do Poder Constituinte originário, cuja titularidade é do povo, o qual se manifesta soberanamente, em Assembleia Nacional Constituinte, por meio de seus representantes eleitos, relativamente aos Poderes constituídos. Sob o aspecto material, a justiça constitucional, consubstanciada especialmente por meio de Tribunais Constitucionais, consolida-se como legítimo órgão de tutela dos princípios, objetivos e garantias fundamentais expressos na Constituição, representativos da vontade popular afirmada em Assembleia Nacional Constituinte.[252]

Concluindo o primeiro argumento, Moraes arremata dizendo que:

> A legitimidade da Justiça constitucional consubstancia-se, portanto, na necessidade de exigir-se que *poder público*, em todas as suas áreas,

---

[251] MORAES, 2000, p. 67-68.
[252] MORAES, 2000, p. 68-71.

seja na distribuição da Justiça, seja na atuação do Parlamento ou na gerência da *res* pública, pauta-se pelo respeito aos princípios, objetivos e direitos fundamentais consagrados em um texto constitucional, sob pena de flagrante inconstitucionalidade de suas condutas e perda da própria legitimidade popular de seus cargos e mandatos políticos pelo ferimento do Estado de Direito.[253]

A participação popular, na escolha dos membros componentes dos Tribunais Constitucionais, por intermédio de seus representantes no Executivo e Legislativo, constitui, também, segundo Moraes, um argumento necessário à legitimidade da justiça constitucional. Na perspectiva do autor, devem ser observados três requisitos obrigatórios na composição da jurisdição constitucional: o pluralismo, de maneira a aumentar a representatividade global do sistema, viabilizando o acesso dos grupos minoritários, o que se efetiva pela renovação regular dos mandatos dos membros das Cortes Constitucionais; a representatividade, no sentido de oportunizar a participação da maioria do Parlamento na aprovação do juiz constitucional, gerando, como corolário, a possibilidade de as minorias parlamentares exercerem o direito de veto a algum nome indicado para a composição do Tribunal Constitucional; a complementaridade, consubstanciada por meio da multiplicidade da natureza da origem dos componentes dos órgãos da jurisdição constitucional (juízes de carreira, advogados, membros do Ministério Público, parlamentares), "afastando-a tanto do tecnicismo exacerbado, quanto da política exagerada".[254]

Por fim, Moraes sustenta a legitimidade da justiça constitucional na consideração de que os pronunciamentos dos Tribunais Constitucionais devem ser públicos e fundamentados, de forma a adquirir maior aceitabilidade por parte dos demais Poderes e, principalmente, pela opinião pública. Efetivamente, a opinião pública consiste no principal instrumento de controle acerca da legitimidade da justiça constitucional, na medida em que sua atividade se orienta em prol da efetivação dos direitos fundamentais.[255]

Rousseau também desenvolve argumentos favoráveis à legitimidade da justiça constitucional, contextualizando-os com a democracia constitucional em detrimento da tradicional democracia majoritária, à qual apresenta as seguintes críticas: a) a experiência constitucional

---

[253] MORAES, 2000, p. 76.
[254] MORAES, 2000, p. 77-78.
[255] MORAES, 2000, p. 78-79.

tem demonstrado a impossibilidade prática de que sejam obtidos do princípio da separação dos poderes os verdadeiros e esperados objetivos políticos, ou seja, sua divisão, limitação e liberdade política, verificando-se que, na verdade, em qualquer organização constitucional, a unidade do poder sempre foi estabelecida no Executivo, na medida em que se confere autoridade ao grupo vencedor e às suas lideranças em relação ao poder normativo; b) a relação entre governantes e governados consubstancia-se da seguinte forma: a vontade geral, na verdade, se expressa pela vontade da maioria, mais precisamente, pela vontade da maioria legislativa e governamental, as quais se transformam em representantes soberanos, gerando, como corolário, a ruptura da identidade entre governantes e governados, na medida em que os representados são privados do direito de inspeção, expressão e participação da atividade desempenhada pelos representantes democraticamente eleitos, c) e ainda, como corolário da assertiva acima exposta, a formação e o fortalecimento das alianças governamentais e legislativas privam as minorias do direito de participar efetivamente do processo político-legislativo.[256]

A legitimação da justiça constitucional demanda, pois, na perspectiva de Rousseau, da consolidação da democracia constitucional, de forma a considerar a Constituição mais como uma carta de direitos e liberdades fundamentais do que um texto definidor dos relacionamentos entre as autoridades públicas. Segundo o autor, a efetivação da democracia constitucional exige a configuração de dois critérios. Inicialmente, é indispensável que seja exercido um controle permanente sobre a atividade do governo, inclusive dos representantes eleitos, de forma a compeli-los a respeitar e garantir os direitos e liberdades fundamentais da pessoa humana. Consagra-se, assim, a supremacia da Constituição em relação à legislação infraconstitucional, no sentido de que a atividade legislativa deve respeitar os direitos, princípios e valores constitucionais. A lei, como expressão da vontade da maioria, não se constitui mais como o instrumento máximo de garantia dos direitos dos governados, na medida em que a democracia constitucional não é o poder da maioria, mas sim o poder da Constituição.[257]

Ademais, exige-se a presença de um juiz constitucional, o qual se constitui como o instrumento de mutação recíproca na relação entre

---

[256] ROUSSEAU, Dominique. The constitutional judge: master or slave of the constitution?. *In*: ROSENFELD, Michel (Coord.). *Constitutionalism, identity, difference and legitimacy*. North Carolina: Michel Rosenfeld Editor, [s.d.]. p. 274-276.
[257] ROUSSEAU, *op. cit.*, p. 276.

governantes e governados. Inicialmente, a função do juiz constitucional transforma a Constituição em uma carta legitimadora dos direitos e liberdades fundamentais, os quais devem ser considerados como elementos distintos da vontade dos representantes, possibilitando, assim, o controle da atividade dos governantes. Assim, a jurisdição constitucional consolida-se como a instituição incumbida da sustentação da diferença entre a vontade da maioria e os direitos fundamentais, na medida em que verifica se a atividade legislativa se desenvolve em prol da proteção e garantia desses direitos.[258]

Nesse contexto, surge, assim, o questionamento acerca da legitimidade do controle jurisdicional de constitucionalidade da atividade legislativa, em prol da efetivação dos direitos fundamentais, de tal modo que, apesar de a função judicial consolidar-se como um sistema de sanções aplicáveis àqueles que descumprem as leis, satisfazendo, assim, a "lógica legal", não se coaduna com a "lógica democrática", a qual pressupõe as leis como expressão da vontade do povo. Assim, formulada nesses termos, a questão acerca da legitimidade da jurisdição constitucional enquadra-se em um dilema perfeito: ou não há controle de constitucionalidade das leis, tolerando o princípio democrático as opções do legislador contrárias às liberdades e aos direitos consagrados na Constituição, ou há o controle de constitucionalidade das leis, admitindo o princípio democrático a submissão da vontade dos representantes eleitos pelo povo a uma instituição sem legitimidade eletiva (justiça constitucional).[259]

Diante de tal questionamento, Rousseau desenvolve argumentos contextualizados especialmente com o constitucionalismo francês, no sentido de considerar a justiça constitucional como a instituição legitimamente responsável pelo controle da atividade parlamentar.

O primeiro argumento está relacionado com a evolução constitucional, demonstrando que a legitimidade da justiça constitucional se deriva do desequilíbrio crescente entre os Poderes, a partir do momento em que a atividade legislativa do Parlamento tem sido gradualmente reduzida. De fato, o princípio da separação dos poderes, o qual surgira de forma a limitar o poder estatal, estabelecendo um sistema de freios e contrapesos, não tem sido efetivamente observado, na medida em que a unidade do poder estatal é construída sobre o Executivo. Assim, diante do silêncio do Parlamento em relação ao aumento dos poderes

---
[258] ROUSSEAU, *op. cit.*, p. 276-277.
[259] ROUSSEAU, *op. cit.*, p. 277-278.

do Executivo, surge a figura do Tribunal como o moderno contrapeso em um novo equilíbrio constitucional.[260]

O segundo argumento, contextualizado com a evolução política, atribui a legitimidade da justiça constitucional à falta de confiabilidade e de convicção em relação às instituições políticas, especialmente à atividade do Parlamento e de seus membros. Assim, o descrédito da opinião pública, em relação a essas instituições, transfere ao Tribunal Constitucional a legitimidade para supervisionar as atividades da classe política, transformando-se no instrumento da sociedade civil versus a sociedade política.[261]

O terceiro argumento, fundado em uma evolução social, demonstra que a rejeição à atividade política traduz-se como promoção dos valores éticos e dos direitos humanos, os quais são redescobertos pela opinião pública como um princípio moral a ser aplicado a todo o poder político. Dessa maneira, a justiça constitucional ergue-se como o órgão responsável pela intangibilidade de tais princípios, de maneira a evitar os ataques do Legislativo.[262]

De forma a finalizar e sintetizar seus argumentos, Rousseau demonstra que a doutrina tem se comprometido no sentido de fundamentar a legitimidade da justiça constitucional no Direito, demonstrando que o seu caráter de legislador negativo não é incompatível como o princípio democrático. Efetivamente, o principal argumento favorável à legitimidade da atividade desenvolvida pelo Legislativo, transforma-se, paradoxalmente, em fundamento a favor da legitimidade da justiça constitucional, na medida em que a vontade dos representantes daquele, legitimamente eleitos, não tem representado a vontade do povo. Portanto, a existência de instrumentos de controle da atividade legislativa não constitui infringência ao princípio democrático ou às prerrogativas da soberania popular. Pelo contrário, o controle da atividade legislativa consubstancia-se como um mecanismo disponibilizado ao povo, por meio do qual sua soberania é resgatada e recuperada.[263]

Por conseguinte, na perspectiva de Rousseau, a legitimidade da justiça constitucional funda-se em uma nova e contemporânea concepção de democracia — a democracia constitucional. Assim, a hipótese proposta pelo autor é a seguinte: "The control of constitutionality of

---

[260] ROUSSEAU, *op. cit.*, p. 278-279.
[261] ROUSSEAU, *op. cit.*, p. 279.
[262] ROUSSEAU, *op. cit.*, p. 279.
[263] ROUSSEAU, *op. cit.*, p. 279-280.

laws is legitimate because it produces a definition of democracy that legitimates it". A questão, pois, não consiste em conectar a verdade democrática com o mecanismo de controle de constitucionalidade das leis, mas sim demonstrar qual verdade democrática esse mecanismo torna possível e qual o legitima.[264]

Efetivamente, a história das instituições demonstra que toda nova organização de poder e toda criação de novas instituições produzem um discurso que está em sincronia com a nova relação de poder, de forma a torná-lo, assim, verídico e legítimo. Se no final do século XVIII, a pretensão era o estabelecimento de mecanismos de limitação do poder estatal, especialmente do Executivo, de consagração dos direitos fundamentais e de elevação do Poder Legislativo à condição de representante maior da vontade popular, contemporaneamente, a justiça constitucional consolida-se como o instrumento de proteção dos direitos humanos e das minorias contra os abusos da maioria governamental, encontradas principalmente no seio do Parlamento. Assim, contrariamente ao discurso que dizia que a lei, produto da atividade do Legislativo, era a expressão da vontade geral, hoje "the law expresses the general will only as far as it respects the Constitution".[265]

Por conseguinte, levando-se em consideração os argumentos anteriormente tratados, a legitimação da justiça constitucional funda-se em alguns elementos principais. Efetivamente, o principal argumento a ser combatido consiste no caráter contramajoritário do controle jurisdicional de constitucionalidade das leis, na medida em que os juízes e Tribunais não possuem legitimidade democrática direta, uma vez que seus membros — cujos mandatos não são submetidos a uma periódica renovação — não são eleitos pelo voto popular direto, não se responsabilizando, como corolário, diretamente frente à opinião pública.[266] Além disso, argumenta-se no sentido de que a interferência dos juízes, em relação às opções políticas do legislador, não se coaduna com o princípio da separação do poderes.

Todavia, no estágio e paradigma atuais, contextualizada com a democracia constitucional, a legitimidade da justiça constitucional encontra guarida na ideia de supremacia constitucional, atribuindo à Constituição uma posição hierarquicamente superior ao ordenamento

---

[264] ROUSSEAU, *op. cit.*, p. 281.
[265] ROUSSEAU, *op. cit.*, p. 281-283.
[266] NINO, Carlos Santiago. La revisión judicial y la difícil relación democracia: derecho. *In*: GARGARELLA, Roberto (Org.). *Fundamentos y alcances del controle judicial de constitucionalidad*. Madrid: Centro de Estudios Constitucionales, 1991. p. 97.

jurídico subjacente. Consequentemente, a própria atividade legislativa — a qual, isoladamente considerada, não representa mais a vontade geral — vincula-se à Constituição, devendo, portanto, respeitar seus valores, princípios e regras. A legitimidade da jurisdição constitucional encontra, pois, guarida na medida em que houve "a passagem da soberania popular para a soberania da Constituição".[267]

Nesse diapasão, no contexto atual do paradigma do Estado Democrático de Direito, a justiça constitucional consolida-se como o canal direto entre os cidadãos e o Poder Judiciário, em prol da proteção e efetivação dos direitos fundamentais — núcleo principal de uma Constituição. A consolidação, pois, dos direitos fundamentais da pessoa humana, principalmente os da minoria, depende da existência de uma justiça (constitucional) que busque, imparcial e impessoalmente, o atendimento das reinvindicações sociais, legitimando, assim, sua atividade. Nesse contexto, preleciona Favoreu que "los derechos fundamentales son protegidos por la jurisdicciones constitucionales, es decir por las jurisdicciones con estatuto constitucional y con poderes supralegislativos".[268]

3.3 A jurisdição constitucional e o controle jurisdicional de constitucionalidade das leis

3.3.1 Conceito e correlação

O controle judicial (ou jurisdicional) de constitucionalidade das leis consiste em uma das facetas e um dos aspectos mais importantes da jurisdição ou justiça constitucional, não se confundindo e não se identificando, portanto, com ela.[269]

Com efeito, a jurisdição constitucional é mais ampla, abarcando não só o controle jurisdicional de constitucionalidade das leis (ou contencioso de constitucionalidade), mas também, no âmbito interno, o contencioso penal ou quase penal (jurisdição constitucional penal), o contencioso eleitoral (jurisdição constitucional eleitoral), o contencioso de "conflitos constitucionais" entre órgãos federativos e entre órgãos constitucionais (jurisdição constitucional de conflitos) e, por fim, o contencioso de direitos fundamentais (jurisdição constitucional da

---
[267] BARACHO, 1984, p. 113.
[268] FAVOREU, 1984, p. 40.
[269] CAPPELLETTI, 1999, p. 23-24.

liberdade), a par da jurisdição constitucional de caráter internacional e comunitário.[270]

A jurisdição constitucional, reflexo lógico da soberania estatal[271] e da ideia de supremacia da Constituição, concebida como um documento histórico, consagrador dos direitos fundamentais, consiste no poder de que dispõe o Estado-juiz de dizer sobre a validade dos direitos de natureza constitucional no caso concreto, compondo um conflito de interesses, por meio da criação de uma norma específica, obtida a partir dos valores, princípios e regras constitucionais.

Nesse sentido, a jurisdição constitucional pode ser conceituada como "o trabalho de interpretar e extrair da Constituição a norma aplicável a cada caso, proporcionando a solução constitucionalmente justa".[272]

O constitucionalismo e, como corolário, o conceito e a abrangência da Constituição e da jurisdição constitucional evoluíram juntamente com a sociedade, o Estado e a organização política como um todo. As Constituições do Estado Liberal de Direito abarcavam somente os direitos individuais (ou civis), quando do seu surgimento, e, posteriormente, num segundo momento, os direitos políticos. Com o advento do Estado Social de Direito, no início do século XX, os direitos sociais e econômicos foram constitucionalizados. Entretanto, somente com a Declaração Universal dos Direitos Humanos, de 1948, é que

---

[270] SAMPAIO, *op. cit.*, p. 53-54. Essa é uma das classificações de jurisdição constitucional utilizada pelo autor, que são desenvolvidas ao longo de seu trabalho, levando-se em consideração o âmbito da jurisdição e o rol de competências. José Joaquim Gomes Canotilho fala em seis "domínios típicos" da justiça constitucional, quais sejam: "*litígios constitucionais*", isto é, litígios entre órgãos supremos do Estado ou outros entes; "*litígios* emergentes da separação vertical (territorial) de órgãos constitucionais"; "*controle de constitucionalidade das leis*" e, também, de outros atos normativos; "*proteção autônoma de direitos fundamentais*"; "*controle da regularidade da formação dos órgãos constitucionais*" (controle eleitoral) e de outras formas de expressão política e, por fim, a "intervenção nos processos de averiguação e apuramento da *responsabilidade constitucional*" (CANOTILHO, *op. cit.*, p. 889).

[271] Dalmo de Abreu Dallari nos mostra a existência de duas manifestações da soberania, em planos diversos: uma no âmbito externo (independência frente aos Estados Soberanos) e outra no plano interno, cujo conceito é necessário para o estudo e o entendimento da jurisdição. Nesse diapasão, a soberania, sob o enfoque interno, consiste no "poder de decidir em última instância sobre a atributividade das normas, vale dizer, sobre a eficácia do direito". CF.: DALLARI, *op. cit.*, p. 68, 71-72. No mesmo sentido, Mário Lúcio Quintão Soares, para o qual "a soberania, além de externar a independência e exclusividade de poder coercitivo do ente estatal, pode ser compreendida como o poder jurisdicional, assente em texto constitucional, exercido sobre os habitantes de determinado território estatal". Referido autor ainda assevera que o conceito de soberania hoje, no contexto da globalização, não corresponde mais ao conceito clássico e originário de soberania. Cf.: SOARES, *op. cit.*, p. 147, 162.

[272] MAGALHÃES, José Luiz Quadros de. Jurisdição constitucional. *Revista da Faculdade Mineira de Direito*. Belo Horizonte, v. 3, n. 5-6, p. 108-109, 1º e 2º sem. 2000.

referidos direitos passaram a possuir caráter universal, constituindo em valores aplicáveis a todos, indistintamente.[273]

Dessa maneira, com a constitucionalização dos direitos fundamentais, vários direitos, de naturezas variadas, foram sendo incorporados aos textos constitucionais, podendo-se falar, hoje, que o objeto da jurisdição constitucional — a composição dos conflitos de interesses de natureza constitucional — está mais amplo que outrora, uma vez que uma gama de direitos possui sustentação e base constitucionais.

Nesse sentido, referindo-se à jurisdição constitucional como produto e consolidação da hermenêutica constitucional, disserta Magalhães:

> Em outras palavras, quando o Poder Judiciário soluciona um caso concreto aplicando uma lei infraconstitucional, ele deve fazê-lo sempre levando em conta os princípios e regras constitucionais, promovendo uma leitura constitucionalmente adequada da lei. Isso significa admitir que não apenas uma lei pode ser julgada inconstitucional, mas que uma lei constitucional pode ter uma aplicação inconstitucional, e mais ainda, que uma lei pode ter uma interpretação constitucional e uma interpretação inconstitucional.[274]

Dessa maneira, qualquer interpretação jurídica deve ser realizada à luz dos valores, princípios e regras consagrados na Constituição, de forma a dar plena efetividade aos direitos fundamentais.[275] Esse é, portanto, o fim funcional da jurisdição constitucional: a "tutela e atuação judicial dos preceitos da suprema lei constitucional".[276]

Nesse diapasão, surge o conceito de controle de constitucionalidade das leis, o qual se constitui em uma das manifestações da jurisdição constitucional. Controlar a constitucionalidade das leis significa verificar a adequabilidade dos dispositivos contidos na legislação infraconstitucional com os valores, princípios, normas e regras presentes

---

[273] MATA-MACHADO, op. cit., p. 84.
[274] MAGALHÃES, op. cit., p. 109.
[275] Clémerson Mérlin Cléve, dissertando sobre a jurisdição constitucional e os direitos fundamentais, assevera que todos os poderes estão vinculados àqueles direitos, os quais não são concessões, não estão à disposição do Estado e não são aquilo que este diz, mas é sim o Estado que está à sua disposição para buscar sua plena efetivação. Em outras palavras, "os direitos fundamentais não são instrumento do Estado; este, sim, é instrumento dos direitos fundamentais". Cf.: CLÉVE, Clémerson Mérlin. Jurisdição constitucional e os direitos fundamentais. In: SAMPAIO, José Adércio Leite (Org.). Jurisdição constitucional e direitos fundamentais. Belo Horizonte: Del Rey, 2003. p. 392.
[276] CAPPELLETTI, 1999, p. 25.

na Constituição. Nas palavras de Baracho, reportando à doutrina francesa, "o controle de constitucionalidade é a verificação, por uma autoridade competente, se o princípio da constitucionalidade foi respeitado, tendo como sanção a possibilidade de anular ou paralisar o ato inconstitucional".[277]

Canotilho, asseverando que a partir do *Estado* constitucional passou a se falar em defesa ou garantia da Constituição, e não mais em defesa do Estado, arremata dizendo que:

> (...) a fiscalização da constitucionalidade tanto é uma *garantia de observância* da constituição, ao assegurar, de forma positiva, a dinamização de sua forma normativa, e, de forma negativa, ao reagir através de sanções contra a sua violação, como uma *garantia preventiva*, ao evitar a existência de actos normativos, formal e substancialmente violadores das normas e princípios constitucionais.[278]

O controle de constitucionalidade das leis pressupõe a ideia de supremacia da Constituição, concebida como a ordem jurídico-normativa suprema, à qual devem se conformar os demais dispositivos integrantes do ordenamento jurídico. Vê-se, portanto, que juntamente do princípio da supremacia da Constituição, tem-se a ideia de hierarquia de leis de Kelsen, em que, em seu topo, como lei fundamental e suprema, encontra-se a Constituição, como um documento histórico, no qual se situa a organização e estruturação do Estado e de seus órgãos, ou seja, um documento que contém as *normas fundamentais* do Estado,[279] e cuja finalidade precípua é a consagração e, principalmente, a garantia dos direitos fundamentais da pessoa humana, em prol da consolidação de um verdadeiro Estado Democrático de Direito.

Dessa maneira, o controle de constitucionalidade das leis está atrelado ao surgimento do constitucionalismo moderno e sua existência está associada "à ideia de Constituição, às fases e aos processos que vierem assegurar a supremacia da Lei Constitucional",[280] bem como à garantia do equilíbrio entre os diversos centros de poder.[281]

---

[277] BARACHO, 1984, p. 157.
[278] CANOTILHO, *op. cit.*, p. 881, 883.
[279] SILVA, *op. cit.*, p. 49.
[280] HORTA, *op. cit.*, p. 121.
[281] BARACHO, 1984, p. 164.

3.3.2 Os sistemas de controle de constitucionalidade das leis

A doutrina classifica a justiça constitucional,[282] relativamente ao controle de constitucionalidade das leis, como regra geral, sob os seguintes aspectos: quanto ao órgão controlador, quanto ao momento, quanto à forma e, por fim, quanto à unidade orgânica.[283] Com efeito, referida classificação constitui-se nos tipos,[284] sistemas,[285] formas ou modalidades de controle de constitucionalidade das leis.

Canotilho utiliza-se de vários critérios para classificar os diferentes tipos de controle de constitucionalidade das leis, quais sejam: a) quanto aos sujeitos: controle político e controle jurisdicional, o qual se subdivide em sistema difuso (ou americano) e sistema concentrado (ou austríaco); b) quanto ao modo: por via incidental e por via principal, dos quais se originam, respectivamente, os controles concreto e abstrato; c) quanto ao momento: preventivo e sucessivo; d) quanto à legitimidade ativa: universal e restrita; e e) quanto aos efeitos: efeitos gerais e particulares, efeitos retroativos e prospectivos, e efeitos declarativos e constitutivos.[286] Entretanto, o presente estudo abordará somente os tipos de controle de constitucionalidade das leis anteriormente referidos.

No que tange ao órgão controlador, o controle de constitucionalidade das leis classifica-se em: político, cujo controle fica a cargo de um órgão político, como, por exemplo, o sistema francês (Conselho Constitucional), o italiano, o alemão, o mexicano e o russo, e jurisdicional, cujo contencioso constitucional é de incumbência de um órgão ou juiz integrante do Poder Judiciário, tendo como exemplo típico os Estados Unidos da América (*judicial review*), oriundo do caso *Marbury v. Madison*.

---

[282] Para uma classificação completa da justiça constitucional, consultar a seção III, do capítulo II, da primeira parte do livro supracitado de José Adércio Leite Sampaio.

[283] Mauro Cappelleti denomina esse aspecto de controle de constitucionalidade das leis de "modal", para se referir ao "modo como as questões de constitucionalidade das leis podem ser arguidas perante os juízes competentes para decidi-las e como são, por estes, decididas". Cf.: CAPPELLETTI, 1999. p. 101.

[284] Nelson de Sousa Sampaio classifica os tipos de controle de constitucionalidade das leis relativamente a dois aspectos: quanto à fase de sua realização e quanto à natureza do órgão que o exercita. Cf.: SAMPAIO, Nelson de Sousa. *O processo legislativo*. 2. ed. rev. e atualizada por Uadi Lamêgo Bulos. Belo Horizonte: Del Rey, 1996. p. 180.

[285] José Afonso da Silva acredita existir três sistemas de controle de constitucionalidade das leis, cuja classificação leva em consideração tão somente o órgão controlador: o político, o jurisdicional e o misto. Cf.: SILVA, *op. cit.*, p. 52.

[286] CANOTILHO, *op. cit.*, p. 890-898.

Quanto ao momento, o controle de constitucionalidade das leis classifica-se em preventivo (prévio ou *a priori*) e repressivo (posterior ou *a posteriori*). No primeiro caso, a adequabilidade da lei com a Constituição é verificada antes de o ato normativo possuir, efetivamente, validade normativa, tratando-se, portanto, de controle das proposições legislativas, como ocorre na França, Alemanha, Áustria, Espanha, Itália, Portugal e, em regra, nos sistemas cujo controle é de natureza política. No segundo caso, verifica-se a constitucionalidade da lei após este instrumento ser efetivamente assim considerado em sentido formal e material, ou seja, após sua aprovação legislativa e executiva, tal como ocorre no sistema brasileiro e no russo, assim como nos sistemas de Portugal, da Alemanha, da Áustria e da França, nos quais, ressalte-se, coexistem mecanismos de controle preventivo e repressivo.

No que diz respeito à forma (ou ao modo), o controle de constitucionalidade das leis classifica-se em abstrato, em que a (in)constitucionalidade da lei é apreciada em tese; e em concreto, no qual a lei, cuja inconstitucionalidade se argui, deve estar atrelada a uma situação concreta.

Por fim, relativamente à unidade orgânica, intrinsecamente relacionada à classificação anterior, tem-se, respectivamente, o controle concentrado e o difuso. No primeiro, conhecido também como modelo de Tribunal Constitucional europeu (principal ou por via de ação), o exercício do contencioso constitucional é de competência de um órgão especializado, situado na estrutura do Poder Judiciário ou não (Alemanha, Áustria, Rússia e Itália, dentre outros); no segundo, denominado de modelo da Suprema Corte norte-americana (incidental, por via de exceção), qualquer juiz ou tribunal pode declarar, concretamente, a inconstitucionalidade de uma lei ou ato normativo.

3.4 Jurisdição constitucional do processo legislativo

A necessidade de se evitar o nascimento de leis ou emendas constitucionais inconstitucionais, cujas proposições legislativas devem se pautar por normas de processo legislativo previstas na Constituição, legitimou o surgimento e a indispensabilidade da jurisdição constitucional do processo legislativo. Considerando que a Constituição possui diversas normas relativas ao processo de elaboração das leis — permissivas ou proibitivas —, a jurisdição constitucional do processo legislativo surge com a finalidade de verificar a adequabilidade formal e material entre o processo legislativo e as normas constitucionais a ele referentes.

3.4.1 O controle jurisdicional preventivo de constitucionalidades das leis no Direito Comparado

O modelo europeu de jurisdição constitucional, cujo controle de constitucionalidade das leis é atribuído ao Tribunal Constitucional, possui diversos sistemas nos quais são encontradas manifestações da jurisdição constitucional do processo legislativo, efetivada por meio do controle jurisdicional preventivo de constitucionalidade das leis. Dentre os principais sistemas serão destacados o francês, o alemão, o italiano e o português.

3.4.1.1 Conselho Constitucional francês

O Conselho Constitucional francês, produto da Constituição de 1958, muito embora tenha se fundado no modelo dos Tribunais Constitucionais europeus, possui conotação original e diferenciada, principalmente no que diz respeito à sua estrutura, organização, funcionamento, funções e competências.

Favoreu registra que a justiça constitucional ao longo da história francesa, inclusive após a Revolução de 1789, era desconhecida, até o surgimento da Constituição de 1958, com a criação do Conselho Constitucional. O autor arremata dizendo que:

> Este sistema, que es uno de los elementos más originales e importantes de su organización política y constitucional, también es uno de los más apreciados por la opinión pública, como lo reveló un sondeo efectuado con ocasión del vigesimoquinto aniversario de la adopción de la Constitución, en septiembre de 1983.[287]

Apesar de existirem similitudes entre o modelo francês e o dos Tribunais Constitucionais europeus, no que diz respeito à jurisdição constitucional do processo legislativo, observa-se que "existe un modelo francés de control de constitucionalidad bastante diferente de los demás sistemas, pero que cuenta también con sus propias virtudes y ocupa, desde luego, un lugar importante en nuestras instituciones".[288]

No início do século XX, os legisladores se dirigiram no sentido de implementar o controle de constitucionalidade das leis na França,

---
[287] FAVOREU, 1994, p. 102.
[288] FAVOREU, 1984, p. 16-17.

não tendo, contudo, logrado êxito.[289] Efetivamente, embora seja reconhecida a existência de jurisdição constitucional quando da promulgação da Constituição francesa de 1946, com a instituição do Comitê Constitucional, a consagração jurídica e política do controle de constitucionalidade das leis na França é atribuída à Constituição francesa da 5ª República (1958), que criou o Conselho Constitucional.[290]

A implementação do Conselho Constitucional como órgão limitador da superioridade parlamentar,[291] apesar das dificuldades encontradas em virtude de razões de variada natureza,[292] restou legitimada principalmente a partir da ampliação de suas competências. Nesse diapasão, conclui Moraes:

> Assim, se em seu nascedouro, na Constituição de 1958, o Conselho Constitucional foi concebido como um órgão controlador do Parlamento, durante sua evolução, passou a exercer mais efetivamente um controle preventivo geral da constitucionalidade das leis, e basicamente, a proteção dos direitos fundamentais.[293]

O Conselho Constitucional francês, pois, reportando-se às lições de Baracho, é "considerado como criação original, dotado de múltiplas competências, é tido como um *régulateur* da atividade dos poderes públicos".[294]

A originalidade do Conselho Constitucional francês é salientada por Favoreu, ao realizar um estudo comparativo entre, de um lado, o modelo francês e, de outro, o dos Tribunais Constitucionais europeus, especificamente o alemão, o austríaco, o espanhol e o italiano. Segundo o autor, alguns aspectos são considerados na diferenciação entre ambos os modelos: em primeiro lugar, os quatro Tribunais Constitucionais europeus anteriormente referidos, ao modo do Tribunal Supremo dos Estados Unidos, exercem a atribuição de preservação do equilíbrio federal ou quase-federal estabelecido nas respectivas Constituições, ao passo que tal competência não é atribuída ao Conselho Constitucional, ainda que este busque preservar a autonomia local, tendendo a constitucionalizar suas condições de exercício; em segundo lugar, os

---

[289] HORTA, *op. cit.*, p. 182.
[290] MORAES, 2000, p. 138.
[291] BARACHO, 1984, p. 295.
[292] Conferir o item 2.3 "Evolução histórica do controle político de constitucionalidade das leis no Direito Comparado", do capítulo 2 "Controle político de constitucionalidade das leis".
[293] MORAES, 2000, p. 138.
[294] BARACHO, 1984, p. 294.

Tribunais alemão, austríaco e espanhol admitem a possibilidade dos particulares a ele recorrerem diretamente, no caso de violação a seus direitos fundamentais, ao contrário do sistema francês, o qual não prevê especificamente a possibilidade de queixa direta do cidadão dirigida ao Conselho Constitucional, ainda que outros órgãos (*e.g.* Conselho de Estado e tribunais administrativos) assegurem um controle de constitucionalidade dos atos administrativos; em terceiro lugar, há um sistema de remissão prejudicial de qualquer questão relativamente à (in) constitucionalidade de uma lei pelos tribunais ordinários ao Tribunal Constitucional, encontrado apenas nos quatro Tribunais anteriormente considerados, o que não ocorre em relação ao sistema francês, apesar de já ter sido proposta sua adoção, em diversas ocasiões; e, em quarto lugar, atribui-se ao Conselho Constitucional francês uma posição diferenciada em relação aos Tribunais Constitucionais, na medida em que o texto constitucional aplicado pelo primeiro é menos amplo e preciso do que o dos últimos. Por outro lado, especialmente na Alemanha, Itália e, sobretudo, na Áustria, os textos constitucionais são modificados com muito mais frequência do que o do francês.[295]

A Constituição francesa, de 4 de outubro de 1958, prevê, em seus artigos 56 a 63, dispositivos sobre o Conselho Constitucional francês, um dos quais estipula que uma lei orgânica determinará as regras de sua organização, procedimento e funcionamento. A lei a que se refere o texto constitucional é *ordonnance* nº 58-1067 (7.11.58), modificada pela *ordonnance* nº 59.223 (4.02.59), pela *loi organique* nº 74.1101 (26.12.74) e pela *loi organique* nº 90.383 (10.05.90).[296]

Outra originalidade do Conselho Constitucional francês, também, é verificada em sua composição, bem como no modo de escolha de seus membros. De acordo com o art. 56 da Constituição de 1958, o Conselho Constitucional francês se compõe de nove membros, cujo mandato tem a duração de nove anos e não é renovável. Um terço de sua composição se renova a cada três anos. Três de seus membros são nomeados pelo Presidente da República,[297] três pelo Presidente

---

[295] FAVOREU, 1984, p. 37-39.
[296] DANTAS, *op. cit.*, p. 42.
[297] A par de tal atribuição, o Presidente da República, em relação ao governo, exerce as seguintes funções: a designação do Primeiro-Ministro e, por proposta desse, a nomeação e exoneração dos demais Ministros; o exercício da presidência do Conselho de Ministros; a edição de ordenanças e decretos. Ademais, ele é o chefe do Exército, presidindo, ainda, os Comitês e Conselhos Superiores de Defesa. Por outro lado, exercendo a função de guardião da independência da autoridade judicial, preside o Conselho Superior da Magistratura, cujos membros são por ele designados. Cf.: SANCHES AGESTA, *op. cit.*, 278-279.

da Assembleia Nacional e três pelo Presidente do Senado. Além dos nove membros previstos acima, são membros, de direito e vitalícios do Conselho Constitucional, os ex-presidentes da República. O Presidente do Conselho Constitucional, cujo voto é preponderante em caso de empate, é nomeado pelo Presidente da República,[298] dentre um de seus membros, natos ou não.[299]

Favoreu registra que, embora seja admitida a presença de membros natos, a história constitucional francesa demonstrou que, somente no período compreendido entre os anos de 1959 a 1962, houve a presença de ex-presidentes da República em sua composição. Salienta o autor, ainda, que "desde este último año hasta 1992, el Consejo constitucional ha estado compuesto por nueve jueces nombrados".[300]

Registra o autor, ainda, que a renovação do mandato dos juízes integrantes do Conselho Constitucional, os quais são designados por autoridades diversificadas, assegura "cierta continuidad y también diversidad de origen", apesar de que, como ocorre em todas as jurisdições constitucionais, "los miembros tienen sensibilidades políticas próximas a las de las autoridades que los nombran".[301]

Muito embora, em alguns Tribunais Constitucionais europeus, seja fixada uma idade máxima, acima da qual os juízes constitucionais devem abandonar suas funções (eg. sessenta e oito anos na Alemanha e setenta anos na Áustria), na França, não é exigida tal condição, "en donde hoy día la edad media de los miembros del Consejo Constitucional es mucho más elevada que la de los miembros de otros tribunales". Segundo Favoreu, a inexistência de preocupação em relação à permanência no cargo "pueden constituir igualmente ventajas nada

---

[298] Louis Favoreu registra que, apesar da possibilidade do chefe de Estado de proceder a escolha do Presidente do Conselho Constitucional dentre quaisquer dos membros natos ou nomeados, "según la práctica establecida, confía siempre la presidencia del Consejo a uno dos miembros nombrados por él, desde el comienzo mismo de su mandato". Cf.: FAVOREU, 1994, p. 103-104.

[299] O texto original da Constituição francesa assim dispõe:
"Art. 56. Le Conseil constitucionnel comprend neuf membres, dont le mandat dure neuf ans et n'est pas renouvelable. Le Conseil constitucionnel se renouvelle par tiers tous le trois ans. Trois membres sont nommés par le Prèsident de la Rèpublique, trois par le prèsident de l'Assemblée, trois par le president du Sénat.
En sus des neuf membres prévus ci-dessus, font de droit partie à la vie du Conseil constitutionnel les anciens Présidents de la République.
Le président est nommé est nommé par le Président de la Répubblique. Il a voix prépondérante en cas de partage."

[300] FAVOREU, 1994, p. 102.

[301] FAVOREU, 1994, p. 103.

despreciables, beneficiosas para la institución".[302] Por outro lado, não se exige idade mínima para o exercício da função de membro do Conselho Constitucional.

Além disso, para ser nomeado membro do Conselho Constitucional francês, não se exige nenhuma condição ou capacidade jurídica, ao contrário dos Tribunais Constitucionais alemão, austríaco, espanhol e italiano, os quais exigem de seus membros a condição de "jurista acreditado, habiendo desempeñado o desempeñando funciones de magistrado, abogado ou profesor de derecho". A não exigência de nenhuma capacidade jurídica para a composição do Conselho Constitucional diminui o número de professores de direito entre seus membros, características marcante nos Tribunais Constitucionais europeus.[303]

Não obstante, Favoreu assevera que:

> Pese a la ausencia de condiciones de capacidad jurídica exigidas para ser nombrado miembro del Consejo constitucional, la mayoría de las 48 personalidades designadas desde 1959 son juristas de formación o de profesión (el 80% cumple las condiciones para el nombramiento de juez judicial o administrativo).[304]

A função de juiz constitucional do Conselho Constitucional é incompatível com alguns cargos ou funções públicas. De acordo com a Constituição francesa de 1958, existe incompatibilidade entre aquela função e a de ministro ou membro do Parlamento. As demais incompatibilidades, por remissão constitucional, estão previstas na Lei Orgânica do Conselho Constitucional, que veda a acumulação do cargo de juiz constitucional com funções no Governo ou no Parlamento, no Conselho Econômico e Social, ou, ainda, com qualquer cargo de responsabilidade ou direção de partido ou grupo político. Apesar de inexistir previsão expressa seja na Constituição, seja na Lei Orgânica, a interpretação é no sentido de se vedar o exercício simultâneo das funções de membro do Conselho Constitucional e de Presidente da República. As funções que não se enquadram no rol das incompatibilidades podem ser exercidas concomitantemente com a de juiz constitucional, demonstrando, assim, a não obrigatoriedade de dedicação exclusiva ao cargo de juiz do Conselho Constitucional.[305]

---
[302] FAVOREU, 1984, p. 24-25.
[303] FAVOREU, 1984, p. 26.
[304] FAVOREU, 1994, p. 103.
[305] MORAES, 2000, p. 143.

A originalidade do modelo francês se expressa, também, a partir da atribuição ao Conselho Constitucional de competências relacionadas à jurisdição constitucional, manifestada principalmente pelo controle preventivo de constitucionalidade das leis. Efetivamente, registra Favoreu: "el control abstracto de normas de carácter previo, y la posibilidad de promover la intervención del órgano de justicia constitucional por parte de los parlamentarios, constituyen las dos peculiaridades del modelo francés".[306]

Dissertando sobre o controle de constitucionalidade das leis, Cappelletti ressalta que:

> Não se pode, porém, omitir uma alusão ao fato de que, em certos Países, em lugar de um controle jurisdicional — ou, talvez, ao lado dele — existe um controle exercido por órgãos que podemos chamar *políticos*, mas não, *judiciários*. Usualmente nestes sistemas o controle, ao invés de ser posterior à elaboração e promulgação da lei, é *preventivo*, vale dizer, ocorre antes que a lei entre em vigor, e, às vezes, se trata ainda de um controle com função meramente consultiva, isto é, a função de um mero parecer, não dotado de força definitivamente vinculatória para os órgãos legislativos e governamentais.[307]

A previsão do controle de constitucionalidade das leis, durante o processo legislativo, coaduna-se com as ideias e finalidades primordiais do Conselho Constitucional, isto é, a garantia do respeito às normas constitucionais e à efetividade dos direitos fundamentais.

A Constituição francesa de 1958, bem como a Lei constitucional nº 74.904, de 29 de outubro de 1974, dispõem sobre o funcionamento do controle preventivo de constitucionalidade das leis.[308]

A primeira manifestação do controle preventivo de constitucionalidade das leis encontra-se no artigo 41 da Constituição francesa, segundo o qual, no curso do processo legislativo, poderá o Governo, percebendo que uma proposição legislativa ou uma emenda constitucional não constitui matéria de lei ou é contrária à delegação legislativa ao Poder Executivo, prevista no art. 38 da Constituição, opor-se à sua tramitação, cuja continuidade dependerá do pronunciamento do Conselho Constitucional, o qual, se verificado conflito entre o Governo e o Presidente da Câmara Legislativa respectiva (Assembleia Nacional

---

[306] FAVOREU, 1984, p. 39.
[307] CAPPELLETTI, 1999, p. 26.
[308] DANTAS, *op. cit.*, p. 42-43.

ou Senado), manifestar-se-á, em oito dias, a pedido de quaisquer das partes.[309] Constitui, portanto, uma forma de controle, efetivada no curso do processo de elaboração legislativa, cujas proposições de lei ou de emenda à Constituição podem ser objeto de fiscalização de constitucionalidade, a ser arguida tanto pelo Governo quanto pelo Presidente de qualquer das Casas Legislativas, em se verificando dissenso entre ambas as autoridades sobre a interpretação das proposições.

O controle prévio de constitucionalidade das leis é exercido, também, de acordo com o art. 61 da Constituição francesa,[310] em relação às leis orgânicas e aos regulamentos das Assembleias Parlamentares, cujas proposições, respectivamente, antes de sua promulgação e antes de sua entrada em vigor, devem ser submetidas, obrigatoriamente, ao Conselho Constitucional, que se pronuncia sobre sua conformidade com a Constituição.

Além disso, em conformidade com o art. 46 da Constituição francesa, de maneira semelhante à finalidade da hipótese prevista no art. 61, qualquer lei, antes de sua promulgação, poderá ser submetida ao Conselho Constitucional, a requerimento do Presidente da República, do Primeiro-Ministro, do Presidente da Assembleia Nacional, do Presidente do Senado, de sessenta deputados ou de sessenta senadores, para fins de verificação de sua conformidade com a Constituição. Favoreu registra que, com a reforma de 1974, a atribuição do direito de impugnação às minorias parlamentares (deputados e senadores) foi decisiva, na medida em que o número de requerimentos aumentou consideravelmente: "mientras que se emitieron nueve fallos de 1959 a 1974, de 1974 a 1992 se cuentan 179".[311]

Em ambas as hipóteses previstas nos arts. 41 e 61 da Constituição francesa, o Conselho Constitucional se pronuncia no prazo de um mês. Todavia, sob demanda do Governo, se há urgência, esse prazo se reduz para oito dias. Durante o prazo de deliberação do Conselho Constitucional, a promulgação da proposição legislativa fica suspensa.

Por fim, nos termos do art. 54 da Constituição francesa, os tratados internacionais e os compromissos internacionais, antes de sua ratificação ou aprovação, poderão ser declarados inconstitucionais pelo Conselho Constitucional, também a requerimento do Presidente

---

[309] MORAES, 2000, p. 144.
[310] Art. 61. "Les lois organiques, avant leur promulgation, et les règlementas des assemblées parlamentaires, avant leur mise en apllication, doivent être soumis au Conseil constitutionnel qui se prononce sur leur conformité à la Constitucion".
[311] FAVOREU, 1994, p. 107.

da República, do Primeiro-Ministro, do Presidente da Assembleia Nacional, do Presidente do Senado, de sessenta deputados ou de sessenta senadores. Dessa maneira, considerados como integrantes do ordenamento jurídico infraconstitucional, os tratados podem ser objeto de verificação preventiva de constitucionalidade.

Desse modo, na França, o controle preventivo e abstrato de constitucionalidade de proposições legislativas ou de projetos de leis, manifesta-se de forma obrigatória e sistemática no que diz respeito às leis orgânicas e aos regulamentos das Câmaras Legislativas e, facultativamente, no que tange a qualquer lei, bem como aos tratados e compromissos internacionais, a requerimento do Presidente da República, do Primeiro-Ministro, do Presidente da Assembleia Nacional, do Senado, de sessenta deputados ou sessenta senadores. No caso de se verificar conflito entre o Governo e quaisquer das Casas Legislativas, sobre a interpretação da constitucionalidade de uma proposição legislativa ou de uma emenda constitucional, no que diz respeito ao fato de constituir ou não matéria reservada à lei ou contrária à delegação legislativa, quaisquer das partes poderão requerer o pronunciamento do Conselho Constitucional.

Efetivamente, uma das principais atribuições do Conselho Constitucional francês é o controle preventivo de constitucionalidade das leis. Nesse sentido, salienta Favoreu que "la intervención del Consejo Constitucional a instancias de los parlamentarios constituye actualmente el instrumento principal, sin olvidas el control obligatorio de las leyes orgánicas e incluso, en cierta medida, el controle de los reglamentos de las Cámaras".[312]

Não obstante, no que concerne à jurisdição constitucional, a par do controle preventivo de constitucionalidade das leis, o Conselho Constitucional possui outras atribuições e competências, dentre as quais se destaca o controle repressivo de constitucionalidade das leis — concentrado ou difuso. Segundo o disposto no art. 37.2 da Constituição francesa, os decretos regulamentares — cujo campo de regulamentação é constituído por todas as matérias distintas das pertencentes ao domínio da lei — que tenham entrado em vigor após a Constituição, dependem, para que possam ser modificados, de declaração do Conselho Constitucional, reconhecendo sua natureza regulamentar, verificando-se, assim, que se trata de um controle relativamente a "garantía del

---

[312] FAVOREU, 1984, p. 42.

buen funcionamiento de los poderes públicos y de la distribución de poderes entre ellos".[313]

Dessa maneira, no que diz respeito às suas competências, Moraes afirma que o Conselho Constitucional exerce dupla função: a "primeira é eminentemente política, quando realiza o controle preventivo de constitucionalidade, durante o processo legislativo; enquanto a segunda é a função jurídica — *judicial review* — ao exercer o controle repressivo de constitucionalidade".[314]

Contemporaneamente, após diversas decisões tomadas, principalmente a partir da década de setenta, o Conselho Constitucional concedeu nova interpretação no que concerne às suas competências, de forma a "conhecer de impugnações contra leis aprovadas e ainda não promulgadas atentatórias aos direitos e garantias fundamentais", ampliando, assim, o seu rol de competências, nos moldes das Cortes Constitucionais europeias, à tutela dos direitos fundamentais consagrados na Constituição, muito embora realizada de forma preventiva.[315] Efetivamente, a proteção dos direitos fundamentais, hoje, na França, consiste, também, em uma das principais competências do Conselho Constitucional francês, de forma a compatibilizá-lo com o paradigma do Estado Democrático de Direito.

Dissertando sobre os objetivos para os quais o Conselho Constitucional francês foi criado, Moraes salienta que:

> A idéia atual e básica que rege atuação do Conselho Constitucional é a de garantir o respeito às normas constitucionais e a efetividade dos direitos fundamentais por ela proclamados, diferentemente, conforme aponta a doutrina francesa, dos objetivos dos constituintes de 1958, ao criarem o Conselho Constitucional, que não foi o de estabelecer, assim como o modelo austríaco de Kelsen, um controle geral da constitucionalidade dos atos dos diversos poderes públicos, mas o de estabelecer maior controle sobre os atos do Parlamento, reforçando o espírito geral que marcou essa Constituição, qual seja, o fortalecimento do Executivo em detrimento do Legislativo. Portanto, em um primeiro momento, a criação do Conselho Constitucional acabou por servir para restringir as atribuições parlamentares, condicionando-as ao texto constitucional.[316]

---

[313] FAVOREU, 1984, p. 22.
[314] MORAES, 2000, p. 147.
[315] MORAES, 2000, p. 147.
[316] MORAES, 2000, p. 144.

Além das competências atribuídas ao Conselho Constitucional, relativas à jurisdição constitucional — mormente no que tange ao controle de constitucionalidade das leis do processo legislativo, cuja fiscalização manifesta-se em relação a certas proposições legislativas e regulamentos, os quais são remetidos àquele órgão, obrigatoriamente ou não, por autoridades especificadas na Constituição —, Baracho enumera outras: a verificação da regularidade do processo de eleição do Presidente da República, de deputados e de senadores, a observância da regularidade das operações de *referendum*, a compatibilidade entre o mandato parlamentar e outras atividades e, por fim, o *impeachment* do Presidente da República.[317]

No que diz respeito às normas objeto do controle de constitucionalidade das leis, Favoreu salienta que, na França, a princípio, consistiam tão somente naquelas previstas na Constituição, que contém, sobretudo, dispositivos relacionados à organização e funcionamento dos poderes públicos, em detrimento a um número escasso daqueles relativos aos direitos e liberdades fundamentais. Entretanto, entre os anos de 1970 e 1973, "el Consejo constitucional ha operado una verdadera revolución al emitir cuatro fallos", reconhecendo força jurídica à Declaração de Direitos do Homem e do Cidadão de 1789, ao preâmbulo da Constituição de 1946 e aos princípios fundamentais reconhecidos pelas leis da República,[318] ampliando-se, assim, o bloco de constitucionalidade.

O estudo da organização, estrutura e funcionamento do Conselho Constitucional — órgão peculiar e original em relação aos Tribunais Constitucionais europeus — remete-nos à reflexão sobre dois pontos, extremamente importantes: o primeiro diz respeito aos efeitos de suas decisões e o segundo está relacionado com a natureza jurídica de sua função.

No que diz respeito às decisões proferidas pelo Conselho Constitucional, o art. 62 da Constituição francesa prevê, inicialmente, que uma disposição legislativa declarada inconstitucional não pode ser promulgada nem entrar em vigor. Ademais, prevê o citado artigo que suas decisões não são suscetíveis de qualquer recurso, impondo-se ao poderes públicos e a todas as autoridades administrativas e jurisdicionais. Dessa maneira, a Constituição francesa atribuiu efeitos vinculantes às decisões do Conselho Constitucional, as quais possuem, portanto, validade *erga omnes*.

---
[317] BARACHO, 1984, p. 293-294.
[318] FAVOREU, 1994, p. 107-109.

Moraes registra que a doutrina francesa aponta grave problema no que diz respeito aos efeitos da decisão do Conselho Constitucional, no sentido de que, não obstante a previsão constitucional, "os efeitos vinculantes somente são aplicados em relação ao dispositivo da decisão e não em relação a sua motivação". Segundo o autor, tal fato poderia ocasionar o não cumprimento das decisões do Conselho Constitucional, na medida em que, quando se julga improcedente uma impugnação — que contestara a constitucionalidade de uma proposição legislativa —, permitindo sua transformação em lei, de acordo com sua interpretação, nada impede que o juiz civil, penal ou administrativo atribua, à espécie legislativa, outro entendimento do que fora fixado por aquele órgão na motivação de sua decisão, uma vez que não existe a possibilidade de sua interpelação novamente para se manifestar, em casos concretos, sobre a proposição legislativa impugnada.[319]

Dessa maneira, embora a Constituição francesa atribua efeitos vinculantes e *erga omnes* às decisões proferidas pelo Conselho Constitucional, existe a possibilidade de que sua motivação ou fundamentação seja objeto de nova interpretação, diferentemente da que fora concedida por aquele órgão no curso do processo legislativo, podendo acontecer, inclusive, que uma espécie legislativa, cuja proposição tenha sido declarada constitucional no processo de sua elaboração, seja considerada inconstitucional por órgãos jurisdicionais.

Diante da previsão constitucional expressa no sentido de que as decisões do Conselho Constitucional impõem-se aos poderes públicos e às autoridades administrativas e jurisdicionais, bem como da consideração de que somente é vinculante o dispositivo de suas decisões, a doutrina é oscilante no que diz respeito à natureza da função exercida por aquele órgão.

Favoreu considera ser o Conselho Constitucional composto por juízes constitucionais, os quais se diferenciam dos juízes ordinários em dois aspectos: em primeiro lugar, apenas o juiz constitucional tem um estatuto constitucional (Constituição), que estabelece sua existência, estrutura e missões, bem como o protege dos poderes públicos por ele mesmo controlados; em segundo lugar, o juiz constitucional diferencia-se do juiz ordinário na medida em que, "al controlar a los poderes públicos, pese a que su actividad y métodos sean de naturaleza jurídica, el alcance de sus decisiones tiene con frecuencia un carácter inevitablemente político". Assim, continua o autor, "el juez

---

[319] MORAES, 2000, p. 150-151.

constitucional desempeña necesariamente un papel o una función política".[320]

Salienta o autor, ainda, que não tem sentido a discussão na França sobre a questão de se saber se outra composição ou outro modo de designação dos membros do Conselho Constitucional teria o efeito de diminuir a 'politização' da Alta Instância, "ya que toda jurisdicción constitucional, incluso el Tribunal Supremo de los Estados Unidos, tiene un carácter político, pues si no trataría de una verdadera jurisdicción constitucional".[321]

Nessa perspectiva, Coelho busca demonstrar a dimensão política da jurisdição constitucional. Inicialmente, o autor salienta que, apesar da dualidade de críticas diametralmente opostas em relação à jurisdição constitucional, não é possível que se viva sem ela, enquanto não se descubra "alguma fórmula mágica que nos permita juridificar a política sem, ao mesmo tempo, e em certa medida, politizar a justiça". Segundo o autor, reportando-se às lições de Cappelletti, os Tribunais Constitucionais situam-se fora do sistema tradicional de repartição dos poderes estatais, exercendo uma função autônoma de controle constitucional, a qual, apesar de não se identificar com nenhuma das funções exercidas pelos poderes estatais, exerce influência e incide sobre eles, na medida em que os obriga a observância das normas constitucionais.[322]

A partir de tal perspectiva, o autor considera que a jurisdição constitucional consubstancia prerrogativa essencialmente política, na medida em que:

> (...) essas novas leituras da constituição, a que chamamos de *mutações constitucionais*, implicam também novas tomadas de decisão, com eficácia *erga omnes* e efeito vinculante, sobre os espaços que, a critério dos juízes e não dos eventuais contendores, as cortes constitucionais venham a considerar próprios de cada poder do Estado.[323]

Nesse sentido, vislumbra-se, também, como manifestação política da jurisdição constitucional, o fato de as Cortes Constitucionais utilizarem, como parâmetro, as normas constitucionais — especialmente os princípios constitucionais, que se apresentam como preceitos jurídicos

---

[320] FAVOREU, 1984, p. 21-22.
[321] FAVOREU, 1984, p. 22.
[322] COELHO, Inocêncio Mártires. A dimensão política da jurisdição constitucional. *Revista de Direito Administrativo*, Rio de Janeiro, n. 225, p. 39-44, jul./set. 2001.
[323] COELHO, *op. cit.*, p. 40.

abertos, indeterminados e plurissignificativos —, cuja interpretação se consubstancia de forma extremamente livre e ampla, surgindo, assim, as críticas no sentido de considerar que essas Cortes, na verdade, "acabaram se transformando em *terceira câmara* dos parlamentos, em verdadeiras *constituintes de plantão*".[324]

Especificamente no âmbito do Direito brasileiro, a jurisdição constitucional apresenta-se com conotação política, na medida em que se atribuiu, ao Supremo Tribunal Federal, a possibilidade de modular os efeitos da declaração de inconstitucionalidade em ação direta de inconstitucionalidade e ação declaratória de constitucionalidade (art. 27 da Lei nº 9.868/99), bem como na arguição de descumprimento de preceito fundamental (art. 11 da Lei nº 9.882/99), de tal modo que, por maioria de dois terços de seus membros, em vista de razões de segurança jurídica ou de excepcional interesse social, poderá restringir os efeitos daquela declaração ou decidir que ela só tenha eficácia a partir de seu trânsito em julgado ou de outro momento que venha a ser fixado. Dessa forma, os efeitos da declaração de inconstitucionalidade que, a princípio, são *ex tunc* e *erga omnes*, podem ser transformados em *ex nunc* e *inter partes*, por decisão política do Tribunal Excelso.

Ademais, Coelho salienta que os fatores reais e efetivos do poder — verdadeira essência da Constituição na perspectiva de Lassalle — deslocaram "grande parte das *questões políticas* para a arena da jurisdição constitucional",[325] demonstrando, assim, mais uma vez, a dimensão política da jurisdição constitucional.

A organização e composição dos Tribunais Constitucionais demonstram, também, possuir a jurisdição constitucional conotação política, na medida em que se utilizam critérios políticos para a indicação de seus membros, os quais constituem representantes de diversos órgãos de natureza política.

Além disso, ainda na perspectiva de Coelho, a jurisdição constitucional manifesta-se de forma política, uma vez que foi concebida como "instância de avaliação jurídica e também política da atividade legislativa". Assim, nesse contexto, registra o autor que "os dissídios de interpretação constitucional assumem inevitável conotação política".[326]

Nessa perspectiva, referindo-se especificamente à função desempenhada pelo Conselho Constitucional francês, Cappelletti ensina que:

---

[324] COELHO, *op. cit.*, p. 40-41.
[325] COELHO, *op. cit.*, p. 43.
[326] COELHO, *op. cit.*, p. 44.

É suficientemente clara — e, de resto, mais ou menos reconhecida por numerosos estudiosos franceses — a natureza não propriamente jurisdicional da função exercida pelo *Conseil Constitutionnel*: e isto não apenas, como escreve um autor, pela natureza antes política que judiciária do órgão, natureza que se revela quer na escolha e no status dos membros que dele fazem parte, quer, sobretudo, nas diversas competências do próprio órgão e nas modalidades de seu operar; mas também e especialmente pelo caráter *necessário*, pelo menos no que diz respeito às leis orgânicas, do controle que se desenvolve, portanto, sem um verdadeiro recurso ou impugnação de parte (*ubi nos est actio, ibi non est jurisdictio*!), bem como pelo caráter *preventivo* da função de 'controle' por aquele órgão exercida.[327]

Dessa maneira, a natureza política atribuída ao Conselho Constitucional baseia-se, segundo o autor, não apenas no modo de escolha e no status de seus membros, mas, e principalmente, na manifestação de suas competências, especialmente as relativas ao controle preventivo — obrigatório — de constitucionalidade das leis, como ocorre, *e.g.*, em relação às leis orgânicas.

Não obstante, Cappelletti não nega, absolutamente, que a atividade do Conselho Constitucional possua feição jurídica e não meramente política, na medida em que "o 'parecer vinculatório' do *Conseil Constitutionnel* é, certamente, um parecer jurídico (de constitucionalidade) e não uma mera avaliação de oportunidade jurídica, sem com isto assumir, porém, o caráter de um verdadeiro julgamento em sentido jurisdicional". Conclui o autor que, na verdade, a questão não deve se ater ao aspecto terminológico, mas sim aos verdadeiros resultados da atividade desempenhada pelo Conselho Constitucional no que tange ao controle de constitucionalidade das leis.[328]

Embora reconheça que a doutrina não é unânime no que diz respeito à natureza meramente política ou não do Conselho Constitucional, Dantas parece inclinar-se, inicialmente, em conformidade com a doutrina francesa majoritária, no sentido de atribuir àquele órgão função eminentemente política. Todavia, ao dizer sobre a impossibilidade da disposição declarada inconstitucional ser promulgada ou aplicada, bem como sobre a irrecorribilidade das decisões proferidas pelo Conselho Constitucional, o autor registra entendimentos em sentido contrário, ao considerar de natureza jurisdicional a função exercida por tal

---

[327] CAPPELLETTI, 1999, p. 29.
[328] CAPPELLETTI, 1999, p. 29-30 (nota de pé de página de nº 17).

órgão,[329] uma vez que suas decisões não podem ser objeto de reexame por nenhum outro órgão estatal.[330]

Diante do caráter definitivo e inapelável das decisões proferidas pelo Conselho Constitucional, Baracho considera ser a natureza de sua função eminentemente jurisdicional, desde que, ainda, "lhe possam ser aplicados os fundamentos do Processo e, notadamente, quando as partes podem comparecer, protegidas pelos princípios da igualdade e da instrução contraditória". Segundo o autor, o Conselho Constitucional difere-se dos demais sistemas de jurisdição constitucional, inclusive do modelo dos Tribunais Constitucionais europeus, por possuir algumas peculiaridades, configurando-se, não obstante, como um órgão político, existindo aqueles "que lhe dão caráter *sui generis*, desde que participe do político e do jurídico". A atipicidade do sistema francês é demonstrada pelo autor, na medida em que o Conselho Constitucional é reconhecido como uma jurisdição política suprema, ou seja, como um órgão político que exerce função jurisdicional.[331]

Não obstante existam posições doutrinárias diametralmente opostas em relação à natureza da função exercida pelo Conselho Constitucional francês, no que concerne à jurisdição constitucional, especificamente no exercício do controle de constitucionalidade das leis, ambos os aspectos — jurisdicional e político[332] — são inerentes àquele órgão. Por um lado, considera-se sua função como de natureza jurisdicional, na medida em que suas decisões são vinculantes aos poderes públicos e às autoridades administrativas e jurisdicionais. Por outro lado, sem excluir sua conotação jurisdicional, o aspecto político, também, é inerente à sua função, em virtude de diversas questões: de sua organização e composição, principalmente devido ao modo de escolha e status de seus membros; dos efeitos de suas decisões (vinculantes e *erga omnes*); da natureza eminentemente política de suas funções, no exercício do controle de constitucionalidade das leis, especialmente o preventivo, por se tratar de uma instância, que, funcionando como

---

[329] Nesse sentido, embora também reconheça a existência de divergências na doutrina, Oswaldo Luis Palu atribui ao controle de constitucionalidade das leis, na França, a natureza de função jurisdicional. Cf.: PALU, *op. cit.*, p. 88.

[330] DANTAS, *op. cit.*, p. 39-43. Nesse sentido, ainda que também reconheça a existência de divergências na doutrina, o autor atribui ao controle de constitucionalidade das leis a natureza de função jurisdicional.

[331] BARACHO, 1984, p. 296-299.

[332] Referindo-se especificamente à Corte Constitucional italiana, implantada a partir de 1947, Paolo Biscaretti di Ruffia atribui a tal órgão constitucional a natureza político-jurídica. Cf.: DI RUFFIA, 1984, p. 447.

intérprete constitucional, reexamina, jurídica e politicamente, as opções políticas do legislador.

A consagração e evolução do modelo francês de jurisdição constitucional, exercido principal e eminentemente pelo Conselho Constitucional, é asseverada por sua jurisprudência — cujas decisões foram proferidas entre 1958 e 1992 —, a qual, de acordo com Favoreu, é dividida nas seguintes categorias: a) enriquecimento dos elementos fundamentais do direito francês — os quais se manifestam pela modificação profunda da teoria das fontes, no sentido de atribuir à fonte constitucional uma importância que não possuía, antes de 1958, na paisagem normativa —, pela afirmação progressiva do princípio da constitucionalidade, vinculando todas autoridades, inclusive o legislador, à regra de direito, especificamente à Constituição, bem como pela determinação da existência de hierarquia entre as normas; b) progresso na aplicação das disposições constitucionais, bem como na ampliação das dimensões constitucionais, até então, pouco evidentes em um determinado setor, no que concerne às instituições políticas, administrativas e jurisdicionais; c) evolução espetacular em matéria de proteção das liberdades e direitos fundamentais, na medida em que se consagrou a aplicação do princípio da igualdade, a ampliação da lista de liberdades clássicas constitucionalmente protegidas, bem como a possibilidade de limitação da aplicabilidade dos direitos fundamentais, quando se configuram de forma contraditória, em prol de sua conciliação.[333]

Favoreu registra alguns pontos positivos relativamente ao sistema francês de constitucionalidade das leis, dizendo que a maioria das proposições sobre direitos e liberdades fundamentais, editadas a partir de 1974, tem sido remetida ao Conselho Constitucional — algumas até de forma obrigatória, *e.g.* leis orgânicas —, cuja decisão sobre a constitucionalidade ou não da lei será decidida no prazo máximo de um mês, impedindo-se, por conseguinte, a aplicação da disposição inconstitucional. Desse modo, segundo o autor, "no habrá necesidad de *intervenir* en el orden jurídico, lo que facilita mucho las cosas y da gran fuerza a las decisiones de anulación".[334] Ademais, ainda na perspectiva do autor, a não previsão de idade máxima como limite para o exercício da função de membro do Conselho Constitucional, tal como ocorre relativamente aos principais Tribunais Constitucionais europeus, pode

---
[333] FAVOREU, 1994, p. 107, 110-111.
[334] FAVOREU, 1984, p. 51.

ser considerada como ponto favorável à instituição, na medida em que tal órgão é composto por membros cuja autoridade é demonstrada pelos cargos por eles anteriormente ocupados (ex-presidente da Assembleia ou do Senado, ex-ministros etc.), aliado ao fato de que inexiste preocupação pela permanência no cargo.[335]

Contudo, Favoreu salienta, também, alguns pontos negativos, considerando o sistema francês inferior aos modelos de Tribunais Constitucionais, mormente os europeus, em relação aos seguintes aspectos: a atribuição de legitimidade de iniciativa tão somente a autoridades políticas e não aos cidadãos; o prazo curto de reclamação e a impossibilidade de se apreciar a inconstitucionalidade de uma lei após sua aplicação.[336]

Esse mesmo autor registra, ainda, outras limitações e resistências ao modelo francês, apesar da revolução jurídica que se efetivara em virtude de inúmeras decisões proferidas pelo Conselho Constitucional francês. A primeira limitação deriva das características originárias de seu sistema de controle de constitucionalidade, na medida em que, se de um lado, em virtude de seu caráter preventivo, o mecanismo favorece a apreciação imediata e efetiva das normas constitucionais pelo legislador, por outro lado, em razão da impossibilidade do juiz constitucional não poder exercer controle sobre a aplicação de suas decisões pelo juiz ordinário, a efetividade da aplicação das normas constitucionais pode não estar plenamente garantida. A segunda limitação se manifesta pela prevalência que os juízes ordinário, administrativo e judicial conferem à lei em detrimento da Constituição, no julgamento de uma situação concreta, ainda que a aplicação de tal lei seja inconstitucional, em virtude do princípio segundo o qual é vedada, aos referidos juízes, a apreciação, por si próprios, da (in)constitucionalidade das leis, impossibilitando, também, a remessa ao juiz constitucional da questão referente à (in)constitucionalidade.[337]

Nessa perspectiva, Cappelletti considera o sistema francês de controle de constitucionalidade das leis muito limitado e, ainda, rudimentar, à luz dos demais sistemas do Direito Comparado, não tanto pela limitação das garantias "judiciárias" (independência e imparcialidade) do órgão responsável pelo exercício de tal função, nem também pelos gravíssimos limites subjetivos (apenas quatro órgãos são legitimados a

---

[335] FAVOREU, 1984, p. 24-25.
[336] FAVOREU, 1984, p. 51.
[337] FAVOREU, 1994, p. 107, 110, 112.

recorrerem ao Conselho Constitucional),[338] objetivos (impossibilidade de controle pelo Conselho Constitucional dos decretos com força de lei, editados em número excessivo pelo Executivo durante a 5ª República) e temporais (em virtude do controle não se operar após a promulgação da lei). Na verdade, segundo o autor, "trata-se, como é óbvio, de um sistema que transcura, além de tudo, o caráter necessariamente dinâmico e evolutivo tanto da lei ordinária quanto da própria norma constitucional, a impossibilidade, pois, de prever desde o início — antes da promulgação — cada significado possível da lei e da norma e cada aspecto, portanto, de uma possível inconstitucionalidade".[339]

Efetivamente, consoante salienta Favoreu, "la experiencia francesa no es tan avanzada como la experiencia austriaca, alemana o italiana", cujos Tribunais Constitucionais iniciaram suas atividades alguns anos antes do Conselho Constitucional francês.[340]

3.4.1.2 Tribunal Constitucional austríaco

O modelo dos Tribunais ou Cortes Constitucionais surgiu, originariamente, na Constituição austríaca de 1920, cujo projeto fora proposto por Kelsen, competindo ao Tribunal o exercício, concentrada, abstrata e exclusivamente, da fiscalização de constitucionalidade das leis e atos normativos. Após seu surgimento, o sistema austríaco difundiu-se por vários países, tornando-se o modelo predominante na maioria dos países europeus. Consoante as lições de Favoreu, "es el Tribunal constitucional más antiguo y el que, en cierto modo, ha creado el modelo en el que se inspiraran los demás Tribunales instituidos en Europa".[341]

Nessa perspectiva, de acordo com as palavras de Kelsen:

> A Constituição austríaca de 1920, nos seus artigos 137-148, estabeleceu tal centralização ao reservar a revisão judicial da legislação a uma corte especial, a assim chamada Corte Constitucional [*Verfassungsgerichtshof*]. Ao mesmo tempo, a Constituição conferiu a essa corte o poder de anular a lei que considerasse inconstitucional. Nem sempre era necessário anular a lei inteira; caso a disposição inconstitucional pudesse ser separada do restante da lei, a corte podia anular apenas essa disposição.

---

[338] Após a reforma de 1974 (Lei constitucional nº 74.904), além do Presidente da República, do Primeiro-Ministro, do Presidente da Assembleia Nacional e do Presidente do Senado, deputados ou senadores, em número de sessenta, adquiriram legitimidade para suscitar a apreciação do Conselho Constitucional.
[339] CAPPELLETTI, 1999, p. 30 (nota de pé de pagina de nº 17).
[340] FAVOREU, 1984, p. 16.
[341] FAVOREU, 1994, p. 43.

A decisão da corte invalidava a lei ou sua disposição particular não apenas no caso concreto, mas de modo geral, para todos os casos futuros. Tão logo a decisão entrasse em vigor, a lei anulada deixava de existir.[342]

O Tribunal Constitucional austríaco é composto por quatorze juízes, cujo mandato é de doze anos, sendo que, atingida a idade de setenta anos, o juiz constitucional será compulsoriamente afastado de sua função. Os membros da Corte Constitucional são eleitos pelo Presidente da Federação, por indicação do Governo Federal (Presidente, Vice-Presidente, seis juízes titulares e três juízes suplentes), do Conselho Nacional (três juízes titulares e dois suplentes) e do Conselho Federal (três juízes titulares e um suplente).[343]

A Constituição austríaca (art. 147, ap. 3) exige, para ser nomeado juiz titular ou suplente do Tribunal Constitucional, a condição de haver "completado los estudios de Derecho y haber ejercido al menos durante diez años una actividad profesional para la que se exija la terminación de dichos estudios". Ademais, as designações realizadas mediante proposição do Governo Federal estão sujeitas a condições mais restritas do que as efetuadas por proposta das Assembleias, exigindo a Constituição austríaca (art. 147, ap. 2), em tal caso, que "los miembros deben ser elegidos entre los jueces, los funcionarios de la administración y los profesores de las facultades de Derecho y Ciencias Políticas de universidades".[344]

Em relação às atribuições e funções conferidas ao Tribunal Constitucional austríaco, merecem destaque aquelas relacionadas ao controle de constitucionalidade das leis, mormente o preventivo. A partir de 1925, após diversas revisões constitucionais, instituiu-se o controle preventivo de constitucionalidade das leis no sistema austríaco, segundo o qual, na forma do disposto no art. 138, ap. 2, de sua Constituição, "el Tribunal Constitucional decide, a requerimiento del Gobierno federal o de un gobierno de Land, si um acto legislativo o administrativo es competencia de la Federación o de los Länder".[345] Trata-se, pois, de manifestação preventiva da "jurisdição constitucional de conflitos" (ou contencioso de "conflitos constitucionais" entre entes federativos e entre órgãos constitucionais),[346] cujo objetivo é o

---
[342] KELSEN, 2003a, p. 304-305.
[343] FAVOREU, 1984, p. 24-25.
[344] FAVOREU, 1994, p. 45.
[345] FAVOREU, 1994, p. 51-52.
[346] SAMPAIO, *op. cit.*, p. 54.

"respeto del equilibrio entre el Estado y las colectividades que aquél comprende, misión especialmente importante en un Estado Federal o quasi federal".[347]

Segundo Favoreu, "el fallo del Tribunal que ha intervenido en este procedimiento se publica en el *Boletín de leyes federales*, y tiene fuerza obligatoria con rango de ley constitucional".[348]

3.4.1.3 Tribunal Constitucional português

O Tribunal Constitucional português, instituído após a revisão constitucional de 1982 à Constituição de 1976, consiste em um dos principais modelos europeus de jurisdição constitucional, especialmente no que concerne ao controle preventivo de constitucionalidade das leis.

O modelo de controle de constitucionalidade das leis, adotado originariamente no texto da Constituição portuguesa de 1976, consistia, segundo Miranda, em "um sistema bastante ambicioso, por pretender cobrir todas ou quase todas as modalidades possíveis de controle, e um sistema misto, por compreender os tribunais, o Conselho da Revolução e, entre aqueles e este, a Comissão Constitucional".[349]

A fiscalização preventiva de constitucionalidade das leis, no texto inicial da Constituição portuguesa de 1976, tinha por objeto, por um lado, as leis da Assembleia da República, os decretos-leis do Governo, os tratados e os acordos internacionais, os quais, obrigatoriamente, eram enviados ao Conselho da Revolução e, simultaneamente, ao Presidente da República, para promulgação ou assinatura, dependendo o processo de fiscalização preventiva de deliberação do Conselho ou de decisão do Presidente, sob a forma de requerimento e, por outro lado, os decretos regionais, os quais eram submetidos tão somente ao Conselho da Revolução, a partir da suscitação de questão de inconstitucionalidade por parte do Ministro da República em relação a alguma região autônoma. A fiscalização efetivava-se mediante parecer da Comissão Constitucional e resolução do Conselho da Revolução, o qual se pronunciava favoravelmente ou não à inconstitucionalidade, no prazo de 20 dias, podendo ser abreviado no caso de pedido de urgência do Presidente da República.[350]

---

[347] FAVOREU, 1984, p. 22.
[348] FAVOREU, 1994, p. 51-52.
[349] MIRANDA, *op. cit.*, p. 400.
[350] MIRANDA, *op. cit.*, p. 400.

Em relação aos efeitos da decisão proferida pelos órgãos supracitados, devem ser distinguidas duas situações. Por um lado, o pronunciamento do Conselho da Revolução pela inconstitucionalidade do ato legislativo gerava o veto vinculado do Presidente da República ou do Ministro da República, mas, em se tratando de atos legislativos da Assembleia da República ou, por analogia, de uma das Assembleias regionais, o ato poderia ser confirmado por deliberação de maioria de dois terços dos deputados presentes, rechaçando, como corolário, o veto vinculado, e possibilitando, assim, sua promulgação ou assinatura. Contrariamente, no caso de decretos do Governo, a decisão do Conselho da República pela inconstitucionalidade do ato gerava o veto vinculado absoluto. Por outro lado, o pronunciamento do Conselho da República pela constitucionalidade do ato gerava sua promulgação ou assinatura; não obstante, o Presidente da República podia exercer o veto político.[351]

Efetivamente, a Comissão Constitucional, implementada no texto original da Constituição de 1976, "foi o primeiro órgão específico de garantia da Constituição, o primeiro órgão instituído apenas para isso, em todo o constitucionalismo português e a sua composição era análoga à composição corrente em tribunais constitucionais",[352] constituindo, portanto, o embrião do Tribunal Constitucional português, instituído na revisão constitucional de 1982. Nesse sentido, dissertando sobre a Comissão Constitucional, assevera Miranda:

> Não se tratava, porém, de um tribunal constitucional. Em primeiro lugar, porque desempenhava funções auxiliares de outro órgão, aliás de grande importância como se sabe. Em segundo lugar, porque, mesmo enquanto tribunal com concentração de competência em matéria de inconstitucionalidade, não estava investida de um poder exclusivo (ou prevalecente), nem de um poder genérico de decidir sobre a inconstitucionalidade de normas jurídicas: coexistia a par dos tribunais e só conhecia da inconstitucionalidade de certas normas.[353]

A reestruturação da jurisdição constitucional portuguesa consolidou-se com a criação e instituição do Tribunal Constitucional como "órgão de contencioso de normas jurídicas", o qual recebera as competências do Conselho da Revolução, da Comissão Constitucional, bem como, em relação a atos relacionados às regiões autônomas, do

---

[351] MIRANDA, *op. cit.*, p. 400-401.
[352] MIRANDA, *op. cit.*, p. 402.
[353] MIRANDA, *op. cit.*, p. 403.

Supremo Tribunal Administrativo.[354] Nessa perspectiva, preleciona Favoreu:

> La revisión constitucional votada por la Asamblea de la República en agosto de 1982 (ley constitucional nº 1/82 de 30 de septiembre de 1982) cambió todo o lo anterior, sustituyendo la Comisión constitucional por un Tribunal constitucional mucho más conforme al modelo europeo. Este Tribunal quedó establecido el 6 de abril de 1983 y reemplazó en esa fecha el sistema precedente. No obstante, subsiste la posibilidad de que los tribunales ordinarios controlen la constitucionalidad de las leyes.[355]

O Tribunal Constitucional português, nos termos do art. 222, da vigente Constituição portuguesa, é composto por treze juízes, "divididos em duas seções não especializadas, e de igual hierarquia, cada qual constituída pelo Presidente do Tribunal e por mais seis juízes". Dos treze membros, dez são designados pela Assembleia da República, mediante eleição interna. Os restantes três membros são cooptados, por voto secreto, pelos juízes eleitos pela Assembleia da República. Segundo a Constituição portuguesa, seis dos treze membros — sejam os designados pela Assembleia, sejam os cooptados pelo próprio Tribunal — são necessariamente escolhidos entre juízes dos demais tribunais portugueses, ou seja, entre membros da magistratura portuguesa, e os demais entre juristas. Não há previsão de idade mínima para a investidura, nem de idade máxima para fins de aposentadoria compulsória, devendo haver a preservação da vigência dos mandatos, inclusive os dos membros oriundos da magistratura que, durante seu exercício, completarem setenta anos. Assim, não existe o atributo da vitaliciedade, uma vez que o mandato dos juízes do Tribunal Constitucional é de nove anos, não podendo ser renovado.[356]

Uma das principais funções e competências exercidas pelo Tribunal Constitucional português é a fiscalização preventiva de constitucionalidade das leis, a qual foi mantida, após a revisão de 1982, com algumas modificações, por ela ser considerada:

> (...) útil no domínio dos diplomas mais importantes da ordem jurídica como forma de evitar factos consumados, por ela ser particularmente necessária para os decretos legislativos regionais e por, sendo cometido

---
[354] MIRANDA, *op. cit.*, p. 404.
[355] FAVOREU, 1994, p. 126.
[356] MORAES, 2000, p. 180-185.

o poder de iniciativa ao Presidente da República e aos Ministros da República, traduzir-se numa espécie de veto translativo, afinal de menor gravidade que o veto político de que eles dispunham.[357]

Antes de analisar, minuciosamente, o processo de fiscalização abstrata preventiva (ou "controle prévio da inconstitucionalidade"), Canotilho, em algumas palavras, sintetiza a origem, o objeto, o fundamento e os efeitos da decisão no modelo preventivo português:

> A Constituição de 1976, seguindo outras constituições (particularmente a Constituição francesa de 1958), e retomando uma solução já experimentada no antigo direito ultramarino português, consagrou a possibilidade de um *controlo abstracto preventivo* de alguns actos normativos. O sentido de um controlo que incida sobre *normas imperfeitas* afasta-se, em alguns aspectos, do sentido de um controlo jurisdicional puro. A decisão do tribunal não pode consistir na *anulação* de normas, mas sim numa pronúncia sobre a inconstitucionalidade de *decretos* (normas imperfeitas) conducente, em termos mediatos, a uma *proposta de veto* ou de *reabertura do processo legislativo*.[358]

Canotilho investiga, pormenorizadamente, o sistema de controle abstrato preventivo, no que tange aos seus requisitos processuais e efeitos. Por sua vez, os requisitos processuais são divididos em: subjetivos, objetivos e temporais.

Os requisitos processuais subjetivos manifestam-se pela competência e legitimidade para o exercício do controle preventivo de constitucionalidade. Relativamente à competência, a Constituição portuguesa e a Lei Orgânica do Tribunal Constitucional atribuem tal função tão somente ao Tribunal Constitucional, o qual profere suas decisões em plenário. Os legitimados constitucionalmente para exercerem tal atributo são: o Presidente da República e os Ministros da República para as regiões autônomas. Após a 2ª revisão constitucional de 1989, especificamente em relação aos decretos destinados a serem promulgados como leis orgânicas, além do Presidente da República, são legitimados ativos o Primeiro-Ministro ou um quinto dos deputados da Assembleia da República.[359]

---

[357] MIRANDA, *op. cit.*, p. 405-406.
[358] CANOTILHO, *op. cit.*, p. 1015.
[359] CANOTILHO, *op. cit.*, p. 1016-1017.

Os requisitos objetivos consubstanciam-se pelas normas que podem ser objeto da fiscalização preventiva de constitucionalidade. Segundo o autor, tal fiscalização efetiva-se em relação a certas normas ainda imperfeitas, cuja identificação é de competência do Presidente da República ou do Ministro da República. As normas em questão não são quaisquer normas, mas apenas as constantes em tratados submetidos à ratificação do Presidente da República, em decretos remetidos ao Presidente da República para serem promulgados como leis ou decretos-leis, em decretos de aprovação de acordos internacionais, enviados ao Presidente da República para assinatura, e em decretos legislativos regionais ou decretos regulamentares de lei da República, os quais tenham sido remetidos aos Ministros da República para assinatura. Salienta Canotilho que houve a intenção de sujeitar ao controle preventivo "as normas que comprometam internacionalmente o Estado (tratados e acordos), as normas de actos legislativos (leis, decretos-leis, decretos legislativos regionais) e de alguns actos regulamentares (ex.: decreto regulamentar de lei geral da República)".[360]

Por fim, o autor disserta sobre os requisitos temporais, os quais se manifestam pela existência de prazos, seja para o requerimento da apreciação preventiva da constitucionalidade por parte do Presidente da República e dos Ministros da República (oito dias), a contar da data de recepção do diploma, seja para a apreciação da questão da inconstitucionalidade pelo Tribunal Constitucional (25 dias), cujo prazo pode ser abreviado a pedido do Presidente da República, por motivo de urgência. Registra Canotilho que "o encurtamento do prazo obedece ao princípio da proporcionalidade, pois o TC deve dispor de prazo razoável para estudar o pedido de fiscalização", não sendo, entretanto, líquidas e certas as consequências do não pronunciamento do Tribunal Constitucional dentro dos prazos constitucionalmente estabelecidos.[361]

No que tange aos efeitos da decisão proferida em sede de fiscalização preventiva de constitucionalidade, Canotilho analisa, separadamente, as diversas hipóteses constitucionalmente previstas.

O autor demonstra que, de acordo com a Constituição portuguesa, o pronunciamento do Tribunal Constitucional pela inconstitucionalidade vincula o Presidente da República e os Ministros da República, os quais deverão, inicialmente, vetar, expressamente, os diplomas legais que foram considerados inconstitucionais (veto por

---

[360] CANOTILHO, *op. cit.*, p. 1017-1018.
[361] CANOTILHO, *op. cit.*, p. 1018.

inconstitucionalidade) e, posteriormente, devolvê-los (reenvio) ao órgão respectivo que o tiver aprovado (Assembleia da República, Governo e Assembleias Regionais).[362]

Por sua vez, o veto suspensivo, proferido pelo Presidente da República ou pelos Ministros da República, ratificando a decisão do Tribunal Constitucional, poderá ser superado, como regra geral, por dois instrumentos: a) pela expurgação da norma considerada constitucional, e b) pela confirmação do decreto, por maioria de dois terços dos deputados presentes. Acrescenta-se, a essas duas hipóteses, a desistência de aprovação do decreto pelos órgãos legiferantes. Todavia, referidas possibilidades não se aplicam a todos os diplomas legais, os quais são analisados pelo autor, individualizada e pormenorizadamente.[363]

Com efeito, em relação às leis da Assembleia da República, o veto de inconstitucionalidade pode ser expurgado ou confirmado por maioria qualificada de seus membros, sendo que, não havendo a confirmação pelo quorum exigido, a Assembleia da República não pode aprovar novamente o mesmo diploma sem expurgar as normas que foram consideradas inconstitucionais. No que diz respeito aos tratados, cuja aprovação pertence à Assembleia da República, a decisão do Presidente da República, no sentido de não ratificá-los, pode ser superada, para efeitos de sua ratificação, por maioria de dois terços dos deputados presentes. Tal hipótese não se trata, propriamente, de veto por inconstitucionalidade, na medida em que a ratificação consiste em ato próprio do Presidente da República, que se limita a comunicar a Assembleia da República acerca da impossibilidade de tal ato, em vista da existência de normas inconstitucionais. Relativamente aos decretos-leis do Governo, o veto de inconstitucionalidade é definitivo, o qual só pode ser superado pela expurgação da norma ou normas inconstitucionais. Caso o Governo pretenda superar o veto do Presidente da República, sem expurgar o diploma considerado inconstitucional, poderá utilizar o seu direito de iniciativa legislativa perante a Assembleia da República, no sentido de transformar o decreto-lei em proposta ou projeto de lei. No que tange aos acordos internacionais, a decisão quanto à sua não assinatura, por inconstitucionalidade, pode ser superada por meio da expurgação. Por fim, concernente aos decretos legislativos regionais e aos decretos regulamentares de leis gerais da República, admite-se, não majoritariamente, a superação do veto por

---

[362] CANOTILHO, *op. cit.*, p. 1018-1019.
[363] CANOTILHO, *op. cit.*, p. 1019.

inconstitucionalidade dos Ministros da República, por expurgação ou confirmação, mediante decisão de dois terços dos deputados das Assembleias Regionais, entendendo-se existir, nessa hipótese, um regime paralelo aos dos decretos da Assembleia da República. Registre-se, outrossim, a impossibilidade de confirmação dos diplomas vetados pelas Assembleias Regionais, invocando-se a inexistência de qualquer paralelismo entre a Assembleia da República/Tribunal Constitucional e Assembleias Regionais/Tribunal Constitucional no paralelogramo organizatório constitucionalmente definido.[364]

Não obstante a possibilidade de expurgação ou confirmação dos diplomas preventivamente reputados como inconstitucionais, os órgãos dos quais emanaram os atos podem optar por sua reformulação, podendo o Presidente da República e os Ministros da República, conforme o caso, requerer nova apreciação preventiva da norma reformulada, bem como de quaisquer outras normas, mesmo que não tivesse sido impugnada por inconstitucionalidade. Segundo Canotilho, tal possibilidade deve-se a quatro razões: a) a norma que fora reformulada pode ainda continuar inconstitucional; b) a reformulação da norma inconstitucional pode gerar a inconstitucionalidade em outras normas; c) o Presidente da República e os Ministros da República aproveitam o pedido de fiscalização preventiva da norma que fora reformulada para suscitar a inconstitucionalidade de outras normas relacionadas àquela; e d) o decreto que fora reformulado consubstancia-se como novo decreto, sujeito, portanto, a todos os trâmites da fiscalização preventiva.[365]

Ademais, não havendo expurgação ou confirmação dos diplomas, cuja constitucionalidade fora preventivamente fiscalizada, não poderão ser promulgados leis e decretos-leis, bem como assinados decretos legislativos regionais, regulamentos regionais e acordos internacionais ou ratificados tratados internacionais, ocasionando, assim, a inexistência jurídica dos referidos diplomas. Além disso, serão consideradas inexistentes as eventuais promulgações ou assinaturas do Presidente da República ou dos Ministros da República relativamente aos diplomas considerados inconstitucionais e que não foram confirmados. Por outro lado, a existência de expurgação não gera a obrigatoriedade de promulgação do diploma, especialmente quando tal ato implica em alterações substanciais, podendo o Presidente da República requerer nova fiscalização preventiva.[366]

---

[364] CANOTILHO, *op. cit.*, p. 1019-1020.
[365] CANOTILHO, *op. cit.*, p. 1019-1021.
[366] CANOTILHO, *op. cit.*, p. 1021-1022.

Canotilho ainda ressalta que, apesar do reconhecimento da inconstitucionalidade de decretos, tratados ou acordos em sede de controle preventivo, é possível que tais diplomas sejam, respectivamente, promulgados, ratificados ou assinados, ao se reconhecer sua constitucionalidade no âmbito do controle repressivo de constitucionalidade, ou ainda, em sentido contrário, o Tribunal Constitucional pode "vir a considerar de novo inconstitucionais, em controle sucessivo, as normas já objecto de idêntica decisão em sede controle prévio".[367]

A revisão de 1989 à Constituição portuguesa estabeleceu algumas especificidades relativamente ao controle preventivo dos decretos enviados ao Presidente da República, para fins de promulgação como leis orgânicas. A primeira novidade diz respeito à ampliação da legitimidade processual ativa ao Primeiro-Ministro e a um quinto dos deputados da Assembleia da República. Em conformidade com as lições de Canotilho, pretendeu-se, por um lado, "dar possibilidade ao Governo de *controlar* previamente a emanação de leis tão relevantes, sob o ponto de vista político, como as leis orgânicas" e, por outro, "assegurar o direito das minorias que foram vencidas, mas não convencidas no Plenário da AR [Assembleia da República]." A segunda novidade diz respeito ao fato de que a promulgação do Presidente da República está temporalmente condicionada, na medida em que "não pode promulgar 'decretos de leis orgânicas' sem que decorram oito dias após a respectiva recepção ou antes de o Tribunal Constitucional sobre eles se ter pronunciado, se a sua intervenção tiver sido solicitada".[368]

3.4.1.4 Tribunal Constitucional Federal alemão

O *Bundesverfassungsgericht*, tal como fora denominado pela Lei Fundamental de Bonn, promulgada em 12 de março de 1951,[369] consiste no órgão de cúpula do modelo europeu de controle concentrado de constitucionalidade das leis (Tribunal Constitucional Federal alemão). O *Bundesverfassungsgericht* constitui-se por dois Senados, cada qual composto por oito juízes, eleitos pelo Conselho Federal (*Bundesrat*) e pelo Parlamento Federal (*Bundestag*). Os juízes eleitos pelo Conselho Federal são escolhidos por eleição direta, na qual os votos de cada

---
[367] CANOTILHO, *op. cit.*, p. 1022.
[368] CANOTILHO, *op. cit.*, p. 1023.
[369] MENDES, Gilmar Ferreira. *Jurisdição constitucional*: o controle abstrato de normas no Brasil e na Alemanha. 2. ed. São Paulo: Saraiva, 1998. p. 3.

Estado devem ser contabilizados de forma unitária, enquanto, em relação aos juízes eleitos pelo Parlamento Federal, a eleição é indireta, realizada por meio de um colégio composto por doze parlamentares, o qual é formado segundo as regras da eleição proporcional e cujos membros são eleitos para uma legislatura, não podendo, portanto, ser destituídos. A Lei Fundamental exige, ainda, que três membros de cada Senado devem ser obrigatoriamente escolhidos dentre juízes que integram outros Tribunais Federais Superiores. Exigem-se, como requisitos, a idade mínima de quarenta anos, bem como o cumprimento das condições exigidas para o exercício da carreira de juiz. Os juízes são eleitos para um mandato de doze anos, vedada a reeleição, sendo que a aposentadoria compulsória se verifica aos sessenta e oito anos.[370]

Apesar de manifestações em sentido contrário, Favoreu afirma existir um controle preventivo de constitucionalidade das leis na Alemanha, o qual se manifesta em três situações: a) uma lei de aprovação de um tratado pode e deve ser submetida ao Tribunal Constitucional Federal, antes de sua promulgação, pelo governo dos *Länder* ou por um terço dos membros do *Bundestag*, consoante jurisprudência estabelecida em 1952; b) em matéria de litígios entre órgãos constitucionais, a negativa do Presidente da República em promulgar uma lei pode ser objeto de contestação por parte de outro órgão, mediante impugnação dirigida ao Tribunal Constitucional Federal, que se pronunciará sobre a constitucionalidade da lei, antes de se manifestar acerca da constitucionalidade da negativa de promulgação;[371] e c) a entrada em vigor de uma lei pode ser retardada em virtude da emissão de decisão provisória pelo Tribunal Constitucional, no sentido de reconhecer sua inconstitucionalidade, muitas das quais não são, inclusive, definitivamente promulgadas.[372]

3.4.1.5 Tribunal Constitucional espanhol

A experiência espanhola, relativamente à justiça constitucional, remonta à Segunda República, com a instalação de um "Tribunal de garantias constitucionais" (1931-1936), mas a criação de uma jurisdição constitucional poderosa, representada, eminentemente, por um Tribunal

---

[370] MENDES, *op. cit.*, p. 5, 6.
[371] Não obstante, Louis Favoreu registra, relativamente a tal hipótese, que, "de hecho, si el jefe del Estado en algunas ocasiones se ha negado a promulgar una ley, hasta ahora jamás ha impugnado su decisión ningún otro órgano constitucional". Cf.: FAVOREU, 1994, p. 126.
[372] FAVOREU, 1994, p. 71-72.

Constitucional, deve-se à Constituição de 27 de dezembro de 1978. Com efeito, o Tribunal Constitucional, cujos primeiros membros foram nomeados em 15 de fevereiro de 1980, "fue establecido oficialmente el 12 de Julio del mismo año y comenzó a funcionar el siguiente 15 de Julio".[373]

O Tribunal Constitucional espanhol é composto por doze membros, mediante prévia proposta do Congresso e do Senado (cada órgão nomeia quatro membros), do Governo e do Conselho Geral do Poder Judiciário (cada órgão nomeia dois membros). Como condição para ser nomeado, é necessário que o juiz seja integrante de carreiras jurídicas, de reconhecida competência, com mais de quinze anos de efetiva atividade profissional, recrutado dentre magistrados, professores de universidades, funcionários públicos ou advogados. O mandato dos juízes é de nove anos, sendo que a composição do Tribunal é renovada, em um terço, a cada três anos.[374]

Nos termos do art. 79, da Lei Orgânica do Tribunal Constitucional (LOTC), o controle preventivo de constitucionalidade das leis manifestava-se pela possibilidade do presidente do Governo, de cinquenta deputados ou cinquenta senadores, do Defensor do Povo e dos órgãos (Executivo e Legislativo) das Comunidades Autônomas, nos três dias seguintes ao da votação do projeto, apresentar recurso de inconstitucionalidade ao Tribunal Constitucional, relativamente a projetos de Estatutos de autonomia e de leis orgânicas.[375] Todavia, "en 1985 se suprimió el recurso, después de que se emitieran siete fallos al respecto",[376] tendo sido legalmente suprimida por força da Lei Orgânica nº 4, de 7 de junho de 1985.[377]

---

[373] FAVOREU, 1994, p. 114.
[374] FAVOREU, 1994, p. 114-115.
[375] VELOSO, *op. cit.*, p. 156.
[376] FAVOREU, 1994, p. 120-121.
[377] VELOSO, *op. cit.*, p. 156.

TITULO III

COMO SE DEVE PROCEDER A GUARDA DA CONSTITUIÇÃO?

1 A consolidação da jurisdição constitucional do processo legislativo

1.1 O Tribunal Constitucional e a jurisdição constitucional do processo legislativo

Contemporaneamente, restou-se consagrada a jurisdição ou justiça constitucional, como a instituição mais legítima para o exercício do controle de constitucionalidade das leis. Nesse sentido, Cappelletti assevera que "con la salvedad de estas importantes diferencias, técnicas y estructurales sobre todo, en los modelos europeo y americano, la justicia se ha convertido ya en un fenómeno de alcance universal".[378]

Com a consolidação da justiça constitucional, houve o soerguimento do modelo europeu de Tribunais Constitucionais, como órgãos de feição jurídico-política, independentes e situados fora da estrutura dos poderes estatais, com a função de exercer exclusivamente a jurisdição constitucional, especialmente o controle de constitucionalidade das leis.

Nessa perspectiva, diante de inúmeras manifestações no Direito Comparado, especialmente no sistema francês, o controle jurisdicional preventivo de constitucionalidade das leis consolidou-se como importante instrumento de exercício da jurisdição constitucional concentrada pelo Tribunal Constitucional.

---

[378] CAPPELLETTI, 1984, p. 603.

A instituição e a consagração da jurisdição constitucional do processo legislativo foram realizadas com o objetivo primordial de se evitar o ingresso de normas inconstitucionais no ordenamento jurídico. Nesse sentido, Veloso preleciona que o "objetivo deste tipo de fiscalização é, justamente, o de evitar que ingresse no ordenamento jurídico, produzindo efeitos, normas inconstitucionais".[379]

Reportando-se especificamente ao processo de fiscalização preventiva português, Canotilho acredita que sua aceitabilidade funda-se na ideia de "mal menor", "pois se tenta evitar a entrada em vigor de normas constantes de diplomas dotados, em geral, da natureza de fontes primárias do direito".[380]

Por outro lado, nos países onde se adota o sistema difuso de controle de constitucionalidade, ao par ou não do concentrado, é possível a coexistência de interpretações diametralmente opostas acerca da mesma questão constitucional, gerando, por conseguinte, insegurança jurídica. Diante disso, a manifestação do Tribunal Constitucional, preventivamente, com efeitos vinculantes e *erga omnes*, é uma forma de se buscar segurança e objetividade relativamente à interpretação do Direito.

Somado ao que se disse, o exercício da jurisdição constitucional do processo legislativo pelo Tribunal Constitucional é de relevante utilidade para a jurisdição constitucional, na medida em que, impedindo o surgimento de questões de inconstitucionalidade ulteriores, arguidas por meio do controle repressivo, o sistema acaba por facilitar e favorecer o Judiciário no que tange à celeridade no julgamento das demandas judiciais, especialmente em países onde existe o controle difuso, como o Brasil, onde inúmeras ações de idêntico conteúdo são propostas e julgadas diariamente pelos juízes e Tribunais.

Em prol da concretização das finalidades institucionais do controle jurisdicional preventivo de constitucionalidade das leis, a defesa de tal mecanismo de manifestação da jurisdição constitucional, a cargo do Tribunal Constitucional é, nesse contexto, defendida pela doutrina. Palu assevera:

---

[379] VELOSO, *op. cit.*, p. 155.

[380] CANOTILHO, *op. cit.*, p. 1016. Não obstante, o autor registra que a fiscalização prévia é mais marcadamente política do que a fiscalização sucessiva, na medida em que, diante da imediaticidade entre a aprovação dos diplomas e sua fiscalização pelo Tribunal Constitucional, haverá o risco do processo se transformar em um instrumento destinado, por um lado, a legitimar diplomas inconstitucionais de duvidosa constitucionalidade, ou, pelo contrário, a obstruir as iniciativas legislativas do governo e do Parlamento.

É difícil — mas em hipótese alguma impossível — que um órgão judiciário intervenha *preventivamente* na feitura da lei, portanto com poder de obstar sua promulgação. Doutrinariamente, entretanto, torna-se mais aceitável a um órgão independente, fora dos clássicos poderes (Tribunal Constitucional), exercer tal função.[381]

Nessa perspectiva, referindo-se especificamente ao sistema francês de controle preventivo de constitucionalidade das leis, Favoreu registra que, se, por um lado, "este sistema favorece una toma en consideración inmediata y efectiva de las normas constitucionales por el legislador, en virtud de su carácter preventivo", por outro lado, na medida em que "el juez constitucional no puede ejercer un control sobre la aplicación de sus decisiones por el juez ordinario, la efectividad de la aplicación de las normas constitucionales puede no estar garantizada".[382]

O autor assevera que vários são os efeitos da intervenção do Conselho Constitucional relativamente à vida política, salientando que:

> En primer lugar, el control ejercido por el Consejo constitucional ha contribuido de manera decisiva a pacificar la vida política. Éste ha sido el caso en diversas ocasiones. Cada vez que el Consejo Constitucional emite un fallo, la fiebre política remite. Y si el control de las leyes cumple esta función es porque la oposición dispone de un medio para asegurarse de que la mayoría no traspasa los límites fijados por la Constitución.[383]

Em favor da defesa do controle jurisdicional preventivo, Di Ruffia pondera alguns argumentos, dizendo, inicialmente, que o juízo prévio à entrada em vigor de uma norma garante a segurança de uma aplicação jurídica indiscutida, contribuindo, assim, para a certeza do direito, impedindo, ainda, qualquer possibilidade de reexame ulterior da questão de constitucionalidade, sendo unicamente possível a ab-rogação ou a modificação da própria norma no âmbito legislativo.[384]

Por outro lado, referindo-se ao controle preventivo exercido no âmbito do Poder Legislativo, por parte dos próprios parlamentares, o autor assinala, como inconveniências do sistema, em vista do ambiente no qual se efetiva, que o processo de fiscalização "desarrolla necesaria

---

[381] PALU, *op. cit.*, p. 89.
[382] FAVOREU, 1994, p. 114-112.
[383] FAVOREU, 1994, p. 114-113.
[384] DI RUFFIA, 1975, p. 359-360.

y predominantemente con critérios políticos, y por tanto, posee escasas garantías de objetividad jurídica para una minoría que podría se perjudicada por la norma legislativa em cuestión".[385]

A par de tal situação, algumas Constituições recentes, no intuito de abreviar a acusação de existência de excessiva politicidade na decisão parlamentar acerca da questão de constitucionalidade, têm exigido, durante a fase de formação da norma, a oitiva obrigatória de um órgão que proporcione maiores garantias de objetividade, como por exemplo, a Corte Suprema, por solicitação do Presidente da República, de acordo com a Constituição da Irlanda de 1937, bem como o Comitê Constitucional e o Conselho Constitucional, previstos, respectivamente, nas Constituições francesas de 1946 e 1958.[386]

1.2 A jurisdição constitucional do processo legislativo e o princípio da separação dos poderes

A principal crítica desenvolvida relativamente à jurisdição constitucional do processo legislativo diz respeito à sua compatibilidade ou não com o princípio da separação dos poderes, na medida em que o Judiciário estaria interferindo na esfera e na atividade típica e eminentemente atribuída ao Parlamento.

De fato, a compatibilidade ou não da justiça constitucional com o princípio da separação dos poderes já era objeto de questionamento por parte da doutrina em relação ao controle repressivo de constitucionalidade das leis, especialmente o de caráter material. A propósito, após dizer, inicialmente, que o controle material de constitucionalidade das leis é delicado em razão de seu alto grau de politicidade, na medida em que incide sobre o conteúdo da norma, outorgando, ao órgão competente, poder para decidir sobre o teor e a matéria da regra jurídica, Bonavides conclui que:

> Por esse controle, a interpretação constitucional toma amplitude desconhecida na hermenêutica clássica, fazendo assim apreensivo o ânimo de quantos suspeitam que através dessa via a vontade do juiz constitucional se substituiu à vontade do Parlamento e do Governo, gerando um superpoder, cuja consequência mais grave seria a anulação ou paralisia do princípio da separação dos poderes, com aquele juiz julgando *de legibus* e não *secundum legem*, como acontece no controle meramente formal.[387]

---
[385] DI RUFFIA, 1975, p. 359.
[386] DI RUFFIA, 1975, p. 360.
[387] BONAVIDES, *op. cit.*, p. 269-270.

As ideias de supremacia e rigidez constitucionais demandam, pois, para sua preservação, da existência de um sistema de controle de constitucionalidade das leis efetivo e legítimo, com a finalidade de expurgar do ordenamento jurídico as leis inconstitucionais. Todavia, a grande dificuldade está em determinar "que órgão deve exercer o chamado controle de constitucionalidade".[388]

Kelsen desenvolve argumentos no sentido de defender a anulação de um ato inconstitucional pelo mesmo órgão que o elaborou ou, pelo contrário, por um órgão distinto do responsável pela produção da norma, correlacionando seus fundamentos com o princípio da separação dos poderes.

Segundo o autor, a adoção e aceitação do controle, realizado pelo próprio órgão do qual a lei emanou, devem-se a condições de prestígio, pretendendo-se evitar que a autoridade de tal órgão supremo e soberano seja enfraquecida, na medida em que órgão diverso estaria autorizado a anular seus atos, colocando-se acima dele. Assim, adverte Kelsen que "não é apenas a 'soberania' do órgão que produziu o ato irregular, mas também o dogma da separação dos poderes que é invocado aqui para evitar a anulação dos atos de uma autoridade por outra". Assim, atribui-se ao órgão que editou o ato irregular a tarefa de anulá-lo, sob o pretexto de que a soberania de tal órgão e o princípio da separação dos poderes devem ser respeitados.[389]

Por outro lado, o órgão produtor da lei pode ser juridicamente obrigado a anulá-la por decisão de um "órgão completamente diferente e independente daquele que produziu o ato irregular".[390] Kelsen, defendendo, pois, a jurisdição constitucional, apesar das objeções que a ela são feitas, conclui que:

> Portanto não é com o próprio Parlamento que podemos contar para efetuar sua subordinação à Constituição. É um órgão diferente dele, independente dele e, por conseguinte, também de qualquer outra autoridade estatal, que deve ser encarregado da anulação de seus atos inconstitucionais — isto é, uma jurisdição ou um tribunal constitucional.[391]

Tal possibilidade visa — em conformidade com a hipótese de controle pelo próprio órgão legislativo, mas sob uma perspectiva

---

[388] BONAVIDES, *op. cit.*, p. 268.
[389] KELSEN, 2003a, p. 146.
[390] KELSEN, 2003a, p. 147.
[391] KELSEN, 2003a, p. 150.

diametralmente oposta — à consagração do princípio da separação dos poderes, de tal modo que a cada poder ou órgão sejam atribuídas funções diferentes e não coincidentes. A esse respeito, Kelsen assevera que a expressão "divisão dos poderes" deve ser preferida em relação à "separação dos poderes", traduzindo-se na ideia de "repartição do poder entre diferentes órgãos, não tanto para isolá-los reciprocamente quanto para permitir um controle recíproco de uns sobre os outros". E, ainda, conclui:

> E isso não apenas para impedir a concentração de um poder excessivo nas mãos de um só órgão — concentração que seria perigosa para a democracia — mas também para garantir a regularidade do funcionamento dos diferentes órgãos. Mas então a instituição da jurisdição constitucional não se acha de forma alguma em contradição com o princípio da separação dos poderes; ao contrário, é uma afirmação dele.[392]

Todavia, muito embora admita a compatibilidade da jurisdição constitucional com o princípio da separação dos poderes, reconhecendo, por conseguinte, sua legitimidade, Kelsen não é favorável à instituição de um controle jurisdicional preventivo de constitucionalidade das leis, concebendo tão somente a existência de garantias repressivas:

> Sem dúvida, a garantia preventiva, pessoal — a organização em tribunal do órgão que produz o ato — fica excluída de antemão. A legislação, de que tratamos aqui em primeira linha, não pode ser confiada a um tribunal, não tanto por causa da diversidade das funções legislativa e jurisdicional, mas antes porque a organização do órgão legislativo é essencialmente dominada por outros pontos de vista que não o da constitucionalidade de seu funcionamento. Aqui quem decide é a grande antítese entre democracia e autocracia.[393]

Entretanto, apesar da existência de diversos argumentos desfavoráveis, a aceitabilidade da jurisdição constitucional do processo legislativo é juridicamente viável, exigindo a remodelagem paradigmática do clássico princípio da separação dos poderes, o qual deve ser interpretado sob o enfoque da teoria discursiva do direito, legitimando a jurisdição constitucional a partir de uma compreensão procedimentalista e democrática do Direito, de tal sorte que "somente

---
[392] KELSEN, 2003a, p. 152.
[393] KELSEN, 2003a, p. 148-149.

as *condições processuais da gênese democrática das leis* asseguram a legitimidade do direito".[394]

1.3 A legitimidade da jurisdição constitucional do processo legislativo

Contemporaneamente, há a predominância do controle jurisdicional de constitucionalidade das leis — o qual se manifesta essencialmente de forma repressiva —, seja de forma difusa, seja de forma concentrada, ou de ambas. Não obstante, o controle político é encontrado em alguns países, em cujos sistemas a decisão sobre a in(constitucionalidade), em regra, é restrita e não vinculatória.

Nos sistemas em que se adota o controle político, a verificação de constitucionalidade é efetivada, em regra, de forma preventiva, prévia ou *a priori*, isto é, antes da promulgação e publicação da lei. É um sistema de controle que se efetiva no âmbito do processo legislativo e cujo objeto de fiscalização são os projetos de lei e as propostas de emendas à Constituição, no que tange aos aspectos formal e material. Nesse sentido, preleciona Cappelletti:

> Não se pode, porém, omitir uma alusão ao fato de que, em certos Países, em lugar de um controle jurisdicional — ou, talvez, ao lado dele — existe um controle exercido por órgãos que podemos chamar *políticos*, mas não, *judiciários*. Usualmente nestes sistemas o controle, ao invés de ser posterior à elaboração e promulgação da lei, é *preventivo*, vale dizer, ocorre antes que a lei entre em vigor, e, às vezes, se trata ainda de um controle com função meramente consultiva, isto é, a função de um mero parecer, não dotado de força definitivamente vinculatória para os órgãos legislativos e governamentais.[395]

Todavia, diante do fato de o controle preventivo de constitucionalidade das leis ser exercido, em diversos países, por órgãos de conotação política, situados, como regra, no âmbito do Poder Legislativo, diversos autores o combatem "por entenderem existir um perigo de desenvolvimento excessivo de seu poder, ocasionando, inclusive, sua

---

[394] HABERMAS, Jürgen. *Direito e democracia*: entre facticidade e validade. Tradução de Flávio Beno Siebeneichler. Rio de Janeiro: Tempo Brasileiro, 1997. v. 1, p. 326.
[395] CAPPELLETTI, 1999, p. 26.

transformação de *controlador* em *legislador*, abarcando, com isto, uma função que, constitucionalmente não lhe pertenceria".[396]

Assim, o sistema de controle político schmittiano, conforme proposto em sua Teoria da Constituição, já não pode mais ser sustentado, face ao contexto pluralista do paradigma do Estado Democrático de Direito — embora o autor apresente argumentos juridicamente defensáveis. Com efeito, Schmitt sustenta a figura do chefe de Estado como defensor da Constituição, o qual, com base na teoria do poder neutral, assume posição peculiar, atuando de forma mediadora e garantidora do funcionamento dos Poderes estatais, em prol da harmonia constitucional, sem que haja o predomínio de um dos Poderes em detrimento aos demais. A figura do chefe de Estado representa, pois, "la continuidad y permanencia de la unidad política y de su homogéneo funcionamiento, y que por razones de continuidad, de prestigio moral y de confianza colectiva debe tener una especie de autoridad que es tan consustancial a la vida de cada Estado como la fuerza y el pode imperativo que diariamente se manifiestan de modo activo".[397]

Nessa perspectiva, faz-se necessária a reconstrução do sistema de controle preventivo de constitucionalidade das leis, no sentido de atribuir tal tarefa a um órgão cuja atividade não seja coincidente com as funções precípuas exercidas pelos demais Poderes do Estado (*e.g.* Tribunal Constitucional), preservando, assim, o princípio da separação dos poderes. Assim, consagra-se a jurisdição constitucional como instituição responsável pelo exercício do controle preventivo de constitucionalidade das leis, o qual, portanto, não será exercido por órgãos de natureza política, vinculados ao Poder Legislativo.[398]

Todavia, a jurisdição constitucional do processo legislativo encontra diversos óbices no que diz respeito à sua legitimidade. Diante da similitude entre as objeções desenvolvidas em relação ao controle jurisdicional preventivo e repressivo, os argumentos utilizados para a defesa da legitimidade do controle repressivo serão coincidentes, no que couber, aos da sustentação do controle preventivo.[399]

---

[396] DANTAS, *op. cit.*, p. 45.
[397] SCHMITT, 1983, p. 219.
[398] Não obstante, a jurisdição constitucional possui alguns aspectos de conotação política, especialmente no que diz respeito à sua composição, ao modo de designação dos juízes, ao status de seus membros, bem como, propriamente, à função por eles exercida.
[399] A propósito, observa-se tal semelhança argumentativa na defesa da legitimidade do controle jurisdicional repressivo e preventivo de constitucionalidade das leis na consideração de que, a partir de decisões da Suprema Corte, no exercício da fiscalização repressiva, rejeitaram-se leis, com base em "classificações discriminatórias", sob "o argumento de que o legislador não conseguiu desenvolver uma 'análise racional' da matéria a ser regulada".

Efetivamente, o principal questionamento acerca da legitimidade do controle jurisdicional de constitucionalidade das leis diz respeito à dificuldade de se compatibilizar a jurisdição constitucional "no âmbito da divisão de poderes do Estado de direito, sem que a justiça lance mão de competências legislativas".[400] Tal questionamento manifesta-se, ainda, de forma mais contundente em relação à jurisdição constitucional do processo legislativo, na medida em que a justiça constitucional estaria interferindo nas decisões e opções políticas do legislador democraticamente legitimado, o qual, no curso do processo legislativo, tem autonomia para deliberar sobre os projetos de lei e propostas de emendas à Constituição.

A propósito do tema, no intuito de evitar a interferência da jurisdição constitucional na atividade legislativa, Habermas sugere que o reexame da decisão parlamentar se consubstancie por meio de um autocontrole do próprio legislador, organizado em forma de Tribunal e institucionalizado, por exemplo, como uma comissão parlamentar formada por juristas especializados, permitindo, assim, ao legislador, a partir desse processo de internalização de decisões, a manutenção, durante suas deliberações, do conteúdo normativo dos princípios constitucionais. Nesses termos, conclui o autor que, "se a diferenciação institucional auto-referencial de um processo de controle de normas fosse de competência do parlamento, talvez pudesse contribuir para o incremento da racionalidade do processo de legislação".[401]

Não obstante os argumentos contrários, a legitimidade da jurisdição constitucional do processo legislativo face, essencialmente, ao princípio da separação dos poderes pode ser construída sob três grandes pilares: a) a um, o da relatividade do princípio em voga; b) a dois, o da similitude entre as atividades legislativa e judicial; e c) a três, o da composição heterogênea e democrática dos órgãos da jurisdição constitucional (Tribunal Constitucional).

De início, contesta-se a jurisdição constitucional, em especial a relativa ao processo legislativo, sob o argumento de que a atribuição, ao Judiciário — órgão não democraticamente legitimado —, da competência de adentrar na esfera eminentemente parlamentar, inclusive durante o

---

Assim, diante de tal compreensão, verifica-se, pois, que tanto o processo de fiscalização repressiva quanto o de fiscalização preventiva atuam no âmbito interno do processo legislativo, interferindo nas escolhas e opções políticas do legislador. Cf.: HABERMAS, *op. cit.*, p. 342.
[400] HABERMAS, *op. cit.*, p. 297.
[401] HABERMAS, *op. cit.*, p. 300.

curso do processo legislativo, seria incompatível com a soberania desse órgão. Kelsen contra-argumenta tal alegação, considerando que, a par do fato de que a soberania consiste em um atributo da ordem estatal como um todo e não do órgão estatal particular:

> (...) é forçoso reconhecer que a Constituição regula no fim das contas o processo legislativo, exatamente da mesma maneira como as leis regulam o procedimento dos tribunais e das autoridades administrativas, que a legislação é subordinada à Constituição exatamente como a jurisdição e a administração o são à legislação, e que, por conseguinte, o postulado da constitucionalidade das leis é, teórica e tecnicamente, absolutamente idêntico ao postulado da legalidade da jurisdição e da administração.[402]

Dessa maneira, a defesa da incompatibilidade da jurisdição constitucional com a soberania parlamentar é feita "simplesmente para dissimular o desejo do poder político, que se exprime no órgão legislativo, de não se deixar limitar pelas normas da Constituição, em patente contradição, pois, com o direito positivo".[403]

Por outro lado, a alegada incompatibilidade da jurisdição constitucional com a soberania do Parlamento, como órgão representativo dos interesses majoritários, é combatida por Ely, o qual concebe "el Poder Judicial, en el ejercicio del control de constitucionalidad como una especie de *referee* del proceso democrático, cuya misión esencial es que se cumplan las reglas y condiciones procedimentales de los mecanismos de decisión y discusión democráticas".[404]

Deve-se, portanto, interpretar a soberania parlamentar de forma relativa, na medida em que o exercício da jurisdição constitucional do processo legislativo legitima-se como uma atividade cuja finalidade inicial consiste em verificar a compatibilidade dos atos realizados no curso e no âmbito do processo de elaboração das leis com a Constituição, de forma a dar sustentação e continuidade ao processo democrático de formação das leis. Em outras palavras, a faculdade dos juízes em intervir no processo legislativo "está siempre dirigida a ampliar el proceso democrático, exigiendo más participación, más libertad de las partes, una mejor igualdad, etcétera cuando anulan una norma por razones procedimentales".[405]

---

[402] KELSEN, 2003a, p. 150-151.
[403] KELSEN, 2003a, p. 151.
[404] *Apud* NINO, *op. cit.*, p. 125-126.
[405] NINO, *op. cit.*, p. 126.

Nessa linha de raciocínio, o Ministro Celso de Mello, ao proferir seu voto no Mandado de Segurança nº 22.503-3/DF (*DJ*, 06 jun. 1997), asseverou que:

> Desse modo, eventuais decisões proferidas por esta Corte, no específico desempenho de sua magna função institucional de fazer prevalecer, *sempre*, a superioridade irrecusável de nossa Constituição — *inclusive no que se refere ao direito dos legisladores à fiel observância do devido processo* —, não podem ser qualificadas como gesto de interferência indevida do Supremo Tribunal Federal na esfera de atuação do Congresso Nacional.

A propósito do tema, com vistas a combater o argumento de que a jurisdição constitucional do processo legislativo estaria interferindo na atividade intrinsecamente atribuída ao Poder Legislativo, violando, consequentemente, o princípio da separação dos poderes, são plenamente aplicáveis à situação em debate os argumentos jurisprudencialmente levantados contra a alegação de que a ação declaratória de constitucionalidade seria uma forma de converter o Poder Judiciário em legislador, transformando-o em órgão consultivo dos Poderes Executivo e Legislativo.

Inserido nesse contexto, o Ministro Moreira Alves, ao proferir o seu voto, em questão de ordem suscitada, quando do julgamento da ADC nº 1-1/DF (*DJ*, 16 jun. 1995), atentando, inicialmente, para o fato de que referida ação visa a assegurar a presunção de constitucionalidade de lei ou ato normativo federal, asseverou que necessária se faz a comprovação de controvérsia judicial relevante que ponha em risco tal presunção, demonstrando, assim, os argumentos favoráveis ou contrários a constitucionalidade da lei ou ato que constitui o objeto da ação. Apoiado em tais considerações, conclui o Ministro:

> Portanto, por meio dessa ação, o Supremo Tribunal Federal uniformizará o entendimento judicial sobre a constitucionalidade, ou não, de um ato normativo federal em face da Carta Magna, sem qualquer caráter, pois, de órgão consultivo de outro Poder, e sem que, portanto, atue, de qualquer modo, como órgão de certa forma participante do processo legislativo. Não há, assim, evidentemente, qualquer violação ao princípio da separação dos poderes.

A partir de tais considerações, há de se transportar os argumentos acima colacionados para a defesa da legitimidade da jurisdição constitucional do processo legislativo, no sentido de combater as alegações de que a jurisdição constitucional estaria atuando no espaço reservado aos parlamentares, funcionando, pois, como um órgão consultivo da regularidade do processo legislativo. Dessa maneira, a fiscalização realizada pelo Judiciário, relativamente à regularidade do processo legislativo, consolida-se não como uma 'intromissão' na esfera político-parlamentar, mas sim como o exercício de uma atividade a ele inerente, em benefício da tutela constitucional.

Efetivamente, a alegação de ilegitimidade da jurisdição constitucional, face ao princípio da separação dos poderes, sob o fundamento de que "a anulação de um ato legislativo por um órgão que não o órgão legislativo mesmo, constitui uma intromissão no 'poder legislativo'",[406] há de ser combatida, a partir da consideração, inicialmente, da relatividade do princípio em voga, o qual deve ser interpretado sob uma perspectiva que propriamente o consagra.

Inicialmente, ao contrário da alegação em referência, a jurisdição constitucional não se consubstancia como uma função que viola o princípio da separação dos poderes, em virtude de sua interferência na atividade legislativa. Na verdade, a atribuição do controle jurisdicional de constitucionalidade das leis, mormente o preventivo, a um Poder que não o próprio responsável pela elaboração das leis — ou, especialmente, a um órgão situado fora dos três Poderes estatais (Tribunal Constitucional) —, compatibiliza-se, plenamente, com o princípio da separação dos poderes, no contexto atual do paradigma do Estado Democrático de Direito.

Com efeito, o princípio da separação dos poderes não deve ser interpretado como um sistema rígido de distribuição de funções a órgãos diferentes.[407] Muito embora se considere que "una cierta separación es necesaria", tal princípio deve ser entendido, recorrendo-se às lições de Schmitt, com base em dois pontos de vista: "primero, la introducción de una *separación* de las autoridades superiores del Estado y de su competencia; después, el establecimiento de una vinculación de influjo y contrapeso recíprocos de las facultades de estos *poderes* diferenciados".[408]

Dessa maneira, o princípio da separação dos poderes — ou, mais precisamente, "princípio da especialização de funções" — há de

---

[406] KELSEN, 2003a, p. 151.

[407] O princípio da separação dos poderes, produto das revoluções burguesas, especialmente da inglesa, surgiu como um elemento fundamental do Estado Liberal de Direito, "destinado a asegurar, al ponerse en práctica, la moderación y controlabilidad de todos los órganos de poder del Estado". Cf.: SCHMITT, 1992, p. 186.

[408] SCHMITT, 1992, p. 189.

ser compreendido, com base no sistema de freios e contrapesos (*checks and balances*), de tal modo que, a par da atribuição das funções estatais a órgãos ou Poderes diversos, devem-se instituir mecanismos de controle e fiscalização dos Poderes entre si, de forma a contrabalançá-los e harmonizá-los, sem desfigurar sua autonomia e independência, bem como a atividade típica e inerente a cada um. A esse respeito, preleciona Moraes:

> Os eventuais confrontos entre a legitimidade da justiça constitucional e a legitimidade da maioria legiferante devem ser resolvidos em uma aplicação equilibrada e harmônica do princípio da separação de funções estatais, pois todos os poderes exercem funções únicas do Estado, dentro de uma visão mais contemporânea das funções estatais, que reconhece assentar-se o Estado Constitucional de Direito na idéia de unidade, pois o poder soberano é uno, indivisível, existindo órgãos estatais, cujos agentes políticos têm a missão precípua de exercerem atos de soberania. Aliás, bem o disse Rousseau, o poder soberano é uno. Não se pode sofrer divisão. Assim, o que a doutrina liberal clássica pretende chamar de separação de poderes, o constitucionalismo moderno determina *divisão de tarefas estatais, de atividades entre distintos órgãos autônomos*.[409]

Nessa perspectiva, a jurisdição constitucional legitima-se como uma instância superior, independente e imparcial, servindo, especificamente por meio do controle de constitucionalidade das leis — mormente o preventivo —, "para a clareza do direito e para a manutenção de uma ordem jurídica coerente".[410]

Dessa maneira, a tarefa de controlar jurisdicional e preventivamente a constitucionalidade das leis é plenamente compatível com o princípio da separação dos poderes, na medida em que se atribui, a um órgão específico, a função de dizer sobre a validade e a interpretação do Direito, visando a controlar, preventivamente, no curso do processo legislativo, a compatibilidade do ordenamento jurídico infraconstitucional com a Constituição de um Estado.

Relativamente ao assunto, asseverou o Ministro Celso de Mello, no Mandado de Segurança nº 22.503-3/DF (*DJ*, 06 jun. 1997), na defesa da possibilidade de controle jurisdicional da regularidade do processo legislativo e de sua compatibilidade com o princípio da separação dos poderes:

---

[409] MORAES, 2000, p. 71.
[410] HABERMAS, *op. cit.*, p. 302.

É preciso enfatizar que o Judiciário, ao efetuar o *controle da regularidade do processo de elaboração legislativa, não transgride* o postulado da separação de poderes, pois, *longe de interferir na intimidade orgânica da instituição parlamentar*, desempenha o relevantíssimo encargo — delegado à magistratura judicial pelo próprio legislador constituinte — de preservar valores jurídicos e princípios fundamentais proclamados pela Lei Fundamental do Estado.

E, ainda:

> Nesse contexto, *o princípio da separação de poderes não pode ser invocado para estabelecer*, em torno de um dos órgãos da soberania nacional, *um indevassável círculo de imunidade*, insuscetível de revisão judicial, não obstante a concretização eventual de lesões a direitos titularizados pelos membros do Congresso Nacional. Essa pretensão de imunidade ao controle jurisdicional revela-se conflitante com a própria essência e com os valores que informam o ordenamento constitucional brasileiro.

Por outro lado, a suscitada incompatibilidade entre a jurisdição constitucional do processo legislativo e o princípio da separação de poderes torna-se enfraquecida ao se conceber a existência de correspondência entre a atividade legislativa e a jurisdicional, no sentido de que "o órgão a que é confiada a anulação das leis inconstitucionais não exerce uma função verdadeiramente jurisdicional, mesmo se, com a independência de seus membros, é organizado em forma de Tribunal".[411]

Na verdade, a diferença entre a função legislativa e a jurisdicional resume-se ao fato de que aquela cria normas gerais, enquanto esta cria normas individuais. Não obstante, quando o Tribunal Constitucional anula uma lei abstratamente considerada, está-se criando, ainda que negativamente, uma norma geral, tal como o faz o Poder Legislativo. Nesse sentir, preleciona Kelsen:

> Tanto quanto se possa distingui-las, a diferença entre função jurisdicional e função legislativa consiste antes de mais nada em que esta cria normas gerais, enquanto aquela cria unicamente normas individuais. Ora, anular uma lei é estabelecer uma norma geral, porque a anulação de uma lei tem o mesmo caráter de generalidade que sua elaboração, nada mais sendo, por assim dizer, que a elaboração com sinal negativo e, portanto,

---

[411] KELSEN, 2003a, p. 151.

ela própria uma função legislativa. E um tribunal que tenha o poder de anular as leis é, por conseguinte, um órgão do poder legislativo. Portanto poder-se-ia interpretar a anulação das leis por um tribunal tanto como uma repartição do poder legislativo entre dois órgãos, quanto como uma intromissão no poder legislativo.[412]

Nessa perspectiva, Habermas, citando Böckenförde, certifica que a antiga diferença qualitativa entre legislação e jurisprudência desaparece, na medida em que ambas concorrem para a concretização do Direito, cabendo ao legislador dar o primeiro lance, detendo o Tribunal, porém, a primazia sobre sua aplicação e interpretação.[413]

Diante da similitude entre a legislação e jurisdição, a incompatibilidade desta face ao princípio da separação dos poderes fica desprovida de importância, de tal modo que, nessa perspectiva, ambos os Poderes, embora diferentes, exercem funções coincidentes. Assim, o princípio da separação dos poderes deve ser interpretado de forma relativa, na medida em que não existe verdadeira "divisão de poderes", mas sim "especialização de funções" entre órgãos diversos.

Nesse contexto, por conseguinte, diante da consideração de que as atividades jurisdicional e legislativa manifestam-se como funções coincidentes, Kelsen assevera que a "questão de saber se o órgão chamado a anular as leis inconstitucionais poder ser um tribunal é, por conseguinte, desprovida de importância".[414]

Todavia, muito embora considere ser a legislação e a jurisdição constitucional funções semelhantes, Kelsen atesta a existência de distinção entre a atividade de elaboração legislativa e a de anulação das leis. Nesse sentir, conclui:

> A livre criação que caracteriza a legislação está aqui quase completamente ausente. Enquanto o legislador só está preso pela Constituição no que concerne a seu procedimento — e, de forma totalmente excepcional, no que concerne ao conteúdo das leis que deve editar, e mesmo assim, apenas por princípios ou diretivas gerais — a atividade do legislador negativo, da jurisdição constitucional é absolutamente determinada pela Constituição. E é precisamente nisso que sua função se parece com a de qualquer outro tribunal em geral: ela é principalmente aplicação e somente em pequena medida criação do direito.[415]

---

[412] KELSEN, 2003a, p. 151-152.
[413] HABERMAS, *op. cit.*, p. 309.
[414] KELSEN, 2003a, p. 151-152.
[415] KELSEN, 2003a, p. 151-152.

Somado ao que se disse, a legitimidade da jurisdição constitucional do processo legislativo também encontra guarida no fato de que a justiça constitucional constitui-se em uma instituição independente diante do Parlamento e do governo, os quais "devem ser, como órgãos participantes do processo legislativo, controlados pela jurisdição constitucional".[416]

Por outro lado, se se considera que a jurisdição constitucional do processo legislativo consubstancia-se como uma interferência na atividade atribuída inerentemente ao Poder Legislativo, o mesmo se poderia dizer em relação à jurisdição constitucional repressiva, especialmente o controle abstrato de constitucionalidade das leis, na medida em que em ambas as hipóteses haveria a configuração da alegada intromissão na atividade legiferante, ainda que em graus ou sob perspectivas diferentes. Efetivamente, a declaração jurisdicional de inconstitucionalidade de uma lei, em sede de controle abstrato, produz efeitos semelhantes tanto em sua manifestação repressiva quanto preventiva, de tal sorte que em ambas há a anulação ou a expurgação da lei (ou da proposição legislativa) inconstitucional do ordenamento jurídico.

Assim, os argumentos contrários à alegação de que a concorrência entre o Tribunal Constitucional e o legislador, democraticamente legitimado, torna-se mais grave, especificamente no âmbito do controle abstrato de constitucionalidade das leis,[417] atribuindo à jurisdição constitucional o status de "legislador negativo", podem, também, ser estendidos, em prol da defesa da legitimidade da jurisdição constitucional do processo legislativo.

Por fim, a legitimidade da jurisdição constitucional do processo legislativo respalda-se, também, na composição heterogênea e democrática dos órgãos que compõem a justiça constitucional, de tal modo que "apresenta-se como fator legitimador da Justiça constitucional a participação popular, por intermédio de seus representantes eleitos no Parlamento e no Executivo, na escolha dos membros dos Tribunais ou Cortes Constitucionais".[418]

Nesse diapasão, Moraes assevera que a jurisdição constitucional — cuja composição deve ser organizada de forma diferenciada em relação à jurisdição ordinária — deve-se manifestar com uma composição que contenha três requisitos, a fim de que sua legitimidade seja reforçada:

---

[416] KELSEN, 2003a, p. 153.
[417] HABERMAS, *op. cit.*, p. 300.
[418] MORAES, 2000, p. 77.

a) o pluralismo, de forma a "aumentar a representatividade global do sistema, protegendo os grupos minoritários que não tenham acesso aos ramos políticos"; b) a representatividade, consistente na "participação da maioria qualificada do Parlamento para a aprovação do nome do juiz constitucional"; e c) a complementaridade, consubstanciada na "necessidade de multiplicidade e variação de experiências profissionais anteriores dos juízes constitucionais".[419]

A esse respeito, Kelsen sugere algumas diretrizes a serem observadas no que diz respeito à composição da jurisdição constitucional, especialmente dos Tribunais Constitucionais, bem como ao modo de designação e recrutamento de seus membros. Dentre os modos de recrutamento, rechaça o autor, inicialmente, não apenas a simples eleição dos juízes constitucionais pelo Parlamento, mas também a nomeação exclusiva pelo chefe de Estado ou pelo governo, sugerindo a combinação de ambos os critérios, *e.g.*, o Parlamento elegendo juízes apresentados pelo governo ou vice-versa. Salienta o autor, ainda, ser fundamental a atribuição de vagas, para a composição da jurisdição constitucional, a juristas de carreira, tais como professores das Faculdades de Direito, indicados pelas próprias Faculdades ou por uma comissão comum a todas elas, ou escolhidos, mediante eleição, pelo próprio Tribunal. A participação dos partidos políticos também não é negada pelo autor, o qual confere a possibilidade de participarem de eleições realizadas pelo Parlamento a algumas vagas para o Tribunal. Por outro lado, registra o autor a necessidade de exclusão, da composição da jurisdição constitucional, dos membros do Parlamento ou do governo, na medida em que são os atos de ambos os poderes que serão por ela controlados.[420]

Assim, a jurisdição constitucional do processo legislativo consagra-se, hoje, como a mais legítima para a realização do controle de constitucionalidade das leis e a consequente efetivação dos direitos fundamentais. Na verdade, os argumentos contrários à sua legitimidade, principalmente os que dizem respeito ao seu caráter contramajoritário, possuem uma conotação diametralmente oposta. Com efeito, a jurisdição constitucional do processo legislativo, cuja legitimidade funda-se na ideia de supremacia da Constituição e no próprio princípio da separação de poderes, é o instrumento mais legítimo para a defesa dos direitos fundamentais, inclusive os da minoria, no contexto do paradigma do Estado Democrático de Direito.

---

[419] MORAES, 2000, p. 77-78.
[420] KELSEN, 2003a, p. 154.

1.4 A reconstrução da jurisdição constitucional do processo legislativo, no contexto do paradigma do Estado Democrático de Direito

A legitimação da jurisdição constitucional do processo legislativo, exercida por um órgão independente e situado fora do clássico sistema tripartite de separação dos poderes — o Tribunal Constitucional —, exige uma reconstrução teórica do Direito, à luz do paradigma do Estado Democrático de Direito.

Efetivamente, o autocontrole da atividade legislativa pelo próprio legislador não se compatibiliza com o princípio da separação dos poderes, no contexto do Estado Democrático de Direito. Nessa perspectiva, Habermas, reportando-se às lições de Maus, preleciona que a legitimidade da atividade do legislador efetiva-se tanto pela observância das normas processuais da Constituição quanto pela vontade popular que o precede, mas nunca por meio do próprio Direito que ele criou. Diante de tal consideração, conclui que:

> Então é preciso perguntar se a delegação parlamentar aos juízes constitucionais é suficiente para satisfazer à exigência de uma legitimação democrática da percepção judicial de uma função, que tem que ser entendida — na arquitetônica da constituição e na lógica da divisão dos poderes — como uma delegação do autocontrole do legislador ao tribunal constitucional.[421]

Nesse contexto, a legitimidade da jurisdição constitucional do processo legislativo há de ser edificada sob uma perspectiva procedimentalista do Direito, reinterpretando-se o princípio liberal da separação dos poderes.

Tal reconstrução inicia-se a partir da constatação de que somente "as *condições processuais da gênese democrática das leis* asseguram a legitimidade do direito". A partir de tal compreensão democrática, Habermas desenvolve a legitimidade do Tribunal Constitucional, compatibilizando-o com a divisão dos poderes no interior do Estado de Direito, de forma a proteger o sistema de direitos, possibilitando, assim, a coexistência da autonomia privada e pública dos cidadãos. Assim, continua o autor:

> O esquema clássico da separação e da interdependência entre os poderes do Estado não corresponde mais a essa intenção, uma vez que a função

---
[421] HABERMAS, *op. cit.*, p. 325.

dos direitos fundamentais não pode mais apoiar-se nas concepções sociais embutidas no paradigma do direito liberal, portanto não pode limitar-se a proteger os cidadãos naturalmente autônomos contra os excessos do aparelho estatal. A autonomia privada também é ameaçada através de posições de poder econômicas e sociais e é dependente, por sua vez, do modo e da medida em que os cidadãos podem efetivamente assumir os direitos de participação e de comunicação de cidadãos do Estado.[422]

Para concluir que:

Por isso, o tribunal constitucional precisa examinar os conteúdos de normas controvertidas especialmente no contexto dos pressupostos comunicativos e condições procedimentais do processo de legislação democrático. Tal *compreensão procedimentalista* da constituição imprime uma virada teórico-democrática ao problema de legitimidade do controle jurisdicional da constituição.[423]

Apoiada nessa perspectiva procedimentalista do Direito e da Constituição, a jurisdição constitucional do processo legislativo, exercida pelo Tribunal Constitucional — órgão independente e imparcial, situado fora da divisão tripartite dos poderes do Estado —, ergue-se como instrumento de controle do processo democrático de formação das leis, preservando, assim, verdadeiramente, a soberania popular e, por conseguinte, o próprio princípio da separação dos poderes.

Habermas parte da premissa segundo a qual o Tribunal Constitucional, ao intervir na legislação política, suspendendo as normas aprovadas pelo Parlamento, tem que recorrer a uma autoridade derivada, inferida do direito de autodeterminação dos povos. E, nesse processo, continua o autor, "ele só poderia recorrer a argumentos que justifiquem um apelo à soberania do povo — como origem de todas as autorizações de normatização — no quadro de uma compreensão procedimental da constituição".[424]

A figura do Tribunal Constitucional, "como o de um guardião da democracia deliberativa", necessita utilizar os instrumentos disponíveis em seu âmbito de atuação, a fim de que "o processo da normatização jurídica se realize sob condições da *política deliberativa*", a qual, por sua

---

[422] HABERMAS, *op. cit.*, p. 326.
[423] HABERMAS, *op. cit.*, p. 326.
[424] HABERMAS, *op. cit.*, p. 330.

vez, "está ligada aos pressupostos comunicativos pretensiosos de arenas políticas, que não se limitam à formação da vontade institucionalizada em corporações parlamentares, estendendo-se também à esfera pública política, bem como ao seu contexto cultural e à sua base social". E assim conclui Habermas:

> Uma prática de autodeterminação deliberativa só pode desenvolver-se no jogo entre a formação da vontade de corporações parlamentares, programada para decisões e institucionalizada conforme o direito procedimental, e a formação política da opinião nos círculos informais da comunicação política. Impulsos relevantes, temas e contribuições, problemas e propostas, originam-se mais nas margens do que da média estabelecida do leque de opiniões.[425]

Desse modo, a atribuição da jurisdição constitucional do processo legislativo ao Tribunal Constitucional — heterogênea e democraticamente formado e institucionalizado —, consiste em um recurso, disponibilizado ao povo, de fiscalização e participação do processo legislativo, contribuindo, assim, para a afirmação da soberania popular. O Tribunal Constitucional institucionaliza-se como o instrumento de consolidação da democracia e da política deliberativa, na medida em que se consubstancia como o canal entre a vontade popular e a atividade legislativa, buscando conjugar e compatibilizar as esferas pública e privada, interligando-as em prol da formação de um espaço público democrático. A partir de tal compreensão procedimentalista do Direito, no contexto do paradigma do Estado Democrático de Direito, o princípio da separação dos poderes estará verdadeiramente consagrado e a legitimidade da jurisdição constitucional do processo legislativo plenamente assegurada.

2 Jurisdição constitucional do processo legislativo no Brasil

2.1 Os atos *interna corporis*

No Brasil, a fiscalização da regularidade e constitucionalidade do processo legislativo pode ser exercida tanto no âmbito político (parecer das Comissões de Constituição e Justiça e veto jurídico do Presidente da República) quanto no âmbito judicial. A análise das possibilidades

---

[425] HABERMAS, *op. cit.*, p. 340-341.

de controle jurisdicional preventivo de constitucionalidade das leis exige, como condição, o estudo dos atos *interna corporis*.

Os atos *interna corporis* são aqueles que dizem respeito a funções e atribuições internas dos órgãos dos Poderes do Estado, praticados no âmbito interno da respectiva corporação: são os atos intrínsecos a uma corporação, os quais não são passíveis de interferência ou apreciação por órgãos externos.

Sampaio, após reportar-se às lições do Ministro Moreira Alves, proferida em seu voto no Mandado de Segurança nº 22.503-3/DF (*DJ*, 06 jun. 1997) — segundo o qual os "atos *interna corporis* dizem respeito à economia interna do órgão ou Poder, no exercício de sua competência própria, sem atentar contra direitos subjetivos individuais de terceiros ou de seus próprios membros" —, chega ao seguinte "rascunho conceitual": "atos *interna corporis* são aqueles adotados por quem tenha competência, nos limites definidos pela Constituição ou pelas leis, destinados a produzir efeitos no âmbito do órgão, entidade ou setor de onde emanado".[426]

O ponto mais relevante e discutível relativamente aos atos *interna corporis* diz respeito à definição específica de seu âmbito e de seus contornos, no sentido de verificar quais são os atos que, efetivamente, referem-se às funções e competências internas ou corporativas de um determinado órgão ou Poder, relativamente aos quais se reconhece um "espaço de indenidade",[427] onde não há a possibilidade de interferência ou controle por um órgão ou Poder externo.

Com efeito, vários dos atos praticados no âmbito interno do Poder Legislativo relativos, principalmente, a princípios e regras de processo legislativo, são considerados atos *interna corporis*, imunes ao controle jurisdicional. Nesse sentido, assevera Sampaio:

> Registre-se que todo o exame judicial do processo legislativo deve cingir-se à atividade dos órgãos legiferantes que deixa rastos documentais, desde os autógrafos até as publicações oficiais. Não pode o Judiciário descer além, para escrutinar outros aspectos da elaboração legislativa, fazendo investigações de outras espécies, como a tomada de depoimentos. A nosso ver, não pode sequer perquirir gravações das sessões, acaso existentes nos arquivos dos órgãos legislativos. Tudo isso representa manifestações da gestação legislativa, sobre as quais a Justiça não deve lançar os seus olhos. São atos da vida interna dos órgãos legisladores, *iura interna corporis*.[428]

---

[426] SAMPAIO, *op. cit.*, p. 307-309.
[427] SAMPAIO, *op. cit.*, p. 307.
[428] SAMPAIO, *op. cit.*, p. 192.

Entretanto, não se deve negar competência ao Judiciário para controlar determinados atos praticados no âmbito e no curso do processo legislativo que lesem direitos não só dos parlamentares, mas de todos os cidadãos, como participantes do processo político, sob a justificativa de que se trata de atos *interna corporis*, discutíveis, tão somente, interna e corporativamente.

Embora recente, o Tribunal Excelso proferiu decisão histórica em sede de mandado de segurança impetrado por parlamentar (Deputado José Dirceu), por meio do qual se questionou a deliberação do Plenário da Câmara dos Deputados, que decidiu pela perda de seu mandato parlamentar por falta de decoro, ainda que o parlamentar estivesse licenciado de sua atividade e investido na função de Ministro de Estado quando da prática do ato que gerou o procedimento em referência.

No julgamento anteriormente referido, averbou-se a legitimidade do Supremo Tribunal Federal quanto ao conhecimento da impetração, em cuja ação se discutiu se os atos ministeriais praticados pelo parlamentar licenciado se submeteriam à jurisdição censória da respectiva câmara legislativa. Com efeito, o fundamento jurídico no qual se baseou o Tribunal foi o de que matéria é de envergadura e estatura constitucional, não se caracterizando, pois, como ato *interna corporis*, alheio à apreciação judicial. Eis a ementa da Medida Cautelar em Mandado de Segurança nº 25.579/DF (*DJ*, 24 ago. 2007):

> Mandado de Segurança. Medida Liminar. Decisão do Colegiado. Possibilidade. Mandato parlamentar. Tramitação e processamento de representação por quebra de decoro parlamentar. Deputado federal licenciado e investido no cargo de ministro de estado. Liminar indeferida. 1. Nos órgãos jurisdicionais de composição múltipla, em regra a colegialidade deve primar sobre a individualidade no processo de tomada de decisões. Assim, é faculdade do Relator, sempre que considerar relevante a matéria, submeter ao colegiado o julgamento de pedido de concessão de medida liminar em mandado de segurança. 2. Na qualidade de guarda da Constituição, o Supremo Tribunal Federal tem a elevada responsabilidade de decidir acerca da juridicidade da ação dos demais Poderes do Estado. No exercício desse mister, deve esta Corte ter sempre em perspectiva a regra de auto-contenção que lhe impede de invadir a esfera reservada à decisão política dos dois outros Poderes, bem como o dever de não se demitir do importantíssimo encargo que a Constituição lhe atribui de garantir o acesso à jurisdição de todos aqueles cujos direitos individuais tenham sido lesados ou se achem ameaçados de lesão. À luz deste último imperativo, cumpre a esta Corte conhecer de impetração na qual se discute se os atos ministeriais do parlamentar licenciado se submetem à jurisdição censória da respectiva câmara

legislativa, pois a matéria tem manifestamente estatura constitucional, e não *interna corporis*. Mandado de segurança conhecido. 3. O membro do Congresso Nacional que se licencia do mandato para investir-se no cargo de Ministro de Estado não perde os laços que o unem, organicamente, ao Parlamento (CF, art. 56, I). Conseqüentemente, continua a subsistir em seu favor a garantia constitucional da prerrogativa de foro em matéria penal (INQ-QO 777-3/TO, rel. min. Moreira Alves, DJ, 01.10.1993), bem como a faculdade de optar pela remuneração do mandato (CF, art. 56, §3º). Da mesma forma, ainda que licenciado, cumpre-lhe guardar estrita observância às vedações e incompatibilidades inerentes ao estatuto constitucional do congressista, assim como às exigências ético-jurídicas que a Constituição (CF, art. 55, §1º) e os regimentos internos das casas legislativas estabelecem como elementos caracterizadores do decoro parlamentar. 4. Não obstante, o princípio da separação e independência dos poderes e os mecanismos de interferência recíproca que lhe são inerentes impedem, em princípio, que a Câmara a que pertença o parlamentar o submeta, quando licenciado nas condições supramencionadas, a processo de perda do mandato, em virtude de atos por ele praticados que tenham estrita vinculação com a função exercida no Poder Executivo (CF, art. 87, parágrafo único, incisos I, II, III e IV), uma vez que a Constituição prevê modalidade específica de responsabilização política para os membros do Poder Executivo (CF, arts. 85, 86 e 102, I, c). 5. Na hipótese dos autos, contudo, embora afastado do exercício do mandato parlamentar, o Impetrante foi acusado de haver usado de sua influência para levantar fundos junto a bancos "com a finalidade de pagar parlamentares para que, na Câmara dos Deputados, votassem projetos em favor do Governo" (Representação nº 38/2005, formulada pelo PTB). Tal imputação se adequa, em tese, ao que preceituado no art. 4º, inciso IV, do Código de Ética e Decoro Parlamentar da Câmara dos Deputados que qualifica como suscetíveis de acarretar a perda do mandato os atos e procedimentos levados a efeito no intuito de "fraudar, por qualquer meio ou forma, o regular andamento dos trabalhos legislativos para alterar o resultado de deliberação". 6. Medida liminar indeferida.

2.2 A interpretação do Supremo Tribunal Federal acerca da jurisdição constitucional do processo legislativo

O Supremo Tribunal Federal já se manifestou, reiteradas vezes, a respeito da possibilidade ou não de o Judiciário (no caso, do próprio STF, em virtude de sua competência originária, prevista no art. 102, inciso I, alínea "d", da Constituição da República) controlar alguns atos praticados no âmbito do Poder Legislativo, que violem "direitos públicos subjetivos" dos parlamentares ao devido processo legislativo, por meio de mandado de segurança impetrado por estes.[429]

Nesse sentido, extrai-se parte do voto do Ministro Celso Mello, nos autos do Mandado de Segurança nº 24.642-1/DF (*DJ*, 18 jun. 2004):

> *Titulares do poder de agir*, em sede jurisdicional, *contudo*, hão de ser *os próprios membros* do Congresso Nacional, *a quem se reconhece*, como líquido e certo, *o direito público subjetivo* à correta observância da disciplina jurídico-constitucional *regedora* da formação das espécies normativas. O parlamentar, *fundado* na condição de copartícipe no procedimento de elaboração das normas estatais, *dispõe* da prerrogativa *de impugnar*, em juízo, o eventual descumprimento, pela instituição parlamentar, das cláusulas constitucionais que lhe condicionam a atividade jurídica.

Efetivamente, no que concerne à questão do controle jurisdicional de constitucionalidade e de regularidade do processo legislativo, o órgão de cúpula do Judiciário brasileiro, "guardião da Constituição", tem se manifestado de forma oscilante, "entre um *formalismo jurídico e uma desjuridicização das questões de regularidade regimental do processo legislativo*"; o *formalismo jurídico* revela-se na forma como é averiguada a validade jurídica dos atos processuais legislativos, os quais são concebidos de forma isolada e separadamente "da cadeia procedimental a que pertencem"; a *desjuridicização* consubstancia-se por meio do alargamento da noção do que seja matéria *interna corporis*, como o são as questões de regularidade regimental, as quais não são passíveis de controle por parte do Judiciário.[430]

Nesse contexto, duas correntes se formaram no Supremo Tribunal Federal relativamente ao controle difuso de constitucionalidade efetivado durante o processo legislativo. A corrente majoritária defende a possibilidade de controle jurisdicional, no âmbito do processo legislativo, por meio de mandado de segurança impetrado por parlamentar, fundado em violação a direito público subjetivo, relativamente à regularidade na observância, por parte do Congresso Nacional, tão somente de *normas constitucionais relativas ao processo legislativo*, e não

---

[429] Precedentes do STF sobre o tema, conforme se depreende dos seguintes julgados: MS nº 20.257-2/DF, Ministro Moreira Alves — *leading case* (julgamento em 08.10.1980); MS nº 21.303-5/DF (AgRg), Ministro Octavio Gallotti (*DJ*, 02 ago. 1991); MS nº 24.356-2/DF, Ministro Carlos Velloso, (*DJ*, 12 set. 2003); MS nº 24.041-5/DF, Ministro Nelson Jobim (*DJ*, 11 abr. 2003).

[430] OLIVEIRA, Marcelo Andrade Cattoni. Devido processo legislativo e controle jurisdicional de constitucionalidade no Brasil. *In*: SAMPAIO, José Adércio Leite (Org.). *Jurisdição constitucional e direitos fundamentais*. Belo Horizonte: Del Rey, 2003. p. 177-178.

de *normas regimentais*, as quais são consideradas atos *interna corporis*, interpretadas e aplicadas internamente. Por outro lado, a corrente minoritária defende a competência do Judiciário para analisar e controlar a constitucionalidade do processo legislativo referente tanto às suas *normas constitucionais* quanto às suas *normas regimentais*,[431] as quais também devem se pautar pela legalidade e constitucionalidade.[432]

A respeito do tema — cujas lições preliminares foram delineadas a partir do julgamento do mandado de segurança nº 20.257-2/DF, Ministro Moreira Alves (*leading case*), e de outros precedentes do STF —, o Ministro Joaquim Barbosa, recentemente, relata a posição majoritária outrora consagrada no Tribunal Excelso, nos autos da ADI nº 3.146-5/DF (*DJ*, 19 dez. 2006):

> Os julgados desta Suprema Corte, em sua maioria, tratam de casos em que não se poderia reexaminar a decisão do Legislativo. Os precedentes que afastam esse óbice se referem justamente à hipótese em que a Constituição Federal dispõe sobre determinada forma ou procedimento imprescindíveis à validade do processo legislativo e que possibilitariam a excepcional atuação jurisdicional para garantir plena aplicação do texto constitucional.

A partir dessas perspectivas, verifica-se que a posição majoritária do Supremo Tribunal Federal acerca dos atos *interna corporis* não corresponde ao paradigma do Estado Democrático de Direito, no qual se busca a plena efetivação dos direitos fundamentais, realizada por intermédio da jurisdição constitucional, a fim de que os cidadãos possam participar do processo político de formação das leis e exercer o seu controle.

2.3 Crítica à interpretação do Supremo Tribunal Federal

Consoante fora anteriormente delineado, o Supremo Tribunal Federal, majoritariamente, defende que somente caberia o exercício

---
[431] A Corte Constitucional italiana já se manifestou no sentido de que a ela compete apreciar os atos reputados como *interna corporis*, praticados no âmbito das Câmaras do Parlamento, com o intuito de verificar se não houve desrespeito às normas constitucionais, ou seja, se a aplicação das normas regimentais, durante o processo de formação das leis, observou os preceitos constitucionais. Cf.: FERREIRA FILHO, Manoel Gonçalves. *Do processo legislativo*. 2. ed. atual. São Paulo: Saraiva, 1984. p. 141, 244.
[432] MORAES, 2003, p. 570-577. O autor, nas edições mais atuais da obra em análise, ratifica a sistematização das duas correntes que foram consolidadas, na jurisprudência do Supremo Tribunal Federal, desde a década de 1990 até os dias de hoje.

da jurisdição constitucional do processo legislativo, efetivada por meio de mandado de segurança impetrado por parlamentares, em caso de descumprimento de normas constitucionais relativas ao devido processo legislativo.[433]

Segundo a posição majoritária do Tribunal Excelso, a questão sobre a irregularidade e inconstitucionalidade dos atos que compõem o processo legislativo se reduz a um interesse particular e exclusivo dos parlamentares,[434] o que não vai de encontro ao princípio de que as leis devem corresponder à vontade e aos anseios do povo, o qual é copartícipe do seu processo de formação, como condição para a plena efetivação da cidadania.

No contexto do paradigma do Estado Democrático de Direito, a Constituição —não somente considerada como o conjunto de regras jurídicas definidoras das relações do poder político e do estatuto dos governantes e governados,[435] mas, principalmente, como ordem garantidora dos direitos fundamentais — deve possibilitar ao povo, como beneficiários diretos de suas disposições, a sua absoluta invocação, interpretando-a da forma mais aberta e abrangente possível, a fim de dar plena efetividade aos direitos humanos, cuja tarefa é a função precípua e legitimadora da jurisdição constitucional.

Como consequência, a Constituição — inserida em uma ordem política democrática, cuja interpretação é atribuída a uma sociedade aberta de intérpretes, a qual conjuga "todas as potências públicas, participantes materiais do processo social"[436] — tem como espírito e finalidade intrínseca a garantia de participação popular do poder e das decisões políticas, consubstanciada por meio de um processo

---

[433] A origem remota do princípio do devido processo legal deve-se à Carta Magna de 1215, cuja redação dizia que "ninguém pode ser processado senão mediante um julgamento regular pelos seus pares ou em harmonia com a lei do País". Posteriormente, relativamente à Constituição americana de 1787, introduziu-se, com a 5ª emenda de direitos, a expressão *due process of law*, a qual passou a abarcar um conteúdo mais amplo, no sentido de que "nenhuma pessoa pode ser privada da vida, liberdade e propriedade sem o devido processo legal", princípio esse que restou consagrado na atual Constituição da República Federativa do Brasil, em seu art. 5º, inciso LIV, como também nos incisos LV e LVI, os quais prevêem alguns institutos abrangidos pelo conceito do devido processo legal. Cf.: BRINDEIRO, Geraldo. Jurisdição constitucional e o devido processo legal. *In*: SAMPAIO, José Adércio Leite (Coord.). *Jurisdição constitucional e direitos fundamentais*. Belo Horizonte: Del Rey, 2003. p. 425-427.
[434] OLIVEIRA, 2003, p. 181.
[435] MIRANDA, *op. cit.*, p. 7-8.
[436] HÄRBELE, Peter. *Hermenêutica constitucional*: a sociedade aberta dos intérpretes da Constituição: contribuição para a interpretação pluralista e "procedimental" da Constituição. Tradução de Gilmar Ferreira Mendes. Porto Alegre: Sergio Antonio Fabris, 1997. p. 12-13.

legislativo democrático, em que haja a plena observância das normas constitucionais, inclusive na aplicação e interpretação das normas regimentais, as quais devem, como consequência lógica, conformar-se com os valores, princípios, normas e regras constitucionais, possibilitando e legitimando, assim, a jurisdição constitucional do processo legislativo, como função essencial da jurisdição constitucional, em prol da plena efetivação dos direitos fundamentais.

Corroborando esse entendimento, o Ministro Celso de Mello asseverou em seu voto, quando do julgamento do Mandado de Segurança nº 22.503-3/DF (*DJ*, 06 jun. 97):

> A *imperiosa necessidade* de fazer prevalecer a supremacia da Constituição, a que se acha necessariamente subordinada a vontade de *todos* os órgãos do Estado que se revelam depositários das funções político-jurídicas definidas pela teoria da separação dos poderes, e a *inafastável obrigação* de tornar efetivas as cláusulas regimentais que disponham, *em caráter mandatório e vinculante*, sobre o modo de elaboração legislativa *legitimam*, plenamente, a atuação do Poder Judiciário no processo de formação dos atos normativos, em ordem a permitir, no plano da *judicial review*, a exata aferição do fiel cumprimento, *pelo Poder Legislativo*, das diretrizes, dos princípios e das regras inscritas *tanto* na Lei Fundamental da República *quanto* no regimento interno, que condicionam — considerada a indisponibilidade de determinadas normas regimentais de caráter procedimental — a própria validade e eficácia das resoluções tomadas pelas Casas legislativas.

Nessa esteira, complementando o entendimento já consagrado, o Ministro Sepúlveda Pertence manifestou-se em seu voto, nos autos do Mandado de Segurança nº 24.356-2/DF (*DJ*, 12 set. 2003):

> Sr. Presidente, numerosos precedentes, alguns referidos pelo eminente Relator, tenho manifestado certa restrição ao chamado critério dos atos *interna corporis* como excludentes da jurisdição dos tribunais no sistema brasileiro. O que me parece fundamental é indagar se, com base, pouco importa, em norma constitucional, em norma legal ou em norma regimental, há, em tese, lesão ou ameaça a um direito subjetivo do autor, impetrante, se se cuida de mandado de segurança; e se existir esse direito, pouco se me dá que ele se funde em norma regimental: provocado, o Tribunal terá de decidir a respeito.

Sob perspectiva mais teórica, na linha dos entendimentos expostos, Cruz assim asseverou:

Tomada essa cautela, caminhos e perspectivas abertas pelos princípios da razoabilidade do devido processo legal, dentre outros, permitirão que a jurisdição constitucional seja importante mecanismo de operacionalização da Constituição e de efetividade dos direitos fundamentais. Para isto, indispensável será a superação, pelo Supremo, do paradigma liberal (dicotomia Estado/Sociedade) e social (jurisprudência de valores e ativismo judicial), na aplicação da jurisprudência constitucional, permitindo-lhe uma abordagem do controle de constitucionalidade não apenas da lei, mas também do processo legislativo, com a superação de teorias anacrônicas, tais como a dos atos *interna corporis*, sustentada por uma idéia de separação de poderes há muito superada.[437]

Dessa maneira, sob o paradigma do Estado Democrático de Direito, a função essencial da jurisdição constitucional do processo legislativo é exatamente a *"garantia das condições processuais para o exercício da autonomia pública e da autonomia privada dos co-associados jurídicos,* no sentido de equiprimordialidade e da interrelação entre elas"*, efetivada por meio das perspectivas de observância do devido processo legislativo democrático e do devido processo constitucional.[438]

3 A proposição de novo modelo de jurisdição constitucional do processo legislativo no Brasil

3.1 A necessidade de criação de um Tribunal Constitucional

Kelsen foi pioneiro na construção e na defesa da instituição dos Tribunais Constitucionais, ao propor, na Constituição austríaca de 1929, a centralização da revisão judicial da legislação a uma corte especial, denominada Corte Constitucional [*Verfassungsgerichtshof*].[439]

Com a consagração da jurisdição constitucional e sua difusão por diversos países, principalmente após a II Guerra Mundial, o modelo europeu de Tribunais Constitucionais passou a exercer relevante

---

[437] CRUZ, Álvaro Ricardo de Souza. Processo constitucional e a efetividade dos direitos fundamentais. *In*: CRUZ, Álvaro Ricardo de Souza; SAMPAIO, José Adércio Leite. (Coord.). *Hemenêutica e jurisdição constitucional.* Belo Horizonte: Del Rey, 2001. Estudos em homenagem ao Professor José Alfredo de Oliveira Baracho.

[438] OLIVEIRA, Marcelo Andrade Cattoni. *Devido processo legislativo*: uma justificação democrática do controle jurisdicional de constitucionalidade das leis e do processo legislativo. Belo Horizonte: Mandamentos, 2000. p. 130.

[439] KELSEN, 2003a, p. 304.

influência em relação aos demais sistemas constitucionais, consolidando-se de forma a "minimizar o poder dos juízes ao interpretar a Constituição, crítica severa de Carl Schmitt, diluindo funcionalmente esse poder".[440]

Contrariamente ao sistema difuso de controle de constitucionalidade das leis, o sistema concentrado (ou modelo europeu de Tribunais Constitucionais) analisa, exclusiva e abstratamente, a (in)constitucionalidade das leis, cuja declaração produz efeitos *erga omnes* e, como regra geral, *ex tunc*. Em se tratando de um sistema cujo poder de declarar a (in)constitucionalidade da lei concentra-se exclusivamente em um único órgão, a questão de natureza constitucional, que surge nas vias ordinárias, deve ser obrigatoriamente encaminhada ao Tribunal Constitucional, o qual a analisará, remetendo o julgado, posteriormente, ao juízo de origem, a fim de que decida o caso concreto submetido à sua apreciação, vinculando-se apenas à interpretação acerca da matéria constitucional.

A consagração da figura do Tribunal Constitucional, como órgão responsável pelo exercício da jurisdição constitucional, cuja atuação é caracterizada pelo alto grau de abstração, impede a realização de juízos de valoração, vinculados a casos concretos, bem como a intromissão na atividade eminentemente atribuída ao Parlamento, solidificando, assim, o princípio da separação dos poderes. Nesse sentido, ensina Palu:

> Pretendeu o sistema dar um alto grau de abstração à atuação do Tribunal Constitucional, juízo de mera compatibilidade lógica entre a lei e a Constituição, evitando que, conhecendo e decidindo também o caso concreto, adentrasse o Tribunal Constitucional a valorações e paixões inseparáveis da decisão concreta, e que tais valorações e paixões pudessem levar o Tribunal a juízos de oportunidade e conveniência, estes pertencentes ao Parlamento, quando legisla. O Tribunal Constitucional não examinaria, pois, a *injustiça* da lei, somente sua *validade*, através de uma lógica racional, desvinculada da necessidade de decidir casos concretos.[441]

A partir de tais considerações, a efetivação da jurisdição constitucional do processo legislativo demanda a criação de um Tribunal Constitucional no Brasil — órgão independente, situado fora dos Poderes do Estado —, ou a transformação do Supremo Tribunal Federal em Tribunal Constitucional, retirando, do rol de suas competências,

---
[440] PALU, *op. cit.*, p. 81.
[441] PALU, *op. cit.*, p. 81.

aquelas relacionadas à jurisdição ordinária, atribuindo-lhe, tão somente, as funções inerentes à jurisdição constitucional. Com efeito, a existência de correntes defendendo a criação de um Tribunal Constitucional no Brasil já era noticiada por Baracho, o qual, sobre o Supremo Tribunal Federal, assevera que, "em nossos dias, existe corrente que propugna por modificação na sua posição dentro do modelo brasileiro, com o objetivo de transformá-lo em Corte Constitucional".[442]

A partir da informação acerca do elevado número de ações que são anualmente distribuídas ao Supremo Tribunal Federal, Moraes não se intimida na defesa da instituição do Tribunal Constitucional brasileiro:

> Há, portanto, urgente necessidade de alteração dessa situação, possibilitando-se que o STF possa exercer tão-somente as funções precípuas de uma Corte de Constitucionalidade, dirigindo seus trabalhos para a finalidade básica de preservação da supremacia constitucional e defesa intransigente dos direitos fundamentais, de maneira que possa, juntamente com os Poderes Executivo e Legislativo, participar da condução dos negócios políticos do Estado.[443]

A necessidade, pois, de criação do Tribunal Constitucional, no sistema brasileiro, de forma a propiciar a implementação da jurisdição constitucional do processo legislativo, visa a instituir um sistema de controle de constitucionalidade cujo objetivo imediato é evitar e reduzir não apenas o número de recursos extraordinários, como também de ações diretas de inconstitucionalidade, que são distribuídos ao Supremo Tribunal Federal.

Por outro lado, o controle preventivo de constitucionalidade das leis, no Brasil, reduz-se, no âmbito do Poder Legislativo, ao parecer não-vinculatório das comissões parlamentares e, no âmbito do Poder Executivo, ao veto jurídico aposto pelo Presidente da República relativamente às proposições legislativas cuja inconstitucionalidade é reconhecida. Decerto, o controle político-preventivo, no Brasil, é restrito e pouco eficaz, não sendo suficiente para evitar o grande número de leis e emendas inconstitucionais que são promulgadas.

De outra sorte, a possibilidade de interferência do Judiciário, no processo legislativo, foi restringida em consonância com a jurisprudência do Supremo Tribunal Federal, de tal modo que os atos

---

[442] BARACHO, 1984, p. 333.
[443] MORAES, 2000, p. 287.

praticados no âmbito parlamentar constituem, em sua maioria, atribuições inerentes tão somente à atividade legislativa (atos *interna corporis*), desconsiderando-se o fato de que os cidadãos também são copartícipes do processo de elaboração das leis, participando não apenas como destinatários, mas também como autores.

Somado ao que se disse, o sistema brasileiro misto de controle de constitucionalidade das leis, o qual conjuga os controles difuso e concentrado, é ineficaz e incoerente. Com efeito, uma mesma lei que fora julgada inconstitucional por um juiz, deixando de ser aplicada em um caso concreto, poderá ter sido considerada constitucional por outro órgão julgador, gerando, como corolário, insegurança jurídica. De fato, em um país cujo sistema é o de *civil law*, não há vinculação dos juízes aos precedentes (*stare decisis*), ao contrário do que ocorre nos Estados Unidos da América.[444] Assim, decisões contraditórias podem coexistir, sem que haja um meio eficaz destinado a velar pela correta interpretação e aplicação da Constituição.

Não obstante, tentou-se solucionar a questão, com a atribuição de efeitos vinculantes e *erga omnes* — relativamente aos órgãos do Poder Judiciário e à Administração Pública federal, estadual e municipal — às decisões definitivas proferidas pelo Supremo Tribunal Federal em sede de controle concentrado (ação direta de inconstitucionalidade, ação declaratória de constitucionalidade e arguição de descumprimento de preceito fundamental), com a promulgação das leis n.º 9.868/99 e 9.882/99 e da Emenda Constitucional n.º 45/04. Todavia, em respeito ao princípio da separação entre os Poderes, o Legislativo está autorizado a elaborar nova lei, de conteúdo idêntico ou similar ao da que fora declarada inconstitucional, em que pese a possibilidade de o Judiciário declarar, novamente, a inconstitucionalidade do novo ato legislativo, com efeitos vinculantes e eficácia contra todos.

---

[444] Não obstante, no Brasil, com a promulgação da Emenda Constitucional n.º 45/04, às súmulas vinculantes aprovadas pelo Supremo Tribunal Federal e às decisões definitivas de mérito proferidas, por este órgão, nas ações diretas de inconstitucionalidade e nas ações declaratórias de constitucionalidade atribui-se efeitos vinculantes e *erga omnes* relativamente aos demais órgãos do Poder Judiciário e à Administração Pública direta e indireta, nas esferas federal, estadual e municipal (art. 103-A e art. 102, §2º). No âmbito da legislação infraconstitucional, os efeitos vinculantes e *erga omnes* relativamente às decisões de mérito proferidas em sede de ação direta de inconstitucionalidade, de ação declaratória de constitucionalidade e de arguição de descumprimento de preceito fundamental, propostas no Supremo Tribunal Federal, foram regrados pela Lei n.º 9.868/99 (art. 28, parágrafo único) e pela Lei n.º 9.882/99 (art. 10, §3º).

Ademais, inúmeras ações diretas de inconstitucionalidade não são julgadas — ou demoram a ser[445] —, face ao excessivo número de recursos dirigidos ao Supremo Tribunal Federal, oriundos do controle concreto de constitucionalidade das leis. Além disso, inúmeros recursos extraordinários são distribuídos no Supremo Tribunal Federal,[446] muitos deles de idêntico teor. Dessa maneira, o exercício do controle abstrato de constitucionalidade das leis pelo Tribunal Excelso, cujas decisões têm eficácia contra todos, fica prejudicado, impedindo-o de exercer sua função precípua de guardião da Constituição.

Assim, a jurisdição constitucional do processo legislativo, a cargo do Tribunal Constitucional, anulará, durante o processo de elaboração legislativa, as proposições que já se configuram inconstitucionais, evitando, consequentemente, não apenas um grande número de demandas judiciais, seja pelo sistema difuso, seja pelo sistema concentrado, acerca da in(constitucionalidade) de uma lei, como também a possibilidade de existir uma mesma lei, cuja (in)constitucionalidade seja diferentemente interpretada. Nesse contexto, o controle repressivo de constitucionalidade (difuso e concentrado) das leis não deixaria de existir, mas seria drasticamente reduzido.

3.2 A configuração do Tribunal Constitucional brasileiro

A inexistência de efetivos instrumentos de consolidação da jurisdição constitucional do processo legislativo, no Brasil, exige a construção de um novo modelo constitucional, de modo a implementar e viabilizar a fiscalização jurisdicional da atividade legislativa.

A atribuição da tarefa de fiscalizar preventivamente a constitucionalidade das proposições legislativas, ao Tribunal Constitucional — órgão que, apesar de possuir conotação política, exerce função eminentemente jurisdicional —, coaduna-se com o paradigma do Estado

---

[445] A propósito, segundo informações obtidas no *site* do STF, no período correspondente aos anos de 1988 a 2011 (dados atualizados até 31 de agosto), foram distribuídas 4.589 ações diretas de inconstitucionalidade, tendo sido julgadas, com decisão final, 3.048 ações, 425 com decisão liminar e 1.116 ainda aguardam julgamento. Cf. STF. <http://www.stf.jus.br/portal/cms/verTexto.asp?servico=estatistica&pagina=adi>.

[446] O número de recursos extraordinários em relação aos processos distribuídos no STF foi reduzido de 66,4%, em 1990, para 17,5% em 2011 (dados atualizados até 31 de agosto), em razão, principalmente, da instituição da repercussão geral das questões constitucionais discutidas no caso, a partir da promulgação da EC nº 45/04 (art. 102, §3º), cujo dispositivo foi regulamentado pela Lei nº 11.418/2006. Cf. STF. <http://www.stf.jus.br/portal/cms/verTexto.asp?servico=estatistica&pagina=REAIProcessoDistribuido>.

Democrático de Direito, na medida em que, contemporaneamente, a justiça constitucional consolidou-se como a mais legítima representante dos direitos fundamentais e, consequentemente, dos anseios populares. Efetivamente, diante da crise da democracia representativa — e da necessidade de sua transformação em democracia constitucional —, não se deve mais atribuir ao Legislativo a fiscalização da constitucionalidade das leis. Para tanto, faz-se necessária a maximização dos canais de participação popular do processo constitucional.

A partir de tais considerações, a implementação da jurisdição constitucional do processo legislativo, no Brasil, exige a reconfiguração do modelo de Tribunal Constitucional, especialmente no que diz respeito à sua composição, modo de investidura, bem como aos requisitos capacitários e qualificações profissionais de seus membros.

Efetivamente, o modelo europeu de Tribunal Constitucional demonstra que a legitimação popular da justiça constitucional está relacionada à participação efetiva dos Poderes Executivo, Legislativo e Judiciário na escolha e investidura dos juízes constitucionais, bem como à exigência de requisitos capacitários. A participação popular, por intermédio de representantes eleitos não só no Legislativo, como também no Executivo, na escolha dos membros do Tribunal Constitucional, consiste também em instrumento legitimador da justiça constitucional.[447]

Moraes propõe algumas mudanças relativas à modificação da composição, da forma de investidura, das garantias e impedimentos dos membros do Supremo Tribunal Federal, a fim de transformá-lo em Corte ou Tribunal Constitucional, ampliando, assim, sua legitimidade e independência.[448] Tais modificações são indispensáveis para a consolidação da jurisdição constitucional do processo legislativo no Brasil, possibilitando, ao Tribunal Constitucional — órgão independente, heterogêneo e democraticamente legitimado —, a efetivação de sua função institucional de guardião da Constituição, de forma a impedir, no curso do processo legislativo, a aprovação de leis inconstitucionais.

Inicialmente, o aumento do número de membros do Supremo Tribunal Federal, para sua transformação em Corte Constitucional, não se faz indispensável para a reestruturação de suas funções, na medida em que, de acordo com as lições de Kelsen, "o número de seus membros não deverá ser elevado, pois é sobre questões de direito que

---
[447] MORAES, 2000, p. 290-291.
[448] MORAES, 2000, p. 293.

ela [jurisdição constitucional] é chamada a se pronunciar e ela deve cumprir uma missão puramente jurídica de interpretação da Constituição".[449] Contudo, a diminuição para o número de nove ministros faz-se necessária para a reestruturação do novo modelo de justiça constitucional brasileira, de tal sorte que, consoante será proposto adiante, a renovação da composição do Tribunal Constitucional brasileiro será feita a cada três anos, em relação a um terço de seus membros.[450]

Importante modificação na estrutura do Supremo Tribunal Federal diz respeito ao modo de investidura de seus membros, exigindo-se a participação dos diversos Poderes e funções do Estado, bem como de entidades representativas das diversas classes e segmentos sociais, em prol de uma composição heterogênea e diversificada, legitimando, assim, sua função institucional. Dessa forma, reportando-se à proposição de Moraes,[451] os membros do Tribunal Constitucional brasileiro seriam escolhidos, de forma paritária, pelos três Poderes do Estado. A escolha por parte do Executivo seria realizada pelo Presidente da República e a do Legislativo por decisão da maioria absoluta dos membros de cada Casa Legislativa. Em relação ao Judiciário, os integrantes seriam recrutados dentre membros da magistratura, do Ministério Público e da advocacia. Com efeito, a necessidade de representantes da advocacia, na composição do Tribunal Constitucional, coaduna-se com o status constitucional atribuído à classe, ao considerar o advogado como indispensável à administração da justiça (art. 133), o qual, no seu ministério privado, presta serviço público e exerce função social (art. 2º, §1º, da Lei nº 8.906/94).

Aliado ao modo de investidura, é indispensável a exigência de requisitos qualificatórios ou capacitários dos membros que comporão o Tribunal Constitucional. Favoreu registra que, excetuando o Conselho Constitucional francês, os Tribunais Constitucionais alemão, austríaco, espanhol e italiano exigem condições relacionadas às capacidades jurídicas, sendo indispensável a comprovação de "ser un jurista

---

[449] KELSEN, 2003a, p. 153-154.

[450] No âmbito do Direito Comparado, verifica-se a equivalência entre o modelo de Tribunal Constitucional que ora se propõe com o do Conselho Constitucional francês, o qual, segundo o art. 56, da Constituição francesa vigente, é composto por nove membros, com mandato de nove anos e não renovável, modificando-se um terço de sua composição a cada três anos.

[451] MORAES, 2000, p. 295. O modo de investidura proposto pelo autor, embora semelhante ao que ora se propõe, diferencia-se não apenas no que diz respeito ao número de componentes do Tribunal Constitucional e, por conseguinte, ao número de membros que é indicado por cada um dos Poderes estatais, mas também por não abarcar representantes da classe dos advogados.

acreditado, habiendo desempeñado o desempeñando funciones de magistrado, abogado o profesor de derecho".[452]

Moraes propõe a manutenção dos requisitos constitucionais vigentes para a escolha dos membros do Supremo Tribunal Federal, suprimindo-se tão somente a exigência subjetiva e historicamente insatisfatória do *notável saber jurídico*. Para a escolha de seus membros pelo Executivo e Legislativo, o autor sugere a substituição daquele requisito pela comprovação, alternadamente, seja do exercício de no mínimo dez anos de efetiva atividade que exija a qualificação profissional de bacharel em Direito, de forma semelhante ao Tribunal Constitucional austríaco, seja da qualificação de jurista, devidamente comprovada por título de doutor em Direito, nos moldes do sistema português. Em relação aos membros escolhidos pelo Judiciário, especificamente pelo Supremo Tribunal Federal, o autor salienta ser indispensável a comprovação de, no mínimo, dez anos de efetivo exercício da atividade profissional, seja na carreira da magistratura, seja na do Ministério Público.[453]

A proposição de Moraes no que diz respeito à exigência de requisitos qualificatórios é plenamente recomendável para a construção do modelo de Tribunal Constitucional brasileiro, "afastando o perigo do exagerado tecnicismo ou da política exagerada".[454] Nesse contexto, salienta-se a necessidade de estender a exigência de comprovação de no mínimo dez anos de efetiva atividade profissional, ou da qualificação de jurista, devidamente comprovada por título de doutor em Direito, para os advogados nomeados pelo órgão máximo do Poder Judiciário.

Nos moldes dos principais Tribunais Constitucionais europeus, a instituição de mandato para os membros da Corte Constitucional brasileira, com renovação temporária, impede a perpetuação de membros vinculados a interesses políticos temporários, possibilitando, ainda, com a evolução da sociedade e de seus interesses, a mudança interpretativa

---

[452] FAVOREU, 1984, p. 26.
[453] MORAES, 2000, p. 296-297. Requisito dessa natureza encontra-se previsto no art. 94, da vigente Constituição brasileira, o qual regulamenta a regra do quinto constitucional, exigindo-se dos advogados e membros do Ministério Público, para concorrerem a vagas nos Tribunais Regionais Federais e nos Tribunais dos Estados, Distrito Federal e Territórios, a comprovação, respectivamente, de no mínimo dez anos de efetiva atividade profissional ou de carreira. Salienta-se que os critérios configuradores do quinto constitucional são também utilizados para fins de composição de outros Tribunais da estrutura judiciária brasileira, *e.g.* Superior Tribunal de Justiça (art. 104, parágrafo único, inciso II), Tribunal Superior do Trabalho (art. 111, §2º), Superior Tribunal Militar (art. 123, parágrafo único, inciso I).
[454] MORAES, 2000, p. 297.

do Direito e, principalmente, da Constituição, cuja guarda é atribuída à jurisdição constitucional.

A partir de tais considerações, o mandato dos membros do Tribunal Constitucional brasileiro, cujo número seria reduzido para nove integrantes, seria fixado em nove anos, renovável a cada três anos, em relação a um terço de sua composição, nos moldes do Conselho Constitucional francês, garantindo-se, assim, maior pluralidade e representatividade dos diversos segmentos. A fixação de mandato para os juízes constitucionais, bem como sua renovação temporária é indispensável para a manutenção da interpretação do Direito, de tal modo que, diante da modificação da composição do Tribunal, bem como da evolução dos valores sociais, seja possível o reexame de decisões anteriores, sempre objetivando a preservação dos valores, princípios e regras constitucionais.

A fixação de idade máxima, acima da qual os juízes constitucionais deveriam abandonar suas funções, não se faz necessária, tal como ocorre em relação ao Conselho constitucional francês,[455] na medida em que os membros do Tribunal Constitucional brasileiro teriam mandato fixo e renovável temporariamente. Entretanto, a existência de idade máxima para ingresso no Tribunal Constitucional (65 anos), consoante previsão na vigente Constituição brasileira, compatibiliza-se com a necessidade de vitalidade e de habilidade para o exercício da função.

3.3 A reestruturação da jurisdição constitucional do processo legislativo

Embora a doutrina não apenas pátria, como também a estrangeira, não tenham delineado, em sua plenitude, os contornos da jurisdição constitucional do processo legislativo, a cargo de um Tribunal Constitucional, é possível, a partir de algumas considerações, estruturar um modelo dessa natureza.

A instituição da jurisdição constitucional do processo legislativo, efetivada pelo Tribunal Constitucional, visa ao atendimento de algumas finalidades, dentre elas, o da necessidade de não serem atribuídas duas funções diferentes — legislativa e jurisdicional — ao mesmo órgão. A propósito, preleciona Di Ruffia:

---

[455] FAVOREU, 1984, p. 24.

Se advierte que algunas Constituciones recientes, para obviar la acusación de excesiva politicidad de la decisión parlamentaria respectiva, han establecido en la mencionada fase de formación de la norma, la exigencia de la opinión sustancialmente obligatoria de un órgano que proporcione mayores garantías de objetividad.[456]

Referindo-se aos modelos de fiscalização preventiva encontrados no âmbito do Direito Comparado — tais como Alemanha, França, Itália e Portugal —, Palu defende a possibilidade de que tal controle seja efetivado no âmbito jurisdicional, apesar de considerar mais aceitável que tal função seja atribuída ao Tribunal Constitucional. Nesse sentir, preleciona:

> É difícil — mas em hipótese alguma impossível — que um órgão judiciário intervenha *preventivamente* na feitura da lei, portanto com poder de obstar sua promulgação. Doutrinariamente, entretanto, torna-se mais aceitável a um órgão independente, fora dos clássicos poderes (Tribunal Constitucional), exercer tal função.[457]

Especificamente no Brasil, não há autorização constitucional expressa no sentido de se admitir a jurisdição constitucional do processo legislativo. Apenas instrumentos de controle prévio de constitucionalidade das leis, efetivado no âmbito político, encontram-se previstos na vigente Constituição brasileira.

Destarte, não obstante a opinião dominante e originária, conforme registrado pelo Supremo Tribunal Federal (ADI nº 466/DF, Relator Ministro Celso de Mello, julgamento em 09.04.1991, *DJ*, p. 5929, 10 maio 1991), balizar-se no sentido de inadmitir a jurisdição constitucional do processo legislativo — mais precisamente, o controle jurisdicional preventivo de constitucionalidade em abstrato —, por inexistir previsão no ordenamento jurídico, relativamente a projetos de lei ou a propostas de emenda à Constituição, existem autores que defendem sua instituição no Brasil, ainda que de forma limitada e restrita.[458]

Nesse diapasão, ao dizer que a ação direta de inconstitucionalidade só pode ter por objeto leis e atos normativos que já foram editados e publicados, de tal modo que, por tal via, não se poderia impugnar atos que se encontram em fase de gestação, sem que o processo legislativo tenha sido concluído, Veloso afirma, inicialmente, que:

---

[456] DI RUFFIA, 1975, p. 360.
[457] PALU, *op. cit.*, p. 89.
[458] VELOSO, *op. cit.*, p. 158.

Em princípio, este entendimento está correto. Ainda que um projeto de lei ou uma proposta de emenda constitucional possam estar afrontando a Carta Magna, apresentando a eiva da inconstitucionalidade, nesta fase, o árbitro exclusivo da questão é o próprio Congresso Nacional. Qualquer intervenção judicial no processo legislativo seria exorbitante, descabida, afrontaria os princípios da independência e harmonia dos Poderes.[459]

Contudo, o referido posicionamento do autor não é absoluto. Admite solução diversa "se o caso for de uma proposta de emenda constitucional que atinja o *cerne fixo*, o *núcleo imodificável*, as chamadas *cláusulas pétreas* da Constituição Federal".[460] Os limites materiais (ou substanciais) ao poder de reforma constitucional, previstos no art. 60, §4º, da Constituição de 1988, vedam não apenas a proposta de emenda à Constituição que atinja seu núcleo intangível, mas também aquela que tenha por finalidade a mera possibilidade de aboli-lo.

Nesse contexto, Veloso arremata dizendo que:

> Depreende-se, inequivocamente, que a Constituição não admite, sequer, que se delibere sobre proposta que se mostre propensa, que se incline para a supressão, derrogação ou extinção daqueles princípios. Tamanha é a rigidez constitucional, neste aspecto, que o preceito proibitivo *alcança o próprio processo legislativo*.[461]

Admitindo, pois, ser possível a fiscalização jurisdicional relativamente às propostas de emenda constitucional que tendam a abolir o núcleo imodificável da Constituição, disposto em seu art. 60, §4º, e reconhecendo, por conseguinte, que o "controle preventivo, neste caso, é pertinente, legítimo e, até, necessário", assim conclui o autor:

> Tratando-se de processo legislativo que tem por objeto emendar a Constituição, adotamos uma posição mais abrangente, talvez radical. Nosso parecer, fruto de interpretação sistemática e teleológica do Texto Magno, é de que cabe ação direta contra propostas de emenda constitucional que violem as cláusulas pétreas da Lei Fundamental. Certo, não se trata, ainda, de ato normativo público, perfeito e acabado, mas de proposta, de ato em formação. Porém, a agressão aos ditames constitucionais já existe, a subversão alarmante atinge o nível de gravidade máxima. A resposta tem de ser pronta, urgente, a repulsa tem de ser enérgica, eficaz, proporcional ao ataque aos postulados e princípios básicos.

---

[459] VELOSO, *op. cit.*, p. 158.
[460] VELOSO, *op. cit.*, p. 158.
[461] VELOSO, *op. cit.*, p. 159-160.

Diante de uma emergência — e para garantir não só a supremacia, mas a sobrevivência da Constituição —, todo o arsenal jurídico deve ser utilizado, no interesse das instituições mais caras e da manutenção do Estado de Direito e da Democracia. Reconhecemos, entretanto, que este nosso posicionamento está além do texto escrito, da expressão literal da Constituição.[462]

A par de tal possibilidade, Veloso considera, ainda, ser possível o exercício da fiscalização jurisdicional preventiva de constitucionalidade por meio da paralisação de proposta de emenda à Constituição, cujo conteúdo verse sobre matéria rejeitada ou havido por prejudicada na mesma sessão legislativa, de forma a impedir, assim, a violação do disposto no art. 60, §5º, da Constituição da República de 1988.[463]

Efetivamente, se é certo que os limites materiais ao poder de emenda constitucional constituem barreiras intransponíveis pelo poder constituinte derivado reformador, na medida em que seu conteúdo não pode ser objeto de simples deliberação que tenda a aboli-lo, os limites formais e circunstanciais ao poder de reforma constitucional também hão de ser respeitados no âmbito do processo legislativo.

Decerto, a integralidade das normas relativas ao processo de reforma constitucional, previstas na Constituição, constitui-se em preceitos supremos, de observância obrigatória por parte de todos os atores sociais, inclusive dos legisladores, sob pena de desconsideração dos princípios da hierarquia e rigidez constitucionais. Assim, a preservação da ideia de supremacia da Constituição, na qual se fixam os parâmetros de cunho material e formal relativamente à elaboração das diversas espécies legislativas previstas no art. 59 da Carta Política brasileira, exige a consagração de instrumentos que evitem ou impeçam a alteração dos dispositivos constitucionais sem a observância do devido processo legislativo.

Dessa maneira, a integralidade dos dispositivos constitucionais relativamente ao processo de elaboração de uma emenda constitucional — inclusive aqueles previstos no regimento interno das Casas Legislativas, cujo conteúdo seja reprodução daqueles, ou deles decorram[464]

---

[462] VELOSO, *op. cit.*, p. 160-161.
[463] VELOSO, *op. cit.*, p. 161.
[464] Nesse sentido asseverou o Ministro Ilmar Galvão, em voto proferido no julgamento do mandado de segurança nº 22.503-3/DF (*DJ*, 6 jun. 1997): "a alegação de violência ao exercício de direito subjetivo seu, por inobservância de normas regimentais da Câmara dos Deputados, e tendo em vista, ainda, possuir essa alegação uma conotação clara de ordem constitucional, considero estar diante de razão suficiente para apreciar o mérito do pedido".

— deverá se sujeitar à jurisdição constitucional preventiva, de forma a preservar a supremacia do ordenamento constitucional.

Por outro lado, ressalte-se que a ampliação da jurisdição constitucional do processo legislativo no Brasil, às demais espécies de proposições legislativas, poderia inviabilizar o efetivo exercício da atividade legislativa, na medida em que, a qualquer momento, o processo legislativo, especialmente o ordinário, estaria sujeito a interrupções ou paralisações em decorrência de ações diretas de inconstitucionalidade julgadas procedentes, cuja iniciativa de propositura, em várias ocasiões, apresenta-se como produto de interesses particulares e de cunho político. Dessa maneira, a interferência excessiva do Judiciário na atividade legislativa inviabilizaria a atividade parlamentar, limitando sua liberdade de discussão e deliberação, em total desprestígio ao princípio da separação dos poderes.

Não obstante, de forma semelhante ao sistema francês, poder-se-ia utilizar, também, a ação direta de inconstitucionalidade preventiva, de modo a ampliar o exercício da jurisdição constitucional do processo legislativo, relativamente à tramitação de outras espécies legislativas, tais como, leis complementares, leis ordinárias, leis delegadas e medidas provisórias, por iniciativa de alguns legitimados — Procurador-Geral da República, Presidente da República, Mesa da Câmara dos Deputados e Mesa do Senado Federal —, e desde que se comprovasse flagrante inconstitucionalidade, especialmente em relação às regras procedimentais.

Demonstrada, pois, a possibilidade e a indispensabilidade de institucionalização de instrumentos para a efetivação da jurisdição constitucional do processo legislativo no Brasil, no que concerne aos limites constitucionais e regimentais relativos ao processo de elaboração das espécies legislativas, faz-se necessário delimitar como o sistema de controle poderia ser modelado, de forma a preservar, na medida do possível, a politicidade das decisões que são tomadas no seio parlamentar.

Para o cumprimento de tal mister, a Constituição brasileira de 1988 deveria ser emendada no sentido de institucionalizar uma ação direta de inconstitucionalidade preventiva, com legitimação ativa idêntica à da ação direta repressiva, consoante a previsão constitucional no art. 103 e no art. 2º da Lei nº 9.868, de 10 de novembro de 1999, de modo a assegurar, a todos os legitimados, a iniciativa quanto à proposição de ação direta em relação às propostas de emendas à Constituição e, a alguns legitimados — Procurador-Geral da República, Presidente da República, Mesa da Câmara dos Deputados e Mesa do Senado Federal

—, a legitimidade para a propositura de ação direta relativamente a outras espécies legislativas, tais como, leis complementares, leis ordinárias, leis delegadas e medidas provisórias.

Além disso, nesse contexto, discute-se, doutrinariamente, acerca da viabilidade de atribuição de legitimidade ativa aos cidadãos que se sentissem prejudicados, os quais, em razão da configuração de inconstitucionalidade de uma lei, poderiam ajuizar uma ação popular de inconstitucionalidade perante o órgão de cúpula do Poder Judiciário, responsável pela guarda da Constituição. Relativamente a esse ponto, Kelsen recorda que, quando se estava preparando a Constituição de 1920, na Áustria, discutiu-se a possibilidade de se "conceder a todo cidadão o direito de fazer um requerimento à Corte Constitucional, a qual estaria obrigada a pronunciar-se sobre a validade da lei". Contudo, a institucionalização de uma espécie de *actio popularis* na Constituição austríaca não logrou êxito.[465]

No Brasil, restou frustrada a tentativa de implementação de canal direto entre os cidadãos e o Supremo Tribunal Federal, à semelhança do recurso de amparo espanhol e do recurso constitucional alemão, a fim de evitar ou reparar lesões a direitos fundamentais, em face do veto aposto pelo chefe do Executivo relativamente ao inciso II, do art. 2º, da Lei nº 9.882, de 3 de dezembro de 1999, a qual dispõe sobre a arguição de descumprimento de preceito fundamental.

As razões de veto, apresentadas pelo Presidente da República,[466] demonstram que a ampliação do acesso ao Supremo Tribunal Federal,

---

[465] KELSEN, 2003a, p. 316.
[466] Eis as razões de veto: "A disposição insere um mecanismo de acesso direto, irrestrito e individual ao Supremo Tribunal Federal sob a alegação de descumprimento de preceito fundamental por 'qualquer pessoa lesada ou ameaçada por ato do Poder Público'. A admissão de um acesso individual e irrestrito é incompatível com o controle concentrado de legitimidade dos atos estatais — modalidade em que se insere o instituto regulado pelo projeto de lei sob exame. A inexistência de qualquer requisito específico a ser ostentado pelo proponente da arguição e a generalidade do objeto da impugnação fazem presumir a elevação excessiva do número de feitos a reclamar apreciação pelo Supremo Tribunal Federal, sem a correlata exigência de relevância social e consistência jurídica das arguições propostas. Dúvida não há de que a viabilidade funcional do Supremo Tribunal Federal consubstancia um objetivo ou princípio implícito da ordem constitucional, para cuja máxima eficácia devem zelar os demais poderes e as normas infraconstitucionais. De resto, o amplo rol de entes legitimados para a promoção do controle abstrato de normas inscrito no art. 103 da Constituição Federal assegura a veiculação e a seleção qualificada das questões constitucionais de maior relevância e consistência, atuando como verdadeiros agentes de representação social e de assistência à cidadania. Cabe igualmente ao Procurador-Geral da República, em sua função precípua de Advogado da Constituição, a formalização das questões constitucionais carentes de decisão e socialmente relevantes. Afigura-se correto supor, portanto, que a existência de uma pluralidade de entes social e juridicamente

para fins de fiscalização de constitucionalidade das leis, inviabilizaria, em vários aspectos, o exercício da prestação jurisdicional, especialmente no âmbito da jurisdição constitucional. Tal consideração torna-se ainda mais flagrante quando da institucionalização de uma ação popular constitucional preventiva, de tal modo que qualquer cidadão, atuando como substituto dos interesses sociais, poderia obter uma decisão judicial suspendendo, interrompendo ou, até mesmo, impedindo o curso do processo de elaboração legislativa.[467]

---

legitimados para a promoção de controle de constitucionalidade — sem prejuízo do acesso individual ao controle difuso — torna desnecessário e pouco eficiente admitir-se o excesso de feitos a processar e julgar certamente decorrentes de um acesso irrestrito e individual ao Supremo Tribunal Federal. Na medida em que se multiplicam os feitos a examinar sem que se assegure sua relevância e transcendência social, o comprometimento adicional da capacidade funcional do Supremo Tribunal Federal constitui inequívoca ofensa ao interesse público. Impõe-se, portanto, seja vetada a disposição em comento."

[467] Nesse diapasão, tentou-se implementar a arguição de descumprimento de preceito fundamental como instrumento popular de jurisdição constitucional do processo legislativo, em consonância com o disposto no inciso II, do parágrafo único, do art. 1º, da Lei nº 9.882/99, o qual, na redação aprovada pelo Congresso Nacional, previa a possibilidade de sua utilização "em face de interpretação ou aplicação dos regimentos internos das respectivas Casas, ou regimento comum do Congresso Nacional, no processo legislativo de elaboração das normas previstas no art. 59 da Constituição Federal". Destarte, inseridos nesse contexto, outros dois dispositivos constavam no texto do projeto de lei: art. 5º, §4º: "Se necessário para evitar lesão à ordem constitucional ou dano irreparável ao processo de produção da norma jurídica, o Supremo Tribunal Federal poderá, na forma do *caput*, ordenar a suspensão do ato impugnado ou do processo legislativo a que se refira, ou ainda da promulgação ou publicação do ato legislativo dele decorrente"; e art. 9º: "Julgando procedente a argüição, o Tribunal cassará o ato ou sua decisão exorbitante e, conforme o caso, anulará os atos processuais legislativos subseqüentes, suspenderá os efeitos do ato ou da norma jurídica decorrente do processo legislativo impugnado, ou determinará medida adequada à preservação do preceito fundamental decorrente da Constituição". Entretanto, o Presidente da República vetou os dispositivos em referência, sob os seguintes argumentos:
"Impõe-se o veto das disposições acima referidas por inconstitucionalidade.
Não se faculta ao Egrégio Supremo Tribunal Federal a intervenção ilimitada e genérica em questões afetas à 'interpretação ou aplicação dos regimentos internos das respectivas casas, ou regimento comum do Congresso Nacional' prevista no inciso II, do parágrafo único, do art. 1º. Tais questões constituem antes matéria *interna corporis* do Congresso Nacional. A intervenção autorizada ao Supremo Tribunal Federal no âmbito das normas constantes de regimentos internos do Poder Legislativo restringe-se àquelas em que se reproduzem normas constitucionais. Essa orientação restou assentada pelo Supremo Tribunal Federal no julgamento do Mandado de Segurança nº 22.503-DF, Relator para o Acórdão Ministro Maurício Corrêa, *DJ*, p. 248720, 06 jun. 1997. Do mesmo modo, no julgamento do Mandado de Segurança nº 22.183-DF, Relator Ministro Marco Aurélio, o Supremo Tribunal Federal assentou: '3. Decisão fundada, exclusivamente, em norma regimental referente à composição da Mesa e indicação de candidaturas para seus cargos (art. 8º). 3.1. O fundamento regimental, por ser matéria *interna corporis*, só pode encontrar solução no âmbito do Poder Legislativo, não ficando sujeito à apreciação do Poder Judiciário. 3.2. Inexistência de fundamento constitucional (art. 58, §1º), caso em que a questão poderia ser submetida ao Judiciário' (*DJ*, p. 65569, 12 dez. 1997). Dito isso, impõe-se o veto da referida disposição por transcender o âmbito constitucionalmente autorizado de intervenção

Diante de tais considerações, de forma a garantir a legitimidade da jurisdição constitucional, no contexto de uma "sociedade aberta de intérpretes da Constituição" (Häberle), a participação popular na consolidação da jurisdição constitucional do processo legislativo haveria de se configurar por intermédio dos partidos políticos, da Mesa das Casas Legislativas — composta por representantes do povo —, do Conselho Federal da Ordem dos Advogados do Brasil —, o qual, nos termos do Estatuto da Advocacia e da OAB (art. 2º, §1º, da Lei nº 8.906/94) presta serviço público e exerce função social, possuindo, portanto, legitimidade ativa universal —, das confederações sindicais e entidades de classe de âmbito nacional —, as quais, muito embora possuam legitimidade ativa restrita, constituem-se como relevantes corporações na tutela dos direitos e interesses de seus membros e associados —, e, até mesmo, do Procurador-Geral da República, a quem compete, como chefe do Ministério Público da União, a "defesa da ordem jurídica, do regime democrático e dos interesses sociais e individuais indisponíveis" (art. 127, da Constituição de 1988).

Além disso, a possibilidade do cidadão atuar, como copartícipe do processo legislativo, estaria assegurada, na medida em que este poderia impulsionar alguns legitimados — Procurador-Geral da República, Presidente da República, Mesa da Câmara dos Deputados e Mesa do Senado Federal — a proporem ação direta de inconstitucionalidade preventiva.

Por outro lado, tal como ocorre no âmbito do Direito Comparado, *e.g.*, França e Portugal, algumas proposições legislativas — no caso, as propostas de emenda constitucional — poderiam ser remetidas, obrigatoriamente, no curso do processo de sua elaboração, ao Tribunal Constitucional brasileiro, para fins de apreciação de sua (in)

---

do Supremo Tribunal Federal em matéria *interna corporis* do Congresso Nacional. No que toca à intervenção constitucionalmente adequada do Supremo Tribunal Federal, seria oportuno considerar a colmatação de eventual lacuna relativa à sua admissão, em se tratando da estrita fiscalização da observância das normas constitucionais relativas a processo legislativo.
A seu turno, impõe-se o veto do §4º, do art. 5º, pelas mesmas razões aduzidas para vetar-se o inciso II, do parágrafo único, do art. 1º, consubstanciadas, fundamentalmente, em intervenção excessiva da jurisdição constitucional no processo legislativo, nos termos da mencionada jurisprudência do Supremo Tribunal Federal.
O art. 9º, de modo análogo, confere ao Supremo Tribunal Federal intervenção excessiva em questão *interna corporis* do Poder Legislativo, tal como asseverado no veto oposto ao inciso II, do parágrafo único, do art. 1º. Com efeito, a disposição encontra-se vinculada à admissão da ampla intervenção do Supremo Tribunal Federal nos processos legislativos *in genere*. Assim, opostos vetos às disposições insertas no inciso II do parágrafo único do art. 1º e ao §4º do art. 5º, torna-se imperativo seja vetado também o art. 9º."

constitucionalidade, e outras proposições — leis ordinárias, leis complementares, leis delegadas e medidas provisórias — poderiam, facultativamente, ser remetidas à análise da Corte Constitucional, sem prejuízo da possibilidade de utilização da ação direta de inconstitucionalidade preventiva, por iniciativa de um de seus legitimados.

Não obstante o modelo que ora se propõe, uma das maiores dificuldades quanto à consolidação da jurisdição constitucional do processo legislativo está na necessidade de se limitar a interferência do Judiciário na atividade atribuída eminentemente ao Parlamento. Argumenta-se que a possibilidade de se restringir ou impedir, jurisdicionalmente, o andamento do processo legislativo, seria uma forma de interferência na seara política do Legislativo, onde as discussões e deliberações são autonomamente travadas.[468]

Contudo, no intuito de evitar a configuração de tal hipótese, a jurisdição constitucional do processo legislativo no Brasil há de se efetivar de forma a preservar a integridade das deliberações políticas parlamentares. Assim, a interferência do Tribunal Constitucional, na atividade legislativa, deverá se compatibilizar com o princípio da separação dos poderes.

Para tanto, a decisão judicial que declara a inconstitucionalidade de ato praticado no âmbito do processo legislativo não poderá substituir a decisão política, proferida no seio parlamentar, atendo-se, tão somente, à análise de sua constitucionalidade. Assim, constatada a inconstitucionalidade de algum ato relativo ao processo legislativo, caberá ao Tribunal Constitucional identificar, pontualmente, seus aspectos inconstitucionais, fixando e optando, dentre as várias interpretações, por aquelas que preservam a constitucionalidade do ato, de forma a compatibilizá-lo com a Constituição, tal como ocorre relativamente à interpretação conforme a Constituição — técnica de interpretação constitucional adotada pelo Supremo Tribunal Federal. Dessa forma, o Tribunal Constitucional não estaria interferindo na esfera política, nem

---

[468] Nesse sentido, merece transcrição trecho do voto Ministro Néri da Silveira, relator da Arguição de Descumprimento de Preceito Fundamental nº 1-7/RJ (*DJ*, 07 nov. 2003): "Não poderá, nesse caso, o Poder Judiciário substituir ao Poder Legislativo, antecipando juízo formal sobre os motivos do veto, acerca de sua procedência ou de sua erronia, ou reconhecer, desde logo, ato abusivo por parte do Executivo, em apondo veto, total ou parcial, a projeto de lei aprovado pelo Legislativo, ainda quando se cuide de invocação, pelo primeiro, do fundamento de inconstitucionalidade, pois, nesta última hipótese, a intervenção antecipada do Judiciário se haveria de ter ainda como configurando tipo de controle preventivo de constitucionalidade — eis que o projeto de lei, na parte vetada, não é lei, nem ato normativo —, poder que a ordem jurídica, na espécie, não confere, de resto, ao Supremo Tribunal Federal, em via de controle concentrado".

inviabilizando a atividade parlamentar, cujos participantes teriam a possibilidade de discutir e aprovar nova proposição legislativa, observando-se, para tanto, a interpretação e os limites fixados por aquele órgão.

A propósito do tema, preleciona Kelsen:

> A anulação do ato irregular levanta o problema de sua substituição por um ato regular. A esse respeito é necessário distinguir duas possibilidades técnicas: a autoridade competente também pode ter o poder de substituir o ato anulado por um ato regular, isto é, não apenas anulá-lo como também reformá-lo; mas a elaboração do ato regular pode ser deixada ao encargo da autoridade cujo ato irregular foi anulado. Se ela estiver então vinculada à solução jurídica que o órgão de anulação formulou na sua decisão (por exemplo, na forma de motivos), sua independência sofre uma restrição, fato que, se se tratar da anulação de uma sentença, não deve ser menosprezado ao se apreciar a independência dos juízes como garantia específica da regularidade da execução.[469]

Desse modo, diante das possibilidades apresentadas por Kelsen, há de preferir aquela que atribui ao responsável pela elaboração do ato irregular o dever de substituí-lo e reformá-lo, observando-se, para tanto, a interpretação do órgão (Tribunal Constitucional) que determinou a anulação do ato.

Nesse contexto, surge a questão acerca da vinculação da decisão proferida pelo Tribunal Constitucional, quando do exercício da jurisdição constitucional do processo legislativo, aos órgãos do Poder Judiciário e da Administração Pública. No Brasil, em sede de controle jurisdicional repressivo e abstrato de constitucionalidade das leis, tanto a Constituição da República (art. 102, §2º), quanto a Lei nº 9.868/99 (art. 28, parágrafo único) e a Lei nº 9.882/99 (art. 10, §3º), dispõem que as decisões proferidas pelo Supremo Tribunal Federal produzirão eficácia contra todos e efeito vinculante, relativamente aos demais órgãos do Poder Judiciário e à Administração Pública direta e indireta, nas esferas federal, estadual e municipal. Assim, para a instituição da jurisdição constitucional do processo legislativo no Brasil, é necessário que os efeitos de suas decisões estejam devidamente regulamentados, prioritariamente no âmbito constitucional.

---

[469] KELSEN, 2003a, p. 148.

A propósito do tema, referindo-se especificamente ao Conselho Constitucional francês, Moraes revela que, não obstante a previsão de seu texto constitucional (art. 62), "os efeitos da decisão somente são aplicados em relação ao dispositivo da decisão e não em relação a sua motivação". Diante de tal situação, o autor demonstra que esse fato pode gerar o total descumprimento das decisões proferidas pelo Conselho Constitucional, na medida em que, apesar da interpretação que foi conferida por aquele órgão relativamente a uma determinada proposição legislativa — reconhecendo sua constitucionalidade ou determinando uma interpretação conforme a Constituição —, poderá o juiz civil, penal e administrativo aplicar e interpretar a lei — cujo projeto fora reconhecido como constitucional — da forma como melhor lhe aprouver.[470]

Apesar das críticas efetivadas relativamente a não vinculação aos fundamentos da decisão proferida pelo Conselho Constitucional francês, a melhor solução parece ser essa. Referindo-se especificamente ao modelo brasileiro de jurisdição constitucional do processo legislativo, é possível a suposição de duas situações: a primeira, quando uma proposição legislativa for declarada inconstitucional pelo Tribunal Constitucional, a decisão produzirá efeitos vinculantes em relação a todos os Poderes, inclusive ao próprio Legislativo, ressaltando que não caberá àquele órgão intervir na atividade eminentemente parlamentar, mas apenas determinar a forma de interpretação do processo legislativo; a segunda, uma proposição legislativa, ao ser declarada constitucional pelo Tribunal Constitucional — ou se a ela for conferida interpretação conforme a Constituição —, transformar-se-á em espécie legislativa em sentido formal, passando a integrar, formalmente, o ordenamento jurídico.

Contudo, relativamente à segunda hipótese, diante da não vinculação aos fundamentos da decisão proferida pelo Tribunal Constitucional, reconhecendo este a constitucionalidade da proposição legislativa, a possibilidade de nova interpretação judicial acerca daquela espécie legislativa, cujo processo de elaboração fora reconhecido como válido, seria indispensável para a própria preservação da mutabilidade do Direito.

Com efeito, antes de ingressar no ordenamento jurídico, à proposição legislativa foi conferida determinada interpretação; entretanto, após transformar-se em espécie legislativa, fazendo parte do

---

[470] MORAES, 2000, p. 150.

ordenamento jurídico, relações e situações jurídicas serão constituídas a partir daquela lei genérica, abstrata e impessoal e, por conseguinte, novas interpretações podem surgir, sob fundamentos diferentes e, diante disso, a possibilidade de arguição repressiva de constitucionalidade seria plenamente possível, e, até mesmo, necessária.

Dessa maneira, a jurisdição constitucional do processo legislativo não teria o condão de anular o controle repressivo de constitucionalidade das leis, o qual deveria ser preservado, mantendo, assim, a mutabilidade do Direito.

Entretanto, o controle jurisdicional repressivo de constitucionalidade das leis não poderia ser utilizado de forma indiscriminada, sob pena de desconsiderar os efeitos vinculantes da decisão proferida pelo Tribunal Constitucional, quando do exercício da jurisdição constitucional do processo legislativo.

A esse respeito, a ação direta de inconstitucionalidade repressiva, relativamente a uma espécie legislativa, cujo processo de elaboração fora declarado constitucional, poderia ser utilizada após o transcurso de determinado prazo, contado a partir da promulgação do ato legislativo. Diante da renovação, a cada três anos, do mandato dos membros do Tribunal Constitucional — cujo modelo ora se propõe no Brasil —, seria aberta, concomitantemente a esse lapso temporal, a possibilidade de nova discussão, em sede de controle abstrato, acerca da constitucionalidade do ato legislativo, sob os aspectos procedimental e material. Assim, em virtude de tal possibilidade, e considerando que a espécie legislativa já estaria produzindo efeitos jurídicos, o Tribunal Constitucional estaria autorizado a conhecer e deliberar sobre novas interpretações constitucionais.

Por outro lado, deveria ser criado um canal direto entre o cidadão e o Tribunal Constitucional, por meio de uma ação constitucional popular, de natureza repressiva, possibilitando àquele a oportunidade de discutir, direta e concretamente, a (in)constitucionalidade de uma espécie legislativa, cuja proposição, durante o seu processo de elaboração, fora declarada constitucional. Dessa maneira, a via difusa e concreta de arguição de inconstitucionalidade das leis estaria preservada, a qual não poderia ser utilizada de forma indiscriminada. Para tanto, assim como proposto em relação ao controle abstrato repressivo, após o transcurso de certo lapso temporal, seria necessário demonstrar, pontual e concretamente, as razões jurídicas constitucionais que levariam a modificação da interpretação acerca da espécie legislativa.

Desse modo, argumentos jurídicos hábeis demonstram-se pertinentes para fundamentar a necessidade e a viabilidade de implementação da jurisdição constitucional do processo legislativo no Brasil, cujo sistema de constitucionalidade deveria ser remodelado. Para tanto, duas relevantes medidas devem ser consideradas: a primeira, a necessidade de se evitar o surgimento de espécies legislativas inconstitucionais, por meio da fiscalização jurisdicional do processo legislativo, inibindo, assim, a utilização da via repressiva, sem, contudo, aboli-la; e, a segunda, a indispensabilidade de participação do povo — de forma direta e indireta —, como copartícipes do processo de elaboração legislativa.

CONCLUSÕES

O estudo da jurisdição constitucional exige, como ponto de partida, pré-compreensões acerca de seu objeto de ação — a Constituição —, cujo conceito, apesar de não ser unívoco, diante das múltiplas Teorias da Constituição que foram desenvolvidas, mantém, ao longo da evolução sociopolítica, dois núcleos fundamentais: a descentralização do poder político, por meio da divisão ou separação dos poderes públicos e, como corolário, a previsão de uma declaração de direitos fundamentais.

A Constituição, pois, nesse diapasão, caracteriza-se por ser o elemento vital não só do Estado, mas também da sociedade, cujo objetivo é constituir e construir a solidez estatal e da organização social.

A consolidação da Constituição como a Lei Fundamental do Estado e, como corolário, dos princípios da supremacia, hierarquia e rigidez constitucionais, exige a estruturação do sistema de controle de constitucionalidade das leis, em prol da defesa de seus valores, princípios, regras e normas.

A defesa política da Constituição é rechaçada, de início, a partir da consideração de que, no contexto do paradigma do Estado Democrático de Direito, a atribuição de funções diversas, ao mesmo órgão, não se coaduna com o princípio da separação dos poderes.

Nesse contexto, a jurisdição constitucional, especialmente quando é atribuída ao Tribunal Constitucional, ergue-se como uma instância situada fora da esfera dos demais Poderes do Estado, capacitando-lhe exercer a função de defesa da Constituição de forma independente e imparcial, alheia às decisões e discussões de cunho político-parlamentar, em prol da efetivação dos direitos fundamentais.

Não obstante a existência de argumentos desfavoráveis à legitimidade da jurisdição constitucional, face, principalmente, ao princípio da separação dos poderes, discursos, de variada natureza, são desenvolvidos em prol de sua defesa, sintetizados na consideração de que, no contexto atual do paradigma do Estado Democrático de Direito, houve a consolidação da justiça constitucional, como o canal direto entre os cidadãos e o Poder Judiciário, em prol da tutela dos direitos fundamentais.

O Direito Comparado fornece inúmeros exemplos de sistemas de controle de constitucionalidade preventivo — especialmente o francês (Conselho Constitucional) —, nos quais um órgão específico, em regra o Tribunal Constitucional, verifica, concentrada e exclusivamente, a compatibilidade das proposições legislativas, no curso do processo de sua elaboração, com a Constituição.

A partir de tais manifestações no Direito Comparado, apesar das inconveniências do sistema, é possível a reestruturação de um modelo de jurisdição constitucional do processo legislativo no Brasil, a cargo do Tribunal Constitucional, cujo objetivo imediato é o de evitar o surgimento de proposições legislativas que já se configuram inconstitucionais, no curso do processo de sua elaboração, buscando, também, diante da coexistência do controle difuso e concentrado, promover uma interpretação constitucionalmente adequada das leis e atos normativos.

Para tanto, os argumentos contrários à legitimidade da jurisdição constitucional do processo legislativo, face ao princípio da separação dos poderes, hão de ser combatidos, principalmente aqueles que acreditam que tal sistema de controle de constitucionalidade manifesta-se como uma interferência na atividade atribuída eminentemente ao Parlamento.

Nessa perspectiva, a legitimidade da jurisdição constitucional do processo legislativo apoia-se em três grandes pilares: o primeiro, o da relatividade do princípio da separação dos poderes, o qual deve ser interpretado sob uma perspectiva que propriamente o consagra, na medida em que a atribuição de tal tarefa ao Tribunal Constitucional configura-se de forma a preservar a independência e integridade dos Poderes do Estado; o segundo, o da consideração de que há correspondência entre as atividades legislativa e judicial, de tal modo que a diferença entre ambas se resume à consideração de que aquela cria normas gerais, enquanto essa cria normas individuais; e o terceiro, o da construção democrática e heterogênea do Tribunal Constitucional, consolidada por meio da participação popular, seja em sua composição, seja na possibilidade de acesso direto.

A partir de tais considerações, a jurisdição constitucional do processo legislativo há de ser edificada, no contexto do paradigma do Estado Democrático de Direito, com base na teoria procedimentalista do Direito, de forma a propiciar ampla participação popular, como copartícipe do processo de formação das leis, de tal modo que "as *condições processuais da gênese democrática das leis* asseguram a legitimidade do direito".

Não obstante tal consideração, a interpretação majoritária do Supremo Tribunal Federal acerca da jurisdição constitucional do processo legislativo há de ser modificada, na medida em que alarga os atos *interna corporis*, desprestigiando as normas constitucionais relativas ao processo legislativo.

Nesse contexto, para a consolidação da jurisdição constitucional do processo legislativo no Brasil, seria necessária a criação de um Tribunal Constitucional, ou a elevação do Supremo Tribunal Federal a esse status.

O Tribunal Constitucional brasileiro seria composto por nove membros, com renovação em um terço de sua composição a cada três anos. Todos os Poderes participariam da escolha dos juízes constitucionais: a do Executivo, pelo Presidente da República, a do Legislativo, por maioria absoluta dos membros de cada Casa Legislativa e, a do Judiciário, por recrutamento dentre membros da magistratura, do Ministério Público e da Advocacia. A comprovação, como requisito capacitário, de exercício de no mínimo dez anos de efetiva atividade que exija a qualificação profissional jurídica, ou da qualificação de jurista, devidamente comprovada por título de doutor em Direito, seria necessária para a garantia de maior pluralidade e representatividade. Além disso, a exigência de idade máxima (65 anos) para ingresso no Tribunal Constitucional compatibiliza-se com a necessidade de vitalidade e habilidade para o exercício da função de juiz constitucional.

O instrumento de manifestação da jurisdição constitucional do processo legislativo seria a ação direta de inconstitucionalidade preventiva, a qual poderia ser utilizada, inicialmente, em relação à integralidade dos dispositivos constitucionais aplicáveis ao processo de elaboração de uma emenda constitucional — inclusive aqueles previstos no regimento interno das Casas Legislativas, cujo conteúdo seja reprodução daqueles, ou deles decorram —, de forma a preservar a supremacia do ordenamento constitucional. Os legitimados, nessa hipótese, seriam os mesmos da ação direta de inconstitucionalidade repressiva, constantes no art. 103, da vigente Constituição brasileira.

Relativamente à tramitação de outras espécies legislativas, tais como leis complementares, leis ordinárias, leis delegadas e medidas provisórias, poder-se-ia utilizar, também, a ação direta de inconstitucionalidade preventiva, de forma semelhante ao sistema francês, por iniciativa de alguns legitimados — Procurador-Geral da República, Presidente da República, Mesa da Câmara dos Deputados e Mesa do Senado Federal —, e desde que se comprovasse flagrante inconstitucionalidade, especialmente em relação às regras procedimentais.

A participação dos cidadãos, como copartícipes do processo de elaboração legislativa, apesar de não se mostrar viável sua participação direta, sob a forma preventiva, manifestar-se-ia de diversas formas: a) pela representatividade conferida àqueles por alguns legitimados — partidos políticos, Mesa das Casas Legislativas, Conselho Federal da Ordem dos Advogados do Brasil, confederações sindicais, entidades de classe de âmbito nacional e Procurador-Geral da República; b) pela possibilidade de utilização da representação, dirigida a alguns legitimados da ADI preventiva, demonstrando a ocorrência de inconstitucionalidade, no curso do processo legislativo.

Por outro lado, tal como ocorre no âmbito do Direito Comparado, *e.g.*, França e Portugal, algumas proposições legislativas — no caso, as propostas de emenda constitucional — poderiam ser obrigatoriamente remetidas, no curso do processo de sua elaboração, ao Tribunal Constitucional brasileiro, para fins de apreciação obrigatória de sua (in)constitucionalidade, e outras proposições — leis ordinárias, leis complementares, leis delegadas e medidas provisórias — poderiam, facultativamente, ser remetidas à análise da Corte Constitucional, sem prejuízo da possibilidade de utilização da ação direta de inconstitucionalidade preventiva, por iniciativa de um de seus legitimados.

De forma a combater o argumento de que a possibilidade de se restringir ou impedir, jurisdicionalmente, o andamento do processo legislativo, seria uma forma de interferência na seara política do Legislativo, onde as discussões e deliberações são autonomamente travadas, a jurisdição constitucional do processo legislativo haveria de ser configurada a partir da consideração de que, uma vez constatada a inconstitucionalidade de algum ato relativo ao processo legislativo, caberia ao Tribunal Constitucional identificar pontualmente seus aspectos inconstitucionais, fixando e optando, dentre as várias interpretações, por aquelas que preservam a constitucionalidade do ato, de forma a compatibilizá-lo com a Constituição, tal como ocorre relativamente à interpretação conforme a Constituição — técnica de interpretação constitucional adotada pelo Supremo Tribunal Federal.

Por outro lado, a decisão proferida pelo Tribunal Constitucional, em sede de ADI preventiva, produziria efeitos *erga omnes* e vinculantes aos Poderes do Estado, ressaltando que, sendo reconhecida a constitucionalidade da proposição legislativa, no curso de seu processo de elaboração, a possibilidade de nova interpretação judicial acerca daquela espécie legislativa seria indispensável para a própria preservação da mutabilidade do Direito, a partir da consideração de que não haveria vinculação dos fundamentos da decisão acertada por aquele órgão.

Nesse diapasão, a jurisdição constitucional repressiva não seria abolida do ordenamento jurídico pátrio, mas drasticamente reduzida, na medida em que a utilização do controle de constitucionalidade abstrato e repressivo só seria possível, em relação a uma espécie legislativa, cujo processo de elaboração fora declarado constitucional, após o transcurso de determinado prazo, contado de sua promulgação. Diante da renovação, a cada três anos, do mandato dos membros do Tribunal Constitucional a ser implantado no Brasil, seria aberta, concomitantemente a esse lapso temporal, a possibilidade de nova discussão, naquela via, acerca da constitucionalidade do processo de elaboração da espécie legislativa, sob os aspectos procedimental e material.

Por outro lado, deveria ser criado um canal direto entre o cidadão e o Tribunal Constitucional, por meio de uma ação constitucional popular, de natureza repressiva, possibilitando àquele a oportunidade de discutir, direta e concretamente, a constitucionalidade de uma espécie legislativa, cuja proposição, durante o seu processo de elaboração, fora declarada constitucional. Dessa maneira, a via difusa e concreta de arguição de constitucionalidade das leis estaria preservada, a qual não poderia ser utilizada de forma indiscriminada. Para tanto, assim como em relação ao controle abstrato repressivo, após certo lapso temporal, seria necessário demonstrar, pontual e concretamente, as razões jurídicas constitucionais que levariam à modificação da interpretação acerca da espécie legislativa.

Estruturada nesses termos, a jurisdição constitucional do processo legislativo, no contexto atual do paradigma do Estado Democrático de Direito, maximizaria os canais de participação do popular no processo legislativo, como verdadeiros autores e destinatários das espécies legislativas e de suas respectivas proposições.

REFERÊNCIAS

BARACHO, José Alfredo de Oliveira. *Processo constitucional*. Rio de Janeiro: Forense, 1984.

BARACHO, José Alfredo de Oliveira. Teoria da Constituição. *Revista Brasileira de Estudos Políticos*, Belo Horizonte, n. 47, p. 7-47, jul. 1978.

BARACHO, José Alfredo de Oliveira. Teoria geral do constitucionalismo. Separada da *Revista de Informação Legislativa*, Brasília, v. 23, n. 91, jul./set. 1986.

BONAVIDES, Paulo. *Curso de direito constitucional*. 8. ed. rev. atual. ampl. São Paulo: Malheiros, 1999.

BRINDEIRO, Geraldo. Jurisdição constitucional e o devido processo legal. *In*: SAMPAIO, José Adércio Leite (Coord.). *Jurisdição constitucional e direitos fundamentais*. Belo Horizonte: Del Rey, 2003.

CANOTILHO, José Joaquim Gomes. *Direito constitucional e teoria da Constituição*. 6. ed. Coimbra: Almedina, 2002.

CAPPELLETTI, Mauro. Necessidad y legitimidad de la justicia constitucional. *In*: FAVOREU, Louis (Coord.). *Tribunales constitucionales europeos y derechos fundamentales*. Madrid: Centro de Estudios Constitucionales, 1984. (Colección Estudios Constitucionales).

CAPPELLETTI, Mauro. *O controle judicial de constitucionalidade de leis no direito comparado*. Tradução de Aroldo Plínio Gonçalves. 2. ed. Porto Alegre: Sergio Antonio Fabris, 1999.

CLÉVE, Clémerson Mérlin. Jurisdição constitucional e os direitos fundamentais. *In*: SAMPAIO, José Adércio Leite (Org.). *Jurisdição constitucional e direitos fundamentais*. Belo Horizonte: Del Rey, 2003.

COELHO, Inocêncio Mártires. A dimensão política da jurisdição constitucional. *Revista de Direito Administrativo*, Rio de Janeiro, n. 225, p. 39-44, jul./set. 2001.

CRUZ, Álvaro Ricardo de Souza. Processo constitucional e a efetividade dos direitos fundamentais. *In*: CRUZ, Álvaro Ricardo de Souza; SAMPAIO, José Adércio Leite. (Coord.). *Hemenêutica e jurisdição constitucional*. Belo Horizonte: Del Rey, 2001. Estudos em homenagem ao Professor José Alfredo de Oliveira Baracho.

CUNHA, Paulo Ferreira da. *Teoria da Constituição*: mitos, memória, conceitos. Lisboa: Verbo, 2002.

DALLARI, Dalmo de Abreu. *Elementos da teoria geral do Estado*. 16. ed. atual. ampl. São Paulo: Saraiva, 1991.

DANTAS, Ivo. *O valor da Constituição*: do controle de constitucionalidade como garantia da supralegalidade constitucional. Rio de Janeiro: Renovar, 1996.

DI RUFFIA, Paolo Biscaretti. *Direito constitucional*: instituições de direito público. Tradução de Maria Helena Diniz. Revista dos Tribunais. São Paulo, 1984.

DI RUFFIA, Paolo Biscaretti. *Introducción al derecho constitucional comparado*: las "formas de estado" y las "formas de gobierno"; las constituciones modernas. México: Fondo de Cultura Económica, 1975.

DINIZ, Márcio Augusto de Vasconcelos. *Constituição e hermenêutica constitucional*. Belo Horizonte: Mandamentos, 1998.

FAVOREU, Louis. Informe general introductorio. *In*: FAVOREU, Louis (Coord.). *Tribunales constitucionales europeos y derechos fundamentales*. Madrid: Centro de Estudios Constitucionales, 1984.

FAVOREU, Louis. *Los tribunales constitucionales*. Traducción. Vicente Villacampa. Barcelona: Ariel, 1994.

FERREIRA FILHO, Manoel Gonçalves. *Curso de direito constitucional*. 29. ed. rev. atual. São Paulo: Saraiva, 2002.

FERREIRA FILHO, Manoel Gonçalves. *Do processo legislativo*. 2. ed. atual. São Paulo: Saraiva, 1984.

FERREIRA FILHO, Manoel Gonçalves. *Estado de Direito e Constituição*. 2. ed. rev. ampl. São Paulo: Saraiva, 1999.

FRANCO, Afonso Arinos de Melo. *Direito constitucional*: teoria da Constituição; as Constituições do Brasil. Rio de Janeiro: Forense, 1976.

GÁRCIA, Pedro de Veja. Prólogo. *In*: SCHIMITT, Carl. *La defensa de la constitución*: estudio acerca de las diversas espécies y posibilidades de salvaguarda de la constitución. Traducción de Manuel Sánchez Sarto. Madrid: Tecnos, 1983.

HABERMAS, Jürgen. *Direito e democracia*: entre facticidade e validade. Tradução de Flávio Beno Siebeneichler. Rio de Janeiro: Tempo Brasileiro, 1997. v. 1.

HÄRBELE, Peter. *Hermenêutica constitucional*: a sociedade aberta dos intérpretes da Constituição: contribuição para a interpretação pluralista e "procedimental" da Constituição. Tradução de Gilmar Ferreira Mendes. Porto Alegre: Sergio Antonio Fabris, 1997.

HÄRBELE, Peter. *Teoría de la constitución como ciencia de la cultura*. Traducción de Emilio Mikunda. 2. ed. rev. ampl. Madrid: Tecnos, 2000.

HELLER, Herman. *Teoría del estado*. Traduccíon de Luis Tobio. 2. ed. México: Fondo de Cultura Económica, 1987.

HESSE, Konrad. *A força normativa da constituição*. Tradução de Gilmar Ferreira Mendes. Porto Alegre: Sergio Antonio Fabris, 1991.

HORTA, Raul Machado. *Direito constitucional*. 4. ed. rev. atual. Belo Horizonte: Del Rey, 2003.

JELLINEK, Georg. *Teoría general del estado*. Traducción de Fernando de Los Rios. 2. ed. Buenos Aires: Albatros, [s.d.].

KELSEN, Hans. *Jurisdição constitucional*. Tradução de Alexandre Krug. São Paulo: Martins Fontes, 2003a.

KELSEN, Hans. *Teoria pura do direito*: introdução à problemática científica do direito. Tradução de José Cretella Júnior e Agnes Cretella. 3. ed. rev. São Paulo: Revista dos Tribunais, 2003b.

LASSALLE, Ferdinand. *O que é uma Constituição?*. Tradução de Hiltomar Martins Oliveira. Belo Horizonte: Líder, 2002. (RT Textos Fundamentais; 5).

LOEWENSTEIN, Karl. *Teoría de la constitución*. Tradução de Alfredo Gallego Anabitarte. Barcelona: Ariel, 1976.

MAGALHÃES, José Luiz Quadros de. Jurisdição constitucional. *Revista da Faculdade Mineira de Direito*, Belo Horizonte, v. 3, n. 5-6, 1º e 2º sem. 2000.

MATA-MACHADO, Edgar de Godoi da. *Contribuição ao personalismo jurídico*. Belo Horizonte: Del Rey, 2000.

MENDES, Gilmar Ferreira. *Jurisdição constitucional*: o controle abstrato de normas no Brasil e na Alemanha. 2. ed. São Paulo: Saraiva, 1998.

MIRANDA, Jorge. *Manual de direito constitucional*: Constituição e inconstitucionalidade. 3. ed. Coimbra: Coimbra Ed., 1996. t. II. Constituição e inconstitucionalidade.

MORAES, Alexandre de. *Direito constitucional*. 14. ed. São Paulo: Atlas, 2003.

MORAES, Alexandre de. *Jurisdição constitucional e tribunais constitucionais:* garantia suprema da constituição. São Paulo: Atlas, 2000.

NINO, Carlos Santiago. La revisión judicial y la difícil relación democracia: derecho. *In*: GARGARELLA, Roberto (Org.). *Fundamentos y alcances del control judicial de constitucionalidad*. Madrid: Centro de Estudios Constitucionales, 1991.

OLIVEIRA, Marcelo Andrade Cattoni. Devido processo legislativo e controle jurisdicional de constitucionalidade no Brasil. *In*: SAMPAIO, José Adércio Leite (Org.). *Jurisdição constitucional e direitos fundamentais*. Belo Horizonte: Del Rey, 2003.

OLIVEIRA, Marcelo Andrade Cattoni. *Devido processo legislativo:* uma justificação democrática do controle jurisdicional de constitucionalidade das leis e do processo legislativo. Belo Horizonte: Mandamentos, 2000.

PADRON CALZADA, Feliciano. *Derecho constitucional.* ed. atualizada. México: Harla, 1990.

PALU, Oswaldo Luiz. *Controle de constitucionalidade:* conceitos, sistemas e efeitos. São Paulo: Revista dos Tribunais, 1999.

ROCHA, Cármen Lúcia Antunes. *Constituição e constitucionalidade*. Belo Horizonte: Lê, 1991.

ROUSSEAU, Dominique. The constitutional judge: master or slave of the constitution?. *In*: ROSENFELD, Michel (Coord.). *Constitutionalism, identity, difference and legitimacy*. North Carolina: Michel Rosenfeld Editor, [s.d.].

SAMPAIO, José Adércio Leite. *A constituição reinventada pela jurisdição constitucional*. Belo Horizonte: Del Rey, 2002.

SAMPAIO, Nelson de Sousa. *O processo legislativo*. 2. ed. rev. e atualizada por Uadi Lamêgo Bulos. Belo Horizonte: Del Rey, 1996.

SANCHES AGESTA, Luis. *Curso de derecho constitucional comparado*. 2. ed. Madrid: Nacional, 1965.

SCHMITT, Carl. *El concepto de lo político*. Traduccíon de Rafael Agapito. Madrid: Alianza, 1991.

SCHMITT, Carl. *La defensa de la constitución:* estudio acerca de las diversas especies y posibilidades de salvarguarda de la constitución. Traducción de Manuel Sánchez Sarto. Madrid: Tecnos, 1983.

SCHMITT, Carl. *Teoria de la Constitución.* Traducción de Francisco Ayala. Madrid: Alianza, 1992.

SILVA, José Afonso da. *Curso de direito constitucional positivo.* 12. ed. rev. e atualizada nos termos da Reforma Constitucional. São Paulo: Malheiros, 1996.

SMEND, Rudolf. *Constitución e derecho constitucional.* Traducción de José Maria Beneyto Pérez. Madrid: Centro de Estudios Contitucionales, 1985. (Colección Estudios Constitucionales).

SOARES, Mário Lúcio Quintão. *Teoria do estado:* o substrato clássico e os novos paradigmas como pré-compreensão para o direito constitucional. Belo Horizonte: Del Rey, 2001.

SUPREMO TRIBUNAL FEDERAL – STF. Disponível em: <http://www.stf.jus.br/portal/cms/verTexto.asp?servico=estatistica&pagina=adi>.

SUPREMO TRIBUNAL FEDERAL – STF. Disponível em: <http://www.stf.jus.br/portal/cms/verTexto.asp?servico=estatistica&pagina=REAIProcessoDistribuido>.

VELOSO, Zeno. *Controle jurisdicional de constitucionalidade.* 3. ed. rev. atual. ampl. Belo Horizonte: Del Rey, 2003.

ÍNDICE DE ASSUNTO

C
Constituição
- Aspecto político 38
- Conceito 16, 17, 18, 27, 28, 51
- - Absoluto
- - - conceito 17, 27
- - Dimensões
- - - jurídica 19
- - - social 21, 22, 23, 25
- - - política 26
- - Moderno 15, 16, 64
- - Normativo 17
- - - perspectiva jurídica 17
- - Papel 13
- - Significações ideológicas 19
- - Teoria da Constituição de Kelsen 17
- Conteúdo clássico
- - Declaração dos Direitos do Homem e do Cidadão de 1789 14
- - Declaração Francesa de Direitos 14
- Teorias
- - Teoria da Constituição de Häberle 45, 46, 48, 49
- - - ciência da cultura 45, 47
- - - perspectiva culturalista 48
- - - relação de interdependência 48
- - Teoria da Constituição de Heller
- - - *binômio normalidad-normatividad* 32
- - - perspectivas 34
- - Teoria da Constituição de Hesse 38
- - - aspectos 38, 39
- - - constituição jurídica 37, 38, 39, 42
- - - constituição real 39, 42
- - - constituição sociopolítica 37
- - - vontade de Constituição 40, 41
- - Teoria da Constituição de Smend 42, 43, 44, 45
- - - Estado 44
- - - processo de integração estatal, dinâmica e perpetuamente estabelecido 43, 44
Constituição organizada
- Conceito 32
Constituição total
- Conceito 33
Constitucionalismo
- Conceito 103, 104
- História 15
Controle judicial de constitucionalidade das leis
- Conceito 102, 104
- Constitucionalismo moderno 105
- Fiscalização 105
- Interpretação jurídica 104
- Processo legislativo 107, 113, 137
- - Controle jurisdicional preventivo 114
- - - Alemanha 110
- - - Áustria 110
- - - Brasil 120
- - - Conselho Constitucional (francês) 116, 117

	página
- - - Espanha	110
- - - França	108, 109, 110, 112, 113, 115, 116, 117, 118, 119, 123
- - - Tribunal Constitucional (alemão, federal)	134, 135
- - - Tribunal Constitucional (austríaco)	126, 127
- - - Tribunal Constitucional (espanhol)	135, 136
- - - Tribunal Constitucional (português)	127, 129, 130, 131, 132, 133
- Sistemas	106
- - Classificação	106
- - - abstrato	107
- - - político	106
- - Órgão controlador	106

Ver também Jurisdição constitucional

D

Defesa da Constituição
- Chefe de Estado

- - Papel	62, 63
- Conceito	52
- Contexto histórico	51, 52, 53
- - Constitucionalismo do século XIX	52
- - Controle judicial de constitucionalidade das leis (Alemanha)	54
- - Estado Liberal de Direito	53
- Constitucionalismo das leis	
- - Controle político	63
- - - Brasil	82, 83, 84
- - - França	67, 68, 69, 70, 71, 72, 73, 74, 75
- - - Inglaterra	75, 76, 77
- - - países socialistas	78, 79, 81
- Defesa	
- - Origem	63, 64, 65

	página
- Judiciário	60
- Jurisdição constitucional	
- - História	85
- - - Constituição Federal dos Estados Unidos da América (1787)	87
- - - direito ateniense	86
- - - modelo de Tribunal Constitucional	89, 90
- - - origem	87
- - Legitimidade	
- - - argumentos	93, 94, 95, 98, 99, 100, 101
- - - discursos	90, 91, 92
- - Papel	87
- Justiça constitucional	57, 58
- - Caráter de função judicial	61
- - Conceito	61
- - Papel	56, 57
- Modelo kelseniano	54
- Princípios básicos	64

J

Jurisdição constitucional
- Conceito	102, 103, 152, 153, 187, 189
- Controle preventivo de constitucionalidade das leis	143
- - Brasil	156
- - - atos *interna corporis*	157, 158, 159
- - - Estado Democrático de Direito	162
- - - fiscalização	156
- - - interpretação (Supremo Tribunal Federal)	159, 160, 161, 162, 163, 164, 165, 166, 167, 168
- - - judiciário	158
- - - juízes (idade máxima)	172
- - - reestruturação	172, 173, 174, 175, 176, 177, 178, 179, 180, 181, 182, 183, 184
- - - Tribunal Constitucional	168, 169, 170

página
- - França 139
- Constitucionalismo moderno 105
- Consolidação 137
- Estudo 13
- Fiscalização 105
- Processo legislativo 151
- - Constitucionalidade
- - - controle preventivo 143
- - - verificação 143

página
- - Incompatibilidade 146
- - Legitimidade 143, 145, 152, 186
- - Objetivo 138
- - Princípio da separação dos poderes 140, 141, 142, 143, 148, 149
- - Tribunal Constitucional 137
Ver também Constituição

ÍNDICE ONOMÁSTICO

página

A
Alves, Moreira (ministro) 147, 157
Aristóteles 15

B
Baracho, José Alfredo de
 Oliveira 69, 73, 74, 79, 81,
 102, 105, 105, 109,
 117, 122, 166
Bonaparte, Napoleão 22
Bonavides, Paulo 66, 140, 141

C
Canotilho, José Joaquim
 Gomes 14, 18, 65, 78, 105,
 106, 130, 131, 132, 133
Cappelletti 68, 69, 71, 77,
 80, 86, 92, 95, 102, 112, 113,
 120, 121, 137, 143, 143
Coelho, Inocêncio Mártires 119
Cléve, Clémerson Mérlin 104
Cruz, Álvaro Ricardo de Souza 164

D
Dallari, Dalmo de Abreu 103
Dantas, Ivo 64, 110, 144
Di Ruffia, Paolo Biscaretti 66,
 77, 78, 87, 139,
 140, 173

página

F
Favoreu, Louis 90, 92, 102,
 109, 111, 111, 112, 113,
 115, 118, 123, 126, 127, 129,
 135, 136, 171, 173
Ferreira Filho, Manoel
 Gonçalves 64, 85, 161
Franco, Afonso Arinos
 de Melo 65, 87

G
Gárcia, Pedro de Veja 55
Gorbatchev, Mikhail 81

H
Habermas, Jürgen 143, 145,
 149, 151, 152, 154,
 155, 156,
Härbele, Peter 46, 47
Heller, Herman 18, 30, 31,
 32, 33, 37
Hesse, Konrad 13
Hitler, Adolf 26
Horta, Raul Machado 65, 66,
 67, 76, 105, 109

J
Jellinek, Georg 16, 17, 20, 38, 43

	página
K	
Kelsen, Hans	20, 30, 34, 51, 52, 54, 62, 63, 89, 96, 105, 141, 142, 146, 148, 150, 151, 152, 153, 164, 177, 181
Laband	38
Lassalle, Ferdinand	13, 21, 22, 23, 24, 26, 37, 43
Locke, John	15
Loewenstein, Karl	15, 19
M	
Mello, Celso de	147, 149, 163
Mendes, Gilmar Ferreira	134, 135
Miranda, Jorge	76, 85, 127, 128, 129, 130
Montesquieu	15
Moraes, Alexandre de	73, 74, 83, 91, 95, 96, 97, 109, 112, 114, 129, 149, 152, 169, 171, 182
N	
Nino, Carlos Santiago	101
O	
Oliveira, Marcelo Andrade Cattoni de	164

	página
P	
Palu, Oswaldo Luis	72, 76, 122, 139, 173
Pertence, Sepúlveda	163
R	
Rei Frederico Guilherme III	22
Rocha, Cármen Lúcia Antunes	83
Rousseau	15, 69, 97, 98, 99, 100
S	
Sampaio, José Adércio Leite	157
Sanches Agesta,	80, 82
Shapiro	94
Schmitt, Carl	14, 17, 28, 30, 34, 51, 52, 55, 144, 165
Silva, José Afonso da	31
Silveira, Néri da	180
Smend, Rudolf	18, 42, 43
Soares, Mário Lúcio Quintão	53
V	
Veloso	136, 174, 175, 176
W	
Weimar	56

Esta obra foi composta em fonte Palatino Linotype, corpo 10
e impressa em papel Offset 75g (miolo) e Supremo 250g (capa)
pela Edelbra Gráfica Ltda.
Erechim/RS, maio de 2012.